우주에 단 하나뿐인
소중한 그대에게!

진세랑 드림.

사람들이 죽기 전에 후회하는 33가지

사람들이
죽기 전에
후회하는
33가지

초판 1쇄 발행 | 2024년 1월 24일
초판 3쇄 발행 | 2024년 3월 4일

지은이 | 진세란
펴낸이 | 윤세민
펴낸곳 | 산솔미디어
편집주간 | 강경수
물류지원 | 비앤북스

등록번호 | 제406-2019-000036호
주소 | 경기도 파주시 재두루미길 150, 3층(신촌동)
      (서울사무소)서울시 마포구 월드컵북로5길 65(서교동), 주원빌딩 201호
전화 | 02-3143-2660 팩스 | 02-3143-2667
이메일 | sansolmedia@naver.com

ISBN 979-11-983517-0-8 03190

오늘, 진심으로 원하는 삶을 살고 있는가?

사람들이 죽기 전에 후회하는 33가지

진세란 지음

산솔
SANSOL MEDIA
미디어

흐르는 시간 속에서
질문은 지워지지 않네.
우린 그 무엇을 찾아
이 세상에 왔을까?
그 대답을 찾기 위해
우리는 홀로 걸어가네.
세월이 흘러가고
우리 앞의 생이 끝나 갈 때,
누군가 그대에게
작은 목소리로 물어보면,
대답할 수 있나?
"지나간 세월에 후회는 없노라."고.
그대여!

- 고 신해철 가수의 곡, 〈우리 앞의 생이 끝나 갈 때〉 가운데

⛦

  지난 3년여간, 그동안 유례가 없던 코로나19라는 팬데믹 위기를 함께 헤쳐 나왔다. 2023년 8월 말을 기준으로, 대한민국 인구의 약 60% 정도가 한 차례 이상 감염된 것으로 나타났다. 이 상황을 경험하면서, '누구나 언제 어디서, 어떤 방법으로든 죽을 수 있다. 나 자신도 예외가 아니다.'라는 생각을 그대도 한 번쯤은 해보게 되었을 것이다.

  그런데 신기하게도, 이렇게 잠깐 동안이나마 자신의 죽음에 대해 생각해 보는 것만으로도, 자신의 꿈이나 정말 원하는 것에 대해 고민해 보게 된다. 마음이 따뜻해지고 너그러워지기도 한다. 자신보다 다른 사람의 이익을 더 고려하는 이타적인 태도가 드러나기도 한다. 이렇듯 더 바람직한 모습으로 살게 되기에, 죽음에 대해 생각하며 살 때 오히려 더욱 건강하게 오래 살게 되고, 자긍심도 더한층 높아진 다고 한다. 이런 현상을 심리학 용어로 '스크루지 효과'라 일컫는다.

스크루지는 찰스 디킨스의 유명한 소설, 《크리스마스 캐럴》의 주 인공으로, 자신밖에 모르는 구두쇠 노인이다. 크리스마스 이브 날, 7년 전에 죽은 친구 말리의 도움으로 자신의 과거와 현재, 미래를 보여주는 유령들을 만난다. 특히 미래의 유령이 보여주는, 자신이 죽은 후에 사람들이 나타내는 혹독한 반응을 보고, 자신의 과거와 현재의 삶을 후회하고 반성한다. 그 다음날부터 그는 다시 태어난 다. 인생의 참된 의미를 깨닫고, 자신보다 다른 사람을 먼저 생각하 는 따뜻하고 좋은 사람이 된다는 내용이다.

자신의 마지막 날에 대하여, 스크루지처럼 나이 들어서가 아니라 일찌감치 고민해 볼수록, 가치 있는 삶과 삶의 우선순위를 정할 수 있다. 《크리스마스 캐럴》에서 말리 유령은 친구 스크루지에게 이렇 게 말한다. "죽은 뒤에야 깨달았네. 내가 얼마나 잘못 살았는지 말 일세. 내가 이 자리에 찾아온 건, 자네에게 아직 희망이 있다는 걸 알려주기 위해서라네. 지난날은 돌이킬 수 없지만, 앞으로는 다르 게 살 수 있지 않은가." 그렇다. 자신의 과거와 현재에 대해 되돌아 보고, 잘못되고 후회스러운 것이 절실히 느껴졌다면, 오히려 인생 에서 가장 큰 행운이 찾아온 것이다. 미래는 우리의 선택과 노력에 따라 얼마든지 새롭게 만들어 나갈 수 있기 때문이다.

미래의 유령과 함께 자신의 죽음을 보고 난 후 '다시 태어난' 스크루지는, 눈에 보이는 모든 것들과, '다시 태어난 기쁨'을 나눴다. 하늘과 땅에 대고 큰 소리로 외치고, 바람과 날아가는 새들, 들에 핀 풀들에게 말을 걸기도 했다. 세상의 모든 것이 행복으로 다가올 수 있음에 감사했다. 아침 해가 떠오르면, 새로운 하루에 대한 기대감으로 마음이 설레었다. 잠자리에 들 때는, 모든 이들의 미래에 축복을 보냈다. 그리고 친구 말리에게 이렇게 말하는 것을 잊지 않았다. "고맙네. 자네 덕에 참된 기쁨이 무엇인지 알게 됐다네."

이 책이 바로 그대에게 말리와 같은 고마운 친구가 되어주면 좋겠다. 사람들이 죽기 직전 가장 후회하는 것들에 대해서, 동서고금의 다양하고 살아 움직이는 갖가지 사례들을 다각도에서 입체적으로 펼쳐 보여줄 것이다. 그들의 치열했던 경험을 바탕으로, 그대의 삶을 다시 태어나게 할 강렬한 반향과 영혼의 울림을 주는, 다양한 조언을 해줄 것이다.

지금 현대인들의 상당수는 마치 정처 없는 나그네처럼 살아가고 있다. 삶의 의미를 못 찾는 사람, 행복함을 느끼지 못하는 사람, 우울한 사람, 중독된 사람, 불안함과 초조함과 두려움에 쫓기는 사람 등등. 많은 사람들이 마치 반쯤은 죽은 것처럼 살고 있다. 이때 《사람들이 죽기 전에 후회하는 33가지》를 읽는다면, 그 죽음의 질주를 잠시 멈추고, 삶을 돌아보게 될 것이다. 이 책은 그대에게 이렇게 말한다. "죽은 듯이 살지 말자. 그대가 10분 후, 혹은 10일 후, 혹은 내년에, 혹은 10년 후에 죽는다고 해도 지금처럼 살 것인가?"

이 책은 삶을 뜨겁고 행복하게 이끄는, 쉽고 편안한 책이다. 힘과 용기, 위로와 공감, 휴식과 격려가 숨 쉰다. 오늘의 죽은 삶을 버리게 하고, 내일의 살아 있는 삶으로 이끈다. 이 책을 다 읽고 난 후, 그대는 다음과 같은 질문에 대한 자신만의 해답을 얻게 될 것이다.

- 인생의 마지막 날, 무엇을 후회하지 않도록 할 것인가?
- 타임머신을 타고 과거로 돌아간다면, 어떤 삶을 다시 영위하고 싶은가?
- 마지막 날 인생을 돌아보았을 때, 가장 소중한 것은 무엇일 것인가?

'인생의 마지막 날'에 대해 생각하는 것은, 삶에 대한 태도를 변화시킨다. 삶을 돌아보게 하기에 삶의 의미를 생각하게 하고, '이후로 어떻게 살아갈 것인가?', '진정 내가 원하는 것이 무엇인가?'를 깨닫게 해주는 좋은 친구다. 위기나 괴로움과 마찬가지로, 그날이 오는 것을 막을 수는 없다. 하지만 그것을 받아들이는 마음가짐은 스스로 선택할 수 있다. 이렇게 죽음이란, 삶에서 우리가 마지막까지 성장할 수 있도록 가르쳐 주는 좋은 스승이기도 하다. 그렇기에 자신의 마지막 날에 대해 생각해 본 사람은 스스로 당당함을 느끼며, 스크루지처럼 이전의 나로부터 '다시 태어남'을 체험할 수 있다.

이들이 들려주는 후회는, 앞으로 소중한 삶을 아름답게 가꾸며 살아가야 할 그대에게 값진 선물이 될 것이다. 인생의 참된 가치를 알려준 친구 말리, 그리고 세 명의 유령과 함께 자신의 과거, 현재, 미래를 여행한 스크루지! 그럼 우리도 이 책을 타고 과거를 되돌아보고, 현재를 살펴서 미래의 자신을 경험한 후, 원래보다 더 행복한 미래를 만드는 여행을 이제 함께 시작해 보자. 이 책의 마지막 장을 넘기고 나면, 이전과는 몰라보게 달라진, '다시 태어난' 기쁨과 행복을 누리고 있는 그대를 발견하게 될 것이다.

1부 | 손을 내밀기만 했더라면

4부 | 위험을 감수하고 기회를 잡았더라면

1부

손을 내밀기만 했더라면

1

나에게 '너무 힘들었지?
수고했어.'라고
자기자비를 베풀며 살았더라면

세상을 살다 보면, 어려운 일을 자주 겪게 된다. 본인이 판단을 잘못해서, 실수를 해서 그런 일을 겪게 되었다고 생각하여 스스로를 비난, 경멸하고 용서하지 못하는 경우가 있다. 누구나 '이번 생은 처음이라', 우리는 실수를 할 수밖에 없는 불완전한 존재다. 스스로를 있는 그대로 받아들이고 용서하자. 다른 사람들에게 하는 것처럼, '너무 힘들었지? 수고했어.'라고 스스로에게도 위로와 격려를 해주자. 내가 듣고 싶은 말은 그 누구보다 내가 더 잘 알지 않는가. 다른 사람들에게도 쉽게 해주는 말인데, 하물며 가장 소중한 자기 자신에게 왜 못 해주겠는가. 자신에게 자비를 베풀자. 그것이 행복을 여는 열쇠이며, 그대를 자유롭게 해줄 것이다.

　K씨는 90살이 넘은 노령이라, 요양원에서 간호사들의 도움을 받으며 살고 있다. 젊은 시절, 남편이 병들어 일을 할 수 없었다. K씨는 5남매 중 둘을 잃고 남은 3남매와 병든 남편을 데리고, 비닐하우스 촌에서 근근이 끼니를 때우며 살았다. 몸을 돌볼 여유도 없이 이일 저일 닥치는 대로 하다 보니, 몸이 많이 상했다. 어려울 때에는 곧잘 끼니를 거르기도 했다.

　그곳 요양원은 늙고 병들어 오는 곳이다. 거의 죽어서 퇴원을 한다. 불만과 불평으로 지내는 사람들도 많다. 그러나 K씨는 매일이 행복했다. 비닐 아닌 콘크리트 벽이 있고, 끼니 걱정 안 해도 되며, 자신을 돌봐 주는 이들이 있고, 아직은 살아 있지 않은가. 자신의 눈과 귀로 창밖에 해가 찬란히 떠오르고 새들이 노래하는 것까지 보고 들을 수 있으니 말이다. 이렇게 볼 일, 들을 일이 많아서 흐뭇했다. 행복과 만족, 이것이 그녀가 생각하는 일의 전부다.

　K씨가 젊었을 때에 얼마나 고단하고 힘든 삶을 살았을지……. 그 어려운 처지에서, 어린 자녀들과 아픈 남편을 먹여 살리고, 또 살아남기가……. 그녀의 피와 땀과 눈물이 보이는 듯하다. 몸도 많이 상했겠지만, 마음의 상처는 또 얼마나 컸을까! 전쟁 같은 삶 가운데서 굳세게 살아남은 자신에게 칭찬받아 마땅하다. 한편, 어디 K씨만 살면서 그렇게 어려움과 괴로움을 겪었겠는가! 스위스의 정신

분석학자 칼 융은, "마흔이 되면 마음에 지진이 일어난다."고 말했다. 그대 역시 지금까지 어려운 처지 가운데 마음속에 얼마나 큰 상처를 부여안고 견뎌왔는가!

우리는 지금껏 살아오면서, 삶은 괴로움과 외로움이 함께한다는 것을 받아들이게 되었다. 우리의 마음은 스스로 자신을 치료할 수 있는 '회복탄력성'을 가지고 있다. 이 내면의 믿음직스러운 지원군과 함께 그래도 이만큼 성장했다. K씨는 젊은 시절, 힘들고 가난하게 살았다. 그러나 지금은 죽음이 멀지 않았지만, 진리를 알기에 행복하다. 즉, 부자나 가난한 이나 공평하게도, 죽을 때는 아무것도, 단 1전도 들고 갈 수 없다. 그렇기에 K씨는 현재 요양원에서의 생활이 만족스러울 수밖에 없다. 죽음도 평안할 것이다. K씨처럼, "너무 힘들었지? 수고했어." "정말 열심히 살았어, 내 자신! 푹 쉬어. 넌 즐겁고 재미있게 살 자격이 충분해." 이렇게, 자신에게 행복을 말해 주자.

열 살인 M양은 눈이 퉁퉁 부은 채로 울고 있다. 아버지가 자신과 가족을 버리고 다른 여자와 살고 있다는 엄마의 말을 들었기 때문이다. '그렇게 사랑하는 나의 우상이? 왜?' 도무지 이해할 수가 없었다. 죄책감을 느꼈다. 목마를 태워달라고 조르지 말걸, 아버지 일할 때 귀찮게 자꾸 놀아달라고 하지 말걸, 공부를 더 열심히 할걸……. 자신의 못난 행동들 때문에 아버지가 집을 나간 것만 같았다. 처음에는 자신이 미웠고, 나중에는 자신을 버리고 간 아버지가 미웠다. 학교에서도 모두 자신에 대해 수군거리는 것 같아, 스스로 왕따가 되었다. 비참했다.

몇 년 후, 학교에서 졸업반 수학여행을 갔다. 그러나 M양은 수학여행까지 가서 왕따가 되고 싶지 않았다. 학교에는 현장체험 학습으로 수학여행을 대신하기로 하고, 엄마와 함께 지방 친척집에 갔다. 엄마를 따라 몇 곳 여행을 하고, 그곳의 유명한 도서관에 들르게 된 M양은 책장에서 눈에 띄는 책을 하나 집어 들었다. 러시아의 소설가, 레프 톨스토이의 저서였다. 내용 중에 "그대에게 잘못을 저지른 사람이 있거든, 그가 누구이든 잊어버리고 용서하라. 용서한다는 행복을 알게 될 것이다. 우리는 다른 사람의 허물을 손가락질할 권리가 없다."는 구절이 쓰여 있었다. '용서'라는 단어에 참아왔던 눈물이 주르르 흘러내렸다. 그동안 아버지를 미워하는 일이 너무 힘겨웠던 것이다. 용서는 받는 사람보다 하는 사람을 위한 것! 아무리 남에게 큰 상처를 준 사람이라도 인생에서 딱 한 번, 마지막 기회는 준다. M양은 아버지를 용서했다. 자신도 용서받았다. 그러자 비로소 행복을 알게 되었다. 톨스토이의 말처럼 말이다.

M양은 아버지가 자신의 존재를 소중히 여기지 않았다는, 자신의 존재가 부정되는 감정을 느꼈다. 그 괴로움을 해결할 방법을 모르기에, 자신을 스스로 고립시켜 왕따로 만드는 해를 입혔다. 스스로에 대한 죄책감, 아버지에 대한 미움으로 그 큰 슬픔도 맘껏 밖으로 드러내지 못했다. 열 살배기 아이가 누군가를, 그것도 우상처럼 사

랑했던 아버지를 미워하는 일이 얼마나 힘들었을까! 불덩이를 손에 쥐었는데, 던져버릴 곳을 찾지 못해서 자신의 손이 다 타버리고 있는 것이다. 이 고통을 스스로가 충분히 이해해 주고, 이 상처가 소중하다는 것을 인정해 줘야 한다.

진정으로 이해받고 사랑받으면, 자신에게 해를 끼치지 않는다. 그러나 그렇게 해줄 사람이 곁에 없다면? 내 스스로가 나의 편이 되어 나를 지지해 주는 것, 비가 오나 눈이 오나 언제든 내 곁을 지켜주는 진실한 친구가 되어주는 것, 그것이 바로 '자기자비'다. '이번 생은 처음이라' 이런 심한 고통에 익숙지 않다. 그러니 서툴고 부족하고 망가지는 것이 당연하지 않은가! 자신이라도 스스로에게 너그럽고 친절하자. 내가 좋은 사람인지는 개의치 말고, 다만 무엇이 나에게 좋은지만 생각하자. 이 세상 사람 누구나 이번 생이 처음이다. 실수와 시행착오를 겪을 수밖에 없다는 진실을 있는 그대로 받아들이는 것, 이것이 자기연민이다.

누구에게나 엉망진창인 부분이 있는 것이 정상이다. 좌절과 실패, 불완전함은 부끄러운 것이 아니고 인생의 자연스러운 한 과정이다. 그런 자신을 비판하고 죄책감을 갖는 것은 스스로 인간으로서의 권리를 빼앗는 것이다. 톨스토이의 말처럼, 우리는 다른 사람뿐 아니라, 스스로의 허물도 손가락질할 권리가 없다. 인정하든 인정하지 않든, 우리가 무엇을 했을 때, 그 순간에는 최선을 다한 결과였다. M양은 자기자비, 자기연민으로 아버지를 용서하기로 했고,

자신에게도 용서를 구했다. 칠레의 첫 여성 대통령이자 UN 인권최고대표를 지낸 미첼 바첼레트는, "때론 용서할 수 없는 사람이 있다. 지울 수 없는 분한 일도 있다. 그러나 그럴수록 지우고 용서하라. 왜냐하면 그런 기억과 분노들이 우리 삶을 망치기 때문이다."라고 말했다. M양은 더 이상 과거의 기억에 얽매이지 않고 미운 마음, 분노의 마음을 떠나보내, 마음의 고요와 행복을 되찾은 것이다. 비로소 스스로에게 '너무 힘들었지? 수고했어.'라고 자기자비를 베풀며 살게 되었다.

미국의 강사, 라이프코치 겸 베스트셀러 작가인 멜 로빈스는 코로나19 전염병, 팬데믹 시기에 슬럼프를 겪고 있었다. 직장에서 해고, 책의 출판계약 취소, 팬데믹으로 강연 취소. 삼중고에 시달리고 있었다. 절망과 슬픔으로 보내던 어느 날 아침, 잠에서 깨어 화장실에서 거울을 보았다. 그리고 거울에 비친 초라하고 불쌍한 모습의 여인에게 손을 내밀었다. 하이파이브를 하게 된 것이다. 이런 느낌이 들었다. "괜찮아. 고개를 들자. 다 괜찮아. 난 할 수 있다."

하이파이브는 칭찬, 격려, 축하 등, 평생 동안 우리의 뇌 속에 긍정적 프로그래밍 되어 있는 간단한 행동이다. 이것을 사용해서 자신의 능력을 최대로 끌어내는 방법이다. 거울 속 자신과 하이파이브를 하면, 뇌 신경계가 "기쁨"으로 프로그래밍 되어 있는 감정을 받아들이고, 도파민을 분비한다. 그 결과, 뇌가 비난, 무시 등 부정적인 생각을 할 수 없다. 대신, 기분이 전환되어, 앞으로 하려는 일에 대한 기대와 설렘으로 흥분을 느낀다. 그녀는 매일 거울 속 자신과 "오늘도 힘들었지? 어려운 고비를 잘 넘겼어. 역시 넌 대단해. 강하고 용감한 사람이야. 지금처럼 잘 해내면 돼." 이렇게 대화한다. 그녀는 이렇게 '자기자비'로 슬럼프를 극복했다. 그 결과 더 큰 성공을 거두었고, 세계적 강연가로서 활동하고 있다.

힘든 일들은 어찌 그렇게 한꺼번에 들이닥치는지! 로빈스가 겪었던 삼중고의 절망스러운 상황에서 자신과 손을 맞잡고, 듣고 싶은 말을 해주는 것. 그것만으로도 큰 위로가 되고, 안도감을 준다. 슬픔으로부터 자유로워질 수 있는 자기자비로 가득 찬다. 사랑받고 인정받기 위해서는 남들보다 잘난 무언가가 있어야 할 것 같다. 더 격하게 열심히 살아야 뒤처지지 않을 것 같다. 하지만 현실은 그렇지 못할 때, 자신이 듣고 싶은 다정한 말, 칭찬과 격려를 얘기해 주자, 이렇게 말이다. "사랑받기 위해 꼭 뭔가를 이루려 하지 않아도 돼.", "나의 가치는 내가 판단하는 거야. 완벽하지 않아도 누구도 나를 비난하지 않아.","두렵지? 괜찮아. 내가 함께 있잖아."

거울 속 자신과 두 손을 맞잡는 '하이파이브'라는 예상치 못한 행동을 하게 되면, 전두엽 피질에 평생 동안 긍정적으로 프로그래밍된 생각이, 새로운 신경경로 개발을 빠르게 진행한다. 이전에 가졌던 자신에 대한 비난, 무시, 후회, 스트레스는 없애고, 자신을 새로이 구성한다. 초기화하는 것이다. 인생의 대전환이 시작된다. 이것을 '뉴로빅'(neurobics : 신경세포라는 뜻의 뉴런neuron과 에어로빅 aerobics의 합성어)이라고 일컫는다. 미국의 듀크대학 의학센터, 로렌스 카츠 박사가 개발한 훈련법으로서, 새로운 활동이나 경험을 함으로써 신경세포를 단련하여 뇌를 젊게 만드는 방법이다. 1분 동안만이라도 일부러 거울 속의 자신을 마주하고, '오늘 어떤 사람이 되고 싶은지?'를 생각해 보자. 하버드대학교의 연구 결과에 의하면, 그것만으로도 스스로의 생산성이 극대화되어, 리더십과 영향력을 효과적으로 변화시킬 수 있다고 한다.

고단하고 힘든 삶 속에서도, 우리는 굳센 회복탄력성을 가지고 있다. 다시 한 번 스스로에게 "네가 느끼는 감정은 너무 중요해. 지금 이 순간의 너를 존재 자체로 사랑해." 다정하고 친절한 말을 해주자. 기대되는 하루를 시작할 때, 자신을 연민의 눈으로 1분간 마주하고, 두 손을 마주잡아 하이파이브를 하고, 오늘 어떤 모습으로 살고 싶은지 조용히 물어봐 주자. 그대는 혼자가 아니다. 그대를 이렇게 응원하고 위로하며 사랑하는, 내면의 영원한 친구이자 지원군이 항상 함께하니 말이다. 자신에게 '너무 힘들었지? 수고했어.'라고 자기자비를 베풀며 살았더라면…….

2
혼자 다 해야 한다는
강박감을 버리고
도움을 요청하며 살았더라면

인생을 살면서 원하는 일을 하다 보면, 다른 사람의 도움을 필요로 할 때가 많다. 흔히 천재라고 불리는 인물들도 본인의 천재성만으로, 혼자서 그 업적을 이룬 것이 아니었다. 도움을 구해야 한다는 깨달음, 용기, 도움을 구하는 기술로, 협력자들과 함께 성공의 지름길을 달렸던 것이다. 이제는 그대의 차례다. 무엇이 어떻게 그대의 도움이 될 수 있을까?

A씨는 술주정뱅이 남편을 피해 가출했다. 초등학생 아들을 남겨두고 떠나야 하는 아픔이 컸지만, 몸이 본능적으로 집에서 탈출했

다. 날이 갈수록 심해지는 술주정을 더 이상 견딜 수가 없었던 것이다. 갈 곳이 없으니, 밤거리를 헤맬 수밖에……. '이 한 몸, 어디서 밤을 보낼까?' 때는 가을이라, 다행히 한밤중 추위는 없었다. 주택가 아파트 놀이터들을 정처 없이 떠돌아다녔다. 밤에 친구와 통화를 하러 나온 아줌마, 어린 딸과 함께 산책을 나와 그네를 태워주고 있는 젊은 부부, 도란도란 얘기를 나누는 몇몇 할머니들, 학원에서 공부를 마친 후 집으로 돌아가는 길에 아이스크림을 입에 물고 장난을 치고 있는 중학교 남학생들…… 놀이터를 오가는 사람들을 보며, '저들은 아무 걱정도 없이 참 행복해 보인다.'는 생각을 했다.

'이젠 어디로 가나?' 놀이터를 나와, 밤거리를 걷고 있었다. 저쪽에서 걸어오던 어떤 아주머니가 "이제 집에 들어가세요." 불쑥 말하며 지나가는 것이 아닌가! 너무 깜짝 놀랐다. 속마음을 들킨 것 같아 부끄럽기도 하고, 갈 곳이 없기도 해서, 그저 앞만 보고 걸었다. 이젠 어디든 실내로 들어가야 할 것 같았다. 그때, 근처에 사는 지인이 생각났다. 늦은 시간이기도 하고, 하룻밤 신세를 지는 것이 실례가 될 수도 있어 망설여졌다. 용기를 내어, 전화로 도움을 요청했다. 지인은 흔쾌히 하룻밤 묵을 수 있도록 딸 방을 내주고, 딸을 거실에서 자게 했다. 지인의 따뜻한 배려로 하룻밤을 잘 보낸 A씨는 다음날 아침, 정신을 가다듬고 일상으로 돌아갈 수 있었다. 그 이후 A씨는 지인과 그 가족을 은인처럼 아끼고 사랑해 왔다.

부처의 가르침에 '돈 들이지 않고 베풀 수 있는 일곱 가지' 중 '방

보시'가 있다. 피곤에 지친 손님이 하룻밤 편히 쉬어 갈 수 있게 방을 내주라는 것이다. 본인은 불편하겠지만, 손님에겐 평생 잊지 못할 따뜻한 하룻밤이 될 수 있다. 인생을 살다 보면, 누구든 오늘 밤에 무슨 일이 일어날지 알 수 없다. 그렇기에 다른 사람에게 도움을 요청하는 것이 중요하다. 도움을 청할 용기도 필요하다. A씨는 남편에게 큰 상처를 받았지만, 용기를 내어 지인에게 도움을 요청했다. 그리고 평생 잊지 못할 따뜻한 위로를 받았다.

살면서 겪게 되는 여러 가지 문제들은, 혼자 자신만의 틀 속에 갇혀서는 해결할 수가 없다. 가족이나 친구, 긍정적인 사람들, 이미 문제를 해결한 경험이 있는 사람들에게 도움을 구하는 것이 훨씬 현명한 방법이다. 그래서 뛰어나고 똑똑한 것보다, 인간관계가 더 중요하다. '만나는 사람들이 나보다 훌륭하다.'는 겸손한 마음으로 그들을 대하자.

한편, 용기를 내어 도움을 요청했더라도, 상대방이 들어주지 못할 수도 있다. 도움을 요청하는 능력이 뛰어났던 에이브러햄 링컨은 "믿지 않고 항상 비참해하는 것보다, 믿고 이따금씩 실망하는 것이 더 낫다."고 말했다. 도움을 받지 못하게 될까 봐 주저하지 말고, 도움을 못 받더라도 상처 받지 말자.

PC와 스마트폰의 창시자, 스티브 잡스는 제록스 연구실을 구경하다, 초기의 불완전한 데스크탑과 마우스를 보았다. 여기에 아이디어를 더해 맥(Mac) 컴퓨터를 만들었다. 그는 제록스에서 초기 컴퓨터를 만들 당시 다양한 부문, 단계에서 일했던 직원 15명과 천재 기술자, 스티브 워즈니악에게 도움을 받았다. 그 결과물인 애플 컴퓨터로 대성공을 거둔다. 또한, 경쟁자였던 마이크로소프트의 빌 게이츠에게는 계속해서 맥(Mac)과 호환되는 오피스 소프트웨어를 만들도록 도움을 요청했다. 맥과 애플 컴퓨터는 그렇게 성공할 수가 있었다. 이를 힌트로 윈도우즈와 호환되는 아이튠즈를 개발해, 애플의 시장이 크게 확대되었다. 이렇게 스티브 잡스는 전문가들에게 창조적 도움을 받았다. 그리고 그가 본 것을 서로 연결해서, 새로운 것을 만들어 냈다.

스티브 잡스뿐 아니라, 자동차 왕 헨리 포드와 발명왕 토머스 에디슨도 마찬가지다. 그들이 인류사에 남긴 찬란한 업적은 천재인 한 개인이 이룬 것이 아니었다. 모두 서로 필요한 곳에 도움을 구하고 협력하여 이룩된 것이다. 헨리 포드는 "나는 새로운 것은 하나도 발명하지 않았다. 그저 수세기 동안 묵묵히 노력해 온 여러 사람의 발견을 한데 조립했을 뿐이다. 내가 50년, 혹은 10년, 아니 5년 전에 사업을 시작했더라면 실패했을 것이다. 모든 것은 다 그동안 쌓인 결과물 덕분이다."라고 말했다. 발명왕 에디슨 역시, "나는 나 이전의 마지막 사람이 멈추고 남겨놓은 것에서 출발한다."고 말했다. 전구를 포함하여 그의 이름으로 등록된 미국 특허권 1천93 건, 다른 나라 특허권을 합하여 1천5백 건 이상의 특허권 중 상당수는,

연구실 내 14명의 협력자 연구원들과 함께 기존의 발명품을 개선한 결과물들이다. 조수 프랜시스 젤은 "에디슨은 사실상 집합명사로서, 많은 사람의 이름을 대표한다."고 말했다.

아무리 천재라 해도 혼자서는 대업을 이룰 수 없다. 스티브 잡스 역시 천재성 뒤로 전문가, 경쟁사, 이미 문제를 해결해 본 다른 사람을 찾아 도움을 요청했다. 그 결과 성공할 수 있었다. 혼자 힘으로는 의욕조차 샘솟기가 어렵다. 그렇기 때문에 스티브 잡스처럼 친구, 동료, 지원 그룹, 전문가, 협력자들과 함께하자. 전도서에는 "한 사람이면 패하겠거니와, 두 사람이면 맞설 수 있나니, 세 겹줄은 쉽게 끊어지지 않는다."라고 쓰여 있다. 혼자 하면 패한다. 혼자 다 해야 한다는 강박감을 버리자. 다른 사람에게 도움을 요청하고 함께 해 나가자. 그러면 중간에 끊어지지 않고, 결국에는 해낸다는 의미다.

우리는 서로 간 연결된 존재다. 두려움과 갈등을 겪는 경쟁보다, 함께 협력할 때 최상의 결과가 나온다. 경쟁적인 관계의 개인주의는 두려움을 계속 일으키기 때문에, 편도체가 활발해진다. 그 결과, 몸에 면역력이 떨어지고 스트레스 장애를 일으킨다. 그런데 스트레스를 받으면, 다행히 뇌하수체에서 사랑 호르몬, 옥시토신을 분비한다. 이것이 다른 사람에게 도움을 요청하게 함으로써, 스트레스를 줄이고, 위안을 받고 싶게 하고, 두려움이 줄어들게 한다. 우리는 모두 이런 작용 원리와 구조를 가지고 있는, 같은 사람들이다. 그렇기에 혼자 다 해야 한다는 개인주의를 버리고 도움을 요청하자.

세상에는 그대를 돕고 싶어 하는, 그대와 같은 사람들이 아주 많다.

언젠가 TV 프로그램, 〈오은영 리포트-결혼 지옥〉에서, 도박 중독으로 인해 심각한 위기를 겪고 있는 부부의 사연을 방영했다. 도박 중독이 가족의 평범한 삶을 얼마나 피폐하게 만들 수 있는지를 보고, 시청자들은 큰 충격을 받았다. 남편은 23살에 주변에서 도박으로 쉽게 돈을 버는 것을 보자 도박에 손을 대기 시작했다. 처음 100만 원으로 4천만 원까지 따자 그 미련을 버리지 못하고, 현재까지도 도박을 계속하고 있다. 아내는 신혼 초부터 남편의 도박 빚을 갚기 위해 3천만 원 대출을 받았다. 그러나 그것으로도 빚을 다 갚지 못해, 남편이 일수로 천만 원을 더 빌려야 했다. 그리고 돌려막기를 했다.
아이들 육아용품을 살 돈마저 없었다. 남편은 배달대행 일을 하는 중에도, 스포츠 도박 사이트에 입금을 했다. 육아용품 살 돈을 벌기 위해서라고 했다. 나중에는 집안에 압류 딱지까지 붙었다. 심지어 돈을 갚지 않을 시, 아이의 학교까지 찾아가겠다는 협박을 받기도 했다. 아내는 임신 중에 돈을 아끼기 위해 가끔 끼니를 거르곤 했는데, 남편은 그 시간에 외도까지 했다. 그 충격으로 아내는 둘째를 미숙아로 출산했다. 남편 생각을 하지 않기 위해 매일 술을 마시다 보니, 알코올 의존증이 되고 말았다.
어느 날, 남편은 사행성 게임에, 아내는 술에 한참 취해 있을 때, 둘째 아기가 심하게 울고 있었다. 감기에 걸려 온몸이 불덩이같이 달아올랐던 것이다. 부부는 서로를 탓하며 싸움을 시작했다. 보다 못한 17세 큰아들이, 울고 있는 동생을 병원에 데리고 가서 치료를 받고 돌아왔다. 오은영 박사는 "너무 가여워요, 아이들이. 정신 차리세요, 두 분!" 부부의 태도를 지적하고, 남편에게는 전문가를 통해 도박 중독 치료를, 아내에게는 알코올 의존증 치료를 받을 것을 권했다. 두 사람은 현재 별거 중이다.

　남편의 도박 중독으로 인해, 지옥에서 살고 있는 아내와 아이들. 그래서 도박 중독은 무서운 질병인 것이다. 돈을 잃어서 무서운 것이 아니라, 가족 모두의 작은 행복조차 앗아가기 때문이다. 도박을 하면 쾌락을 담당하는 중추신경이 반응하고, 이때 뇌는 도파민이라는 신경전달물질을 내보낸다. 도파민은 욕망이 충족될 때 나오는 것으로서, 행복감과 쾌감을 느끼게 한다. 이 물질이 많이 나오면, 뇌 전두엽이 현재의 감정, 바라는 것, 또는 쾌락을 따라, 통제 없이 즉시 행동하도록 한다. 그 결과, 도박 행위를 반복하게 만든다.

　그렇기 때문에 도박 중독은 혼자만의 자기 의지로 끊을 수 없는, '습관 및 충동 장애'에 속하는 정신질환이다. 오죽하면 "도박꾼은 손을 잘라도 발가락으로 하고, 발가락을 자르면 입으로 한다."고 하겠는가. 그들은 종종 그들의 도박 습관이 '중독 수준은 아니다. 따라서 치료나 도움은 필요 없다.'고 생각한다. 그러나, 아니다. '내가 도박에 중독되었다.'는 현실을 받아들이는 것이 첫걸음이다. 거기에서부터 출발해야 한다. 그래야만 자신도 살아날 수 있고, 지옥 같은 삶을 살고 있는 아내와 아이들도 살려낼 수 있다. 제발 용기를 내어, 자신이 도박 중독에 빠졌다는 현실을 인정하고, 전문가와 전문기관의 도움을 하루라도 빨리 받아야 한다.

아무리 천재라 해도, 도와주는 사람 없이 모든 것을 혼자 해내려면 두려움, 스트레스를 겪는다. "혼자서는 모든 것을 다 할 수 없다. 목표를 이루려 할 때, 다른 사람의 도움에 의지하는 것을 두려워하지 말라." 미국의 유명 방송인, 오프라 윈프리의 말이다. 삶의 어떤 영역에서든 도움을 요청하는 것이 성공의 지름길이다. 잊지 말자! 세 겹줄은 쉽게 끊어지지 않는다. 친구, 전문가, 우리 사회. 모두 그대를 돕고 싶어 한다. 혼자 다 해야 한다는 강박감을 버리고 도움을 요청하며 살았더라면……

3
내 감정을 솔직하게
표현하고 살았더라면

우리는 여러 상황들을 통해 사랑, 미움, 슬픔, 고통 등 갖가지 감정을 느끼며 세상을 살아간다. 다른 사람들과 그러한 감정을 함께 나누며 삶의 의미를 찾아가는 것이 인생 여정이다. 너나없이 서로, 다른 사람의 인정, 존중, 이해, 관심과 격려가 필요한 존재들이다. 그런데 나이가 들수록 이런저런 이유로, 자신의 감정을 솔직하게 표현하기가 어려워진다. 도대체 어떤 이유로 자신의 감정을 장막 뒤에 숨기고 마치 가면을 쓴 듯이 살다가, 뒤늦게 후회하는 것일까?

39세 Q씨는 부유한 집에서 성장했다. 부모는 그녀가 의대나 법대를 졸업하고, 부유한 배우자를 만나 부유하게 사는 것이 행복이라고 주입시켰다. 그러나 음악에 관심이 많았던 그녀는 친구의 피아노 독주회에서 우연히 만난 피아니스트와 사랑에 빠졌다. 감정을 숨기지 않고 용기를 낸 두 사람은, 결혼의 대가로 Q씨의 부모로부터 외면당했다. 남편과 다섯 살배기 아들과 행복한 가정을 꾸리고 살던 그녀에게 청천벽력처럼 루게릭병이 찾아왔다. 병세가 점점 심해지자 말조차 더듬게 되었다.

병에 걸리기 몇 년 전, 그녀는 오랫동안 보지 못했던 친한 친구를 만나 진심으로 그 친구를 사랑한다 말하고, '우정이 얼마나 소중한지'에 대해 자신의 감정을 솔직하게 표현하고 헤어졌다. 그런데 그 친구가 며칠 후, 불의의 계단 낙상 사고로 세상을 떠났다. 그녀가 만약 그때 그 친구에게 사랑한다는 말을 전하지 못했다면 평생 후회로 남았을 것이었다. 이제 그녀는 자신에게도 죽음의 그림자가 드리워 오고 있음을 느꼈다. 그녀는 자신을 도외시해 온 부모님께 '진정으로 솔직한 감정을 나누고 싶었습니다. 저는 여전히 부모님을 사랑해요. 감사합니다.'라는 편지를 썼다. 그러고 나서야 비로소 고백을 하지 못했던 죄책감에서 벗어날 수 있었다. 편지를 받게 된 그녀의 부모는 그 이튿날, 호스피스 병실에 있는 그녀를 찾았다. 그동안 가슴속에 담아두었던 이야기를 진심으로 나누고, "정말 미안하구나. 우리도 너를 진정으로 사랑한다."고 했다. 그녀의 두 눈에서 뜨거운 눈물이 흘러내렸다. 며칠 후 그녀는 부모님과 사랑하는 가족 곁에서 평안히 하늘나라로 갔다.

Q씨는 배우자에게도, 친구에게도, 그리고 자신을 외면했던 부모에게도 모두 '사랑한다'는 감정을 솔직히 표현했다. 언제 마지막 날이 될지 모른다는 진리를 알았기 때문에, 더 늦기 전에 행동으로 옮겼을 뿐이다. 사랑하는 남자에게 사랑한다는 감정을 솔직히 표현해, 평생 행복한 가정을 꾸릴 수 있었다. 사랑하는 친구에게 사랑한다는 감정을 솔직하게 표현해, 친구의 죽음에 죄책감을 갖지 않을 수 있었다. 그녀는 자신을 외면했던 부모에게도 '여전히 사랑한다.'는 솔직한 감정을 편지로 남김으로써 사과와 용서, 화해로 생을 마감할 수 있었다. 39세 젊은 나이에 생을 마치면서도 후회나 죄책감 없이 평안했던 이유다.

설령 상대가 솔직함을 받아들이지 못하거나, 예상과는 다른 반응을 보이더라도 그건 중요하지 않다. 상대의 몫이지, 내 몫이 아니다. 중요한 것은 내 감정을 솔직히 표현했다는 사실이다. 만약 이러한 표현을 하지 못했다면, 가장 가까운 사람에게 최선을 다하지 못했다는 후회와, 미처 하지 못한 말 때문에 한없는 죄책감을 느낄 수도 있었을 것이다. 외면하는 상대 앞에서도 감정에 솔직할 수 있는 용기에 응원을 보낸다.

어린아이들은 슬프면 울고, 좋으면 웃고, 화가 나면 짜증을 내고, 좋아하면 좋아한다고 말하지 않는가. 감정을 솔직히 표현하는 데 거리낌이 없다. 그런데 어른이 되면, 감정을 내비치는 데 서서히 벽을 쌓고 진심을 보여주지 않는다. 가족에게조차도 마찬가지다. 솔직함에 뒤따르는 고통과 마주치지 않기 위해서다. 그 결과 자신이 어떤 사람인지를 참으로 이해해 주는 이 하나 없이, 고립된 섬처럼 살아간다. 감정을 솔직하게 나누는 것이 때로는 얼마나 힘들고 고통스러우면 차라리 벽을 쌓겠는가! 그러나 후회와 죄책감을 없애고 자신의 마음이 평안해지기 위해서는 스스로 만든 자존심의 벽을 허물어야 한다. 그리고 내 감정을 솔직하게 표현해야 한다. 자존심은 진정한 소통을 가로막는 장애물일 뿐. 감정을 솔직하게 표현하는 것은 행복의 필수 요소다.

에스토니아 출신의 미국 뇌 과학자로서 포유류의 감정 분야를 연구 개척한 야아크 판크세프(Jaak Panksepp)에 따르면, 인간을 포함하여 모든 포유동물에는 일곱 가지의 원초적 감정이 있다고 한다. 즉, 탐색(seeking, 열정), 분노(rage), 두려움(fear), 욕정(lust), 보살핌(care, 애정), 슬픔(panic), 놀이(play, 기쁨)라는 것이다. 포유류와 인간의 감정 구조가 뇌 신경학적으로 같은 기초를 갖고 있기 때문에, 동물의 감정을 연구하면 인간에 대해 더 깊이 이해하게 되고 우울증이나 공황장애, 자폐증 등 다양한 감정 이상 증상을 치료하는 데 도움이 된다는 것이다.

감정을 이용한 심리 치료법 AEDP(가속 경험적 역동 치료)의 개발자인 다이애나 포샤는 일곱 가지 핵심 감정을 약간 다르게 분류했는데 두려움, 분노, 슬픔, 혐오감, 기쁨, 흥분, 성적 흥분 등이다. 또, 동양에서 흔히 말하는 7정, 즉 인간의 일곱 가지 감정은 희(喜-기쁨), 노(怒-노여움), 애(哀-슬픔), 구(懼-두려움), 애(愛-좋음), 오(惡-미움), 욕(慾-욕심)이다. 이처럼, 학자나 연구 분야마다 감정의 종류를 나누는 방법이 조금씩 다르다. 그러나 공통적인 점은, 이러한 감정들은 인간이 가지는 본성이므로, 회피하거나 부정적 감정에 빠져 있는 것은 정신건강에 나쁜 영향을 준다는 점이다.

특히 약자의 위치에 있게 될 경우, 무의식중에 자신의 감정과 기분을 억누르고 숨기는 것을 익혀왔다. 어린 시절 부모의 통제대로 틀에 갇힌 생활을 했거나, 부모에게 대들라치면 혼나고 체벌을 받으며 성장한 사람들은, 갈등을 두려워하는 경향이 있다. 자존감이 낮고 다른 사람들의 평가에 예민하다. 다른 사람들의 비위를 맞추려고 애쓰며, 다른 사람들과 갈등을 빚는 것을 한사코 피하려고 한다. 자기 자신을 표현하고 자신의 이익을 주장하는 것보다 평화를 지키는 것이 더 중요하다고 여긴다. 자신의 감정엔 소홀한 반면, 사회적 요구에는 예민하게 반응한다. 그렇기에 언뜻 타인과의 관계에 아무 문제가 없는 듯이 보이지만, 실제는 불편한 감정을 느낀다. 어린 시절부터 자신의 감정을 억누르며 살아왔거나, 자신의 감정을 보호자가 이해하고 존중해 준 경험이 적은 사람들은, 자신이 느끼는 감정을 제대로 표현하지 못하기 일쑤다.

우리 모두는 다른 사람의 인정, 존중, 이해, 관심과 격려, 칭찬이 필요한 존재들이다. 우리에게 가장 중요한 것은, 자신의 감정을 솔직하게 표현하여 자신을 드러내고 자신을 더 이상 억압하지 않는 방법을 깨우치는 것이다. 즉, 감정에 솔직한 것은 인간의 본능이며, 삶의 에너지이자 건강의 바탕이다. 이를 위해 자신의 감정을 잘 살피고 정확하게 표현할 수 있도록 해야 한다. 즉, 자신의 진실한 감정과 마주할 용기가 필요하다. 자신의 감정을 확인하고 느끼면서, 자신에게 이렇게 말해 주자. "지금 네가 느끼고 있는 감정은 매우 소중하단다. 있는 그대로의 너를 이해한다. 그리고 사랑해." 자신을 굳게 믿고, 자신을 '바꾸는' 것이 아닌, 진정한 자신이 '되는' 것이 중요하다.

미국 리더십 컨설턴트이자 《에센셜리즘》의 저자, 그렉 매커운은 "아주 중요하고 의미 있는 소수의 일에만 'Yes'라고 답해야 한다."고 했다. 자신에게 중요하지 않은 것, 의미가 없는 것에는 'No'라고 말할 용기, 자신에게 진정 가치 있고 중요한 것에만 'Yes'라고 할 지혜가 필요하다. 타인의 여러 기준이나 요구 대신, 내 솔직한 감정을 따라 내 진짜 모습을 표현하며 살자.

K씨는 어머니로부터 '어리석다.'는 말을 자주 들으며 살았다. 급기야 더 이상 참을 수 없었던 K씨는 어머니에게, "저는 어머니를 사랑하고 존경합니다. 그러나 더 이상 어머니에게 무시당하며 살고 싶지는 않습니다. 어머니에게 인정받을 만한 모습을 보여드리지 못해 죄송합니다만, 지금 저에게는 조건 없이 격려해 주고, 아껴주는 사

람이 필요합니다. 지금의 어머니는 그런 분이 아니니, 그때까지는 어머니를 뵙지 않겠습니다."라고 말하고 집을 나왔다.

전화로 가끔 인사만 했고, 어머니한테서 받은 마음의 상처가 아물기까지에는 많은 시간이 걸렸다. 어느 정도 세월이 흐른 후, K씨가 어머니를 다시 만나게 되었을 때, 어머니는 더 이상 K씨에게 '어리석다.'는 비난을 하지 않았다. K씨는 타인의 비난 앞에 더 이상 자신을 방치하지 않았다. 자신의 감정을 솔직히 표현하고 행동했다. 그러자 그를 대하는 어머니의 표현과 행동 역시 바뀌었다. 인정과 존중을 받기 위해서는 용기를 내야 하고, 굳세져야 한다.

우리를 가장 아프게 하는 것은 사랑하는 사람이다. 기대가 큰 만큼 실망도 크기 때문이다. 게다가 인간의 사랑이라는 감정은 무생물처럼 가만히 있는 것이 아니다. 생물처럼 항상 변하고 움직인다. 가족 간의 사랑도 저절로 이루어지는 것이 아니다. 인생의 많은 심리적 문제가 바로 "어린 시절, 부모로부터……" 발생한다. 내 의지를 갖기 전부터 부모가 이미 내 마음의 열쇠를 가지고, 제멋대로 내 마음을 휘젓고 다닌다. 도대체 내 마음의 주인은 누구인가? 나이를 먹을수록 내 마음의 주인은 자신임을 정확히 자각하여, 다른 사람들이 더 이상 마음대로 드나들지 못하도록 내 마음 문을 잘 지켜야 한다.

그러지 못할 경우, 그동안 참고 눌러왔던 감정이 마침내 한계에 부딪혀 물 한 방울처럼 사소한 일로도 폭발하는 것을 '감정의 물병 법칙'이라 한다. 이런 감정 폭발은 모두에게 큰 상처를 남긴다. 자신을 소중히 여기지 않는 것은, 스스로 자학하는 것과도 같다. 마음속 겁 많고 힘없는 어린아이가 스트레스를 받으면 다른 사람에게 풀 힘도, 방법도 모르니, 자신을 공격, 자학하는 것으로 스트레스를 푼다. K씨처럼, 자신이 진심으로 화가 나면 화가 났다고 큰 소리로 말하자. 더 이상 참지 말고, 가만히 있지도 말고, 자신의 생각과 감정을 솔직하게 표현하자. 자신을 최고로 소중한 사람으로 대하고 배려해 주자. 참아내는 것이 아니라 표현하고, 아픔을 함께 나눌 때, 우리는 슬픔이나 화로부터 자유로워진다.

친절한 말 한마디가 떠오르거든
지금 하십시오.
내일은 당신의 것이 되지 않을지 모릅니다.
사랑하는 사람이 언제나 곁에 있지는 않습니다.
사랑의 말을 지금 건네십시오.

미소를 짓고 싶다면 지금 웃어주십시오.
당신의 친구가 떠나기 전에
장미가 피고 가슴이 설렐 때
당신의 미소를 지금 보여주십시오.

불러야 할 노래가 있다면 지금 부르십시오.

당신의 해가 저물면

노래 부르기엔 너무 늦습니다.

당신의 노래를 지금 부르십시오.

- 찰스 스펄전의 시, 〈지금 하십시오〉 중에서

지금 당장 사랑하는 사람들에게 '사랑한다.'는 감정을 솔직하게 표현하자. 한 치 앞도 내다볼 수 없는 것이 인생이기에, 지금이 아니면 영영 못 할 수도 있다. 젊은 시절 자기 목소리를 뚜렷이 내지 못한 것이 후회된다면, 자신에게 "지금 네가 느끼고 있는 감정은 매우 소중하단다. 있는 그대로의 너를 이해한다. 그리고 사랑해."라고 자신을 포근히 감싸 주자. 진정한 자신을 굳게 믿고 말이다. 자신의 마음을 다른 사람이 마음대로 휘젓고 다니지 못하도록 지키기 위해서, 감정을 솔직히 표현하고 행동하자.

4
지금 여기에 존재하는 것만으로 가치 있다는 것을 알고 살았더라면

밤하늘에 떠 있는 수많은 별들을 바라보다가 '이 끝없이 넓은 우주 속에, 작고 보잘것없어 보이는 나는 어떤 존재일까?' 생각한 적 있는가? 사람은 누구나 자신만의 고유한 가치가 있다. 다른 사람과 비교할 수 없는 능력과 가능성이 있는 것이다. 자신이 걸어가야 하는 길, 자신만의 속도가 있다. 다른 사람과 똑같이 보조를 맞추어야 한다는 생각은 버리자. 어디에도 완벽한 사람은 없기에, 자신을 있는 모습 그대로 존재하게 두면 된다. '다른 사람이 인정하는 행위? 얼마나 소유했나?'가 아니라, 존재 자체로 가치가 있다. 서로 그런 존재인 것이다.

A씨는 고등학교 2학년 때 학교폭력을 당한 이후 우울증에 걸렸다. 그래서 대학 진학도 안 하고 취업도 하지 않은 채, 방 안에 처박혀 혼자 지냈다. 낮에 자고, 새벽에 일어나 간신히 한 끼 식사를 하고, 가족들과 지인들과의 대화도 일절 차단했다. 담배와 게임이 유일한 친구였다. 아침이 되면, 방에 어둡게 커튼을 치고 자기 시작한다. 방 안은 온통 담뱃재와 담배 냄새, 먼지로 가득했고 천장까지 누렇게 변색되었다.

그러던 어느 날, 낮에 일어나 방 청소를 하기 시작했다. 이를 본 A씨의 부모는 아들의 장래가 걱정되어 "그까짓 청소 같은 거는 안 해도 되니까, 공부해서 대학교를 가든지 아르바이트라도 하든지 해라."고 했다. 이 말을 들은 A씨는 더더욱 방에서 나오지 않았다. 이에 부모는 이런 말이 아들에게 도움이 되지 않는다는 것을 알게 되었다. 그 후 어느 날, A씨가 낮에 일어나 밥을 먹고 설거지를 했다. 부모는 진정 마음으로 기뻐하며, "고맙다."고 말해 주었다. 그러자 A씨 방에서, 처음으로 노랫소리가 새어 나왔다.

B씨는 교육열이 높은 집안에서 어릴 때부터 사교육을 많이 받고 자랐다. 사립 외고에 입학해 나름 공부를 한다고 했지만, 부모의 기대만큼 좋은 성적이 나오질 않았다. 자신감과 자존감이 많이 떨어졌다. 밤마다 기숙사에서 울며 지새웠다. 어렵게 외고를 졸업하고 일류 대학교에 지원했는데 떨어졌다. 입시 공부를 하면서 너무 힘들었기에, 재수는 죽어도 하기 싫었다. 아르바이트를 하면서 수

시를 준비하려고 했다. 부모는, B씨가 아르바이트 한다며 친구들과 어울려 밤늦게 다니는 것이 걱정되었다. 얼마 지나지 않아 B씨의 부모는 아르바이트와 친구 만나는 것을 금지시키고, 학원과 독서실 생활을 강요했다. 부모 말에 따르지 않을 거면 집을 나가라고 했다. B씨는 결국 집을 나갔다.

아기가 처음 태어났을 때를 생각해 보자. 생명의 신비와 경이로움을 보고, 모든 가족이 얼마나 기뻐했던가! 꼬물거리던 것이 이내 몸을 뒤집고, 앉고, 걷기 시작했다. 처음으로 "마마", "빠빠"라고 말했다. 아이로 인해, 감격과 기쁨으로 가득했던 날들. 아이의 존재 자체를 소중히 여기고 백일, 돌잔치를 하지 않았던가! 아이는 여기에 존재하는 것만으로도 충분한 가치가 있었다.

그런데 "개구쟁이라도 좋다. 건강하게만 자라다오."였던 부모의 소망이, 아이가 예쁘고, 말 잘 듣고, 공부 잘하고, 운동 잘하고, 그림 잘 그리고, 악기 잘 다루고, 좋은 대학교를 나오고, 대기업에 취직하고, 또 버젓한 배우자를 만나는 것으로 점점 바뀌어 갔다. 이런 자녀는 이상일 뿐, 현실에 없는데 말이다. 세상이 정한 기준에 이르지 못하면, 부모와 자녀 모두 실패자가 된 것처럼 부끄러워한다. A씨와 B씨처럼, 부모로부터 사랑이라는 이름으로 단점을 지적당하며 자란 사람은, 자라서 스스로를 지적한다. 자신과의 전쟁 속에서 산다. 자존감이 낮고 열등감을 갖는다. 자신을 사랑하지 못하고, 점점 스스로를 소외시킨다. 진정 자녀가 이렇게 살기를 바라는가?

별

- 작자 미상

어두운 밤에도

빛이 있으니

이 빛으로 별은 우리를 바라본다.

한 생명이 이 땅에 태어나면

순수의 영혼으로

그 빛이 더욱 밝아진다.

세상 때 묻은 눈으로는

보이지 않는

은하수 저편 작은 별에서,

한 생명을 향한

따스한 눈길을 느낄 수 있다.

잊지 말자! 그대는, 그리고 그대의 자녀들은, 은하수 저편의 별까지도 따스한 눈길로 바라보고 있는, 우주에 하나뿐인 소중한 존재다. 존재하는 것만으로도 무언가를 이루는 것보다 더 큰 가치가 있다.

85세의 H씨는 요양원에 들어온 지 5개월이 되었다. 남편은 5년 전, 먼저 하늘나라로 갔고, 외동딸은 미국에서 산다. 요양원 생활은 너무 외로웠다. 몸과 마음이 아픈 사람들뿐, 서로 마음을 나눌 여유가 없다. 어느 날, 60대의 요양보호사 S씨가 환하게 웃으며 H씨 방의 문을 두드렸다. 5개월 만에 처음 보는 환한 웃음이었다. H씨는 자신의 외로움을 그녀에게 털어놓았다. 젊은 시절의 친구들이 너무 그리웠다. 자신을 잘 알고, 있는 그대로를 함께 나눌 수 있는 옛 친구들이 보고 싶었지만, 연락이 끊긴 지 오래다. 친구들은 죽었거나, 요양원 또는 병원에 있기 때문이다.

요양보호사 S씨 역시, 사람에게 상처 받고, 죽음을 생각할 정도로 너무 힘들었던 시절이 있었다. 그때 한 친구의 뜻밖의 연락을 받고, 그 친구의 위로로 삶을 이어올 수 있었다. 그렇기에 H씨의 외로움을 누구보다 잘 이해했다. S씨는 H씨를 위해 H씨 친구들을 수소문 끝에 찾았다. H씨는 알츠하이머병으로 병원에 있는 한 친구에게 몇 줄의 짧은 편지를 전했다. 그 친구가 행복해하더라는 소식을 들었다. 또 다른 친구와는, 다시 20대로 돌아간 듯 웃으며 행복한 대화를 오랫동안 나누었다. S씨의 도움으로, 이 세상 외로움을 떨쳐 버린 그날 저녁, 그녀는 편히 하늘나라로 갔다.

내가 지금까지 어떻게 살아왔는지, 내가 어떤 사람이고, 무엇을 좋아하며, 어떤 기쁜 일들을 겪었고, 어떤 슬픈 일들을 경험했는지, 누구를 사랑했으며, 어느 곳을 거쳐 갔는지, 그것들을 왜 하게 되었는지…… 나의 인생사에 대해 아는 사람이 있다는 것은, 정말 감사한 일이다. 어떤 조건도 없이 나를 있는 그대로 이해하고 그대로 받아들여 주는 사람! 나와 이 모든 것을 공유하는 사람! 바로 친구다! 가족들은 사랑하는 존재지만, 일정 부분 의무와 책임이 있는 관계다. 그러나 친구는 자유로운 관계에서 오는 생생함으로 통한다.

위인전이나 역사책에 나오는 사람들의 인생 이야기만 가치 있는 것이 아니다. 모든 인생 이야기 또한 중요하고 가치가 있다. 누구나 자신의 인생 이야기를 가지고 있고, 존중받기에 충분하며, 다른 사람들이 알 만한 가치가 있다. 나의 인생 이야기를 알고 있는 친구가 이 세상에 존재하는 것만으로 인생은 의미 있고, 삶은 행복하다. 반대로, 그런 친구가 이 세상에 없다는 것은 얼마나 외롭고 쓸쓸한가! 지금까지 살아온 인생 자체가 덧없어지는 느낌! H씨는 그런 친구의 존재가 너무 그리웠을 것이다.

노년에 아무도 자신을 알아주지 않고, 그저 낯설고 차가운 곳에 버려진 느낌. 얼마나 외롭고, 자신의 존재에 대한 인정이 필요했을까! 그대에게는 그런 친구가 있는가? 더 중요한 것! 그대는 그런 친구인가? 인생을 살아가면서, 누군가와 순간순간을 나누며 함께 걸을 수 있다면……. 인생사를 함께하는 그 친구는 나에게, 나는 그 친구에게, '여기 있다'는 것만으로 가치 있는 그런 존재가 된다.

W씨는 39살 된 외아들이 자살을 한 큰 아픔을 겪었다. 아내마저 병으로 세상을 떠나고, W씨는 마음이 너무 힘들었다. 세상을 살 의욕이 없어, 자살 충동을 느끼고, 몇 번 시도까지 했다. 어느 날 삼촌이 그를 찾아와, 몇 날 며칠 그의 이야기를 들어주었다. 그에게, "네 존재 자체로 너무 소중하다. 네가 이렇게 죽는다면, 너를 아는 가족과 지인들 모두 얼마나 마음이 아프고 힘들지, 네 아들이 죽었을 때 너의 마음을 헤아려 보면 잘 알지? 너는 이 땅에 태어난 목적이 있어. 죽으면 안 돼. 그것이 신의 뜻이란다."라고 말해 주었다. 삶의 고통을 믿음과 사랑으로 이겨내고, W씨는 80세에 편안히 하늘나라로 갔다.

그렇다. 사람은 누구나 죽는다. 끝없는 우주 공간과 아득한 시간의 관점에서 보자면, 먼지 한 톨만큼의 의미도 남기지 못하고 사라진다. 39세에 죽든, 80세에 죽든 마찬가지다. 그러니 우리가 살아보겠다는 생존본능 자체가 어찌 보면 기적이다. 주위를 보면, 한여름 뜨거운 땡볕에서도 태양에 맞서 고개를 꼿꼿이 쳐들고 서 있는 해바라기, 일주일밖에 못 살아도 온 열정을 다해 맹렬히 노래하는 매미, 씻고 가꾸지 않아도 솔로몬의 모든 영광보다 더 향기롭고 아름다운 백합화…… 이 땅에 살아가는 모든 것들이 주어진 삶을 온몸으로 살아내고 있다. 사람도 변하지 않는 가치와 의미가 있고, 그것은 다음 세대로 이어진다고 믿고, 열심히 살아간다.

그럼에도, 그 어떤 사람도 모든 것에 완벽할 수는 없다. 그런데 자신을 세상 기준으로 바라보고 스스로 부족한, 못난 사람이라고 여긴다. 기억하자! 그대가 부족한 것이 아니다. 세상 기준에 매인 시선으로 보았기 때문이다. 인생은 스스로를 바라보는 시선대로 된다. 이제는 결정하자, 그대를 사람들의 시선으로 볼 것인지, 아니면 스스로의 긍정적인 시선으로 볼 것인지.

사는 것이 너무 힘들고 지쳐 있을 때는 외로움과 고통이 커서, 스스로의 가치를 깨닫고 나쁜 생각을 멈추는 것조차 힘들어진다. 사랑과 기쁨의 가치를 인정하는 것이 고통스러울 때, 그냥 다 포기하고 싶고 자살을 떠올리기도 한다. 그럴 때는 무작정 버텨보자. 아무것도 하지 않고, 그냥 버티는 것이 답일 때가 있다. 버티다 보면 좋은 날이 반드시 온다. 프랑스의 시인, 폴 발레리가 〈해변의 묘지〉라는 시에서 "바람이 분다. ……애써 살아야겠다."라고 한 것처럼 말이다.

위인이 아니라도, 각자는 주어진 자리에서, 세상을 움직이는 역사의 거대한 수레바퀴를 돌리는 구성원이다. 그렇기 때문에 누구나 사랑받을 가치가 있고, 여기에 존재하는 것만으로 의미가 있다. 세상이 변해도, 그것은 변하지 않는 이치다. 지금 무언가를 하지 않아도, 그냥 존재하는 것만으로도 그렇다. 아무리 부족해 보일지라도, "존재해 줘서 정말 고맙다."고 말해 주자. 자녀에게, 친구에게,

그리고 그대 자신에게. 지금 여기에 존재하는 것만으로 가치 있다
는 것을 알고 살았더라면…….

5
사랑이 다가올 때,
두려움 없이 사랑하며
살았더라면

좋아하는 사람이 막상 가까이 다가오면, 상처 입을까 봐 두려워 미리 도망을 간다. 좋아하는 사람과 함께할 기회를 스스로 차버리고, 평생 후회를 한다. 왜 이런 어리석은 행동을 자신도 모르게 하게 되는 걸까? 이런 후회할 행동을 하지 않으려면 어떻게 해야 할까? 사랑이 다가올 때 두려움 없이 사랑하려면, 어떤 마음가짐이 필요할까? 기쁨, 기대감, 설렘으로 가득 차야 할 사랑 앞에서 두려움이나 불안, 스트레스를 느끼는 마음은 왜일까?

N양은 대학교 동아리에 왠지 모르게 마음이 끌리는 남자 선배가

있었다. 개구쟁이같이 짓궂고 철없어 보이지만 뭐든지 잘하는 그에게 겉으로는 관심 없는 척, 일부러 쌀쌀맞게 대했다. 속마음을 들키고 싶지 않았기 때문이다. 그 선배로부터 MT를 같이 가자는 전화를 받고 뛸 듯이 기뻤지만, 동아리 내 다른 선배의 연락을 받고서야 가겠다고 답했다. MT 내내 그녀의 마음은 그를 향했다. 그러나 몸은 되도록 그와 멀리 두었다. 결국 제대로 된 한 마디 말도 나누지 못했다. MT 후 그가 너무 보고 싶었지만, 마주치는 것이 두려워 일부러 동아리방에 가지 않았다.

그러던 어느 날, N양은 급한 과제를 하러 동아리방에 잠시 들렀다. 그런데 웬일? 바로 그 선배 혼자 있는 것이 아닌가! 너무 좋은데 표현은 못하겠고, 과제 때문에 마음은 급하고…… 시계 분침 소리는 왜 그리 크게 들리는지, 마음을 들킬까 봐 숨도 제대로 못 쉬었다. 과제 마감 시간이 되어 방을 나가야 하는 N양은, 큰 용기를 내어 그에게 "한 시간 후 돌아올 건데…… 저녁밥 좀 사주세요."라고 말하고 방을 나갔다. 그녀는 결국 방에 돌아가지 않았다. 왠지 그가 그녀를 기다리지 않고 가버렸을 것 같은 생각에, 상처 받을까 두려웠다. 얼마 후, 그는 군에 입대했다. 다시는 그를 볼 수 없었다. 그녀는 평생 그를 잊지 못했다. '그때, 한 시간 후 다시 동아리방에 갔더라면 어땠을까? 얼마나 좋았을까!' 늘 생각한다.

N양의 생각대로, N양이 거절에 대한 두려움을 떨쳐내고 다시 동아리방에 돌아갔다면? 설령 선배가 가버렸다 하더라도 지금처럼

평생 후회를 하진 않았을 텐데…… 사랑이 다가온 그 순간에 두려움 없이 사랑하며 살았더라면……. 그렇다면 N양을 평생 후회하도록 만든 그 이율배반적인 행동은 어떻게 나온 것일까? 좋아하는 사람에게 거리를 두고 먼저 다가가지 못하는 것, 혹여 그가 먼저 다가오더라도 금방 거절하거나 도망가 버리고, 간절한 바람과 거부를 동시에 보이는 등, 심술쟁이같이 변덕을 부리며 사랑을 주지도 받지도 못하는, 이해 못할 행동들을 도대체 왜 하게 되는 것일까?

N양과 같은 사람들은 어린 시절, 청소년기에 부모로부터 무조건적인 사랑과 수용, 이해, 지지나 인정을 받아본 경험이 거의 없다. 부모와 유대관계를 잘 형성하지 못했다. 부정, 거부를 당한 경험이 있다. 그 결과, 사랑을 받는 것이 무엇인지 알지 못한다. 사랑과 진실에 대한 믿음도 갖지 못한다. 자신이 사랑받아야 하고 행복을 누려야 하는 존재가 못 된다고 느낀다. 그러다 보니 안정감이 부족해지고 의심, 불안, 분노 그리고 열등감과 두려운 감정마저 갖게 된다. 이러한 부정적인 요인들은 N양이 자신을 좋아하는 사람으로부터 거절과 상처 받을 것부터 생각나게 한다. 소름끼치도록 두려워 도망가게 만들고, 또 그것을 평생 후회하게 만든다. 이런 잘못된 선택을 하는 것은, 어린 시절 겪은 고통을 피하기 위해서이다. 아, 사랑이 다가올 때 두려움 없이 사랑하며 살았더라면…….

Q양은 법조계에서 일하는 유능하고 매력적인 여성이다. 외모가

뛰어나진 않았지만, 환한 미소와 재치 있는 말투, 여러 방면에 상식도 풍부했다. 그녀의 생일 날, 그녀가 좋아하는 남자가 회사까지 찾아와, 사랑을 고백했다. 그런데 그녀는 받지 않았다. 좋아하는 사람인데도 말이다. 상대방이 자신의 진짜 모습에 실망할 것이라는 생각 때문이다. 가슴을 치며 오랫동안 울면서 슬퍼했다. 그 후로도 여러 남자들이 그녀에게 고백을 했다. 그때마다 그녀는 똑같은 거부와 아픔을 반복하며, 긴 세월을 괴로움과 외로움 속에 지냈다.

도대체 Q양은 왜 자신을 좋아하는 사람들이 자신의 진짜 모습에 실망할 것이라는 생각을 하게 되었을까? 이것이 그토록 자신을 괴롭게 하고, 외롭게 만드는데 말이다. 그 이유는 마음속에 두 개의 자아가 있기 때문이다. 마음속에 연약하기 그지없는 진짜 자아가 있다. 그리고 이를 보호하기 위해 가면을 쓴, 또 다른 강한 거짓 자아가 있다. 약한 진짜 자아는 안정감이 부족하다. 때문에 좋아하는 사람을 대할 때, 기쁨이나 기대감, 설렘보다 두려움과 같은 부담을 더 많이 느낀다. Q양은 누군가 자신에게 가까이 와서, 약한 진짜 자아를 보고 실망할까 봐 두려웠다. 그래서 그토록 사랑이 다가오는 것을 거부했던 것이다.

사랑 때문에 너무 아픈 사람들은 자신들의 어린 시절, 성장 배경을 잘 떠올려 보자. 성장 과정에서 어떤 필요와 욕구가 부족했는지를 헤아리고, 먼저 자신부터 사랑하도록 하자. 존재 자체로, 자신이 얼마나 사랑받을 만한 존재인지, 얼마나 행복해야만 하는 존재인지를 말이다. 과거 부정당해서 상처 입은, 나약하고 도움이 필요한 자아를 인정하자. 나약한 진짜 자아를 스스로 인정하고 받아들일 때, 두려움과 불안을 넘어 마음이 편히 쉴 수 있다. 이것이야말로 사랑하기 위한 최선의 노력이다.

톨스토이의 작품에 이런 말이 있다. "선(善)은 무엇입니까?" 질문에, 현자는 "사랑하는 일이다"라고 대답했다. Q양은 사람을 사랑하는 일 대신, 사랑을 피하면서 상처를 아물게 하려 했다. 그러나 사랑을 찾아가지도 않고 오지도 못하게 한다고 해결되는 것이 아니다. 사랑은 상처를 낫게 한다. 상처는 다른 사람으로부터 사랑을 받는 것으로 나을 수 있다. 사랑과 행복은, 그것을 찾기 위해 힘쓰고 한 번 잡으면 놓치지 않는 사람이 갖게 된다는 점을 명심하자. 왜냐하면 사랑과 행복은 올 땐 느릿느릿하고, 갈 땐 빠릿빠릿하기 때문이다.

이탈리아 피렌체의 유명한 관광지, 아르노강 위 '산타 트리니타 다리'는 연인들의 성지다. 《신곡》으로 유명한 작가, 단테가 그의 영원한 뮤즈, 베아트리체를 일생에서 딱 두 번째이자 마지막으로 만난 곳이기 때문이다. 두 사람은 1274년 5월 1일, 단테의 나이 열 살, 베아트리체의 나이 아홉 살 때, 베아트리체 집에서 처음 만난다. 첫눈에 그녀에게 반한 단테. 9년 후 산타 트리니타 다리 위에서 우연히 다시 만났을 때, 베아트리체가 단테를 보고 인사를 건넸다. 너무 황홀하고 행복했던 단테! 환희에 젖어 그녀에게 어떤 인사도, 다른 아무것도 못하고 그렇게 그녀를 보냈다. 그녀를 사랑하게 된 단테에게, 이 황홀했던 순간이 마지막 만남이 될 줄이야!

각자 다른 사람과 정략결혼을 한 채로 살아가던 중, 1290년 베아트리체가 24살의 나이로 세상을 떠났다. 잡을 수 없어, 잊을 수 없는 사랑! '사랑한다.'는 말은 고사하고, 일생 동안 제대로 된 한 마디 말도 나눠보지 못했다. 그렇게 떠나가 버린 첫사랑 베아트리체를 애도하기 위하여, 단테는 1294년 연시집《새로운 인생》을, 1318년 불후의 명작《신곡》을 완성했다. 그녀는 말도 없이, 순간에 스쳐 지나가는 바람처럼 그의 삶에 들어왔다. 갈 때는 그의 영혼을 송두리째 가지고 가버렸다. 그 억울함 때문에 단테는 자신의 작품 속에서나마, 평생 사랑했던 베아트리체를 '영원한 구원의 동반자'로서, 천국에 함께했다.

헤르만 헤세는 그의 시, 〈행복해진다는 것〉에서, "사랑하는 능력"이 "좋은 세상, 옳은 세상"을 만드는 유일한 가르침이라고 했다. 어떤 이는 단테와 베아트리체의 사랑을 두고, 일생에서 딱 두 번 만난 사람을 어떻게 평생 별처럼 가슴속에서 우러러보며 사랑할 수 있는지 의아해했다. 그러나 돌아보면 우리의 일생에도 그런 경험이 있을 것이다. 뭐든 쉽게 잡지 못한 것일수록 더욱 기억에 남는다. 특히, 깊이 사랑했던 첫사랑의 기억은, 죽음 앞에서도 곧 다시 천국에서 그를 만날 수 있다는 행복감, 허무하게 살지 않았다는 만족감, 스스로가 가치 있는 사람임을 느끼게 해주는 자존감, 그리고 이 세상에 살다 간 흔적을 남겨준다.

10대 남녀 암환자 간의 로맨스를 묘사한 영화, 〈안녕, 헤이즐〉에 이런 말이 나온다. "이 세상을 살면서 상처를 받을지 안 받을지를 선택할 수는 없지만, 누구로부터 상처를 받을지는 고를 수 있어요. 난 내 선택이 좋아요. 그 애도 자기 선택을 좋아하면 좋겠어요." '상처를 받는다면 자신이 선택한 사람에게 받겠다, 자신이 선택한 사람에게는 상처를 받아도 상관없다.'는 뜻이다. 단테는 베아트리체를 선택했다. 그렇기에 그는 베아트리체, 사랑하는 연인이 영원히 떠나버린 상처를 기꺼이 받아들이고, 예술작품으로 승화시켰다.

단테와 베아트리체는 살아서는, 사랑이 다가올 때 두려움 없이 사랑하며 살지 못했다. 죽음이 둘을 갈라놓자, 오히려 두려움 없이 사랑하며 살았다. 단테는 정략결혼을 한 후였음에도, 《새로운 인생》과 《신곡》을 쓰면서, 베아트리체와 얼마나 많은 대화를 나누었을까! '동경과 경외'라는 감정을 빌려 마음껏 사랑하면서, 자신의 육체를 넘어 그녀와 하나가 되는 느낌, 마치 시간이 멈춰버린 듯이 시간과 공간을 초월한 몰입을 했을 것이다. 두 번의 짧은 일시적 만남이, 700년이 지난 지금까지, 그리고 앞으로도 영원히 인류에게 영감을 줄 것이다. 두 사람은 이렇게 죽음도 막지 못한, 두려움 없는 사랑을 했다.

인간의 본능이자 신께서 주신 가장 고귀한 선물, 사랑! 그 앞에서 두려움 때문에 도망치거나 아무 말도 못하는 사람들이 있다. 어린 시절 부모와의 관계에서 부정, 거절, 거부 등 충분한 사랑과 이해를 받지 못했을 경우가 많다. 안정감이 부족해지니 두려움을 이겨내지 못하고, 상처 입은 나약한 자아가 되었기 때문이다. 이렇게 연약하고 도움을 필요로 하는 자신의 자아를 인정하고 받아들이자. 스스로를 먼저 사랑하고, 얼마나 사랑받기에 충분한 존재인지, 얼마나 행복하도록 지어진 존재인지를 생각하자. 그럴 때, 더 이상 거절당하거나 상처 입는 것에 대한 두려움을 이겨낼 수 있다. 사랑이 다가올 때 두려움 없이 사랑하며 살았더라면……

6
시작하기에 늦은 때란
없다는 걸
알고 살았더라면

무슨 일을 할 때, 가장 알맞은 시간은 언제일까? 일반적으로 널리 통하는 사회적 시간표에 적힌 시간이 나에게도 가장 알맞은 시간일까? 그 시간표에 맞춰 살기 위해서, 내가 원하는 삶이 아니라 가족이나 사회가 원하는 대로 연기하는, 가짜 인생을 살고 있는 것은 아닐까? 100세 시대를 산다고 하면서, 우리의 생각은 아직도 60세 환갑이 되고 나면, 마지막 날을 준비해야 한다고 생각하는 것은 아닌지……. 청년기, 중년기, 노년기, 각각 일을 언제 시작하는 것이 좋을지 생각해 보자.

V군은 어린 시절, 부모로부터 충분한 사랑을 받지 못하고 자랐다. 가정불화로 집 안 분위기가 항상 폭풍 전야 같았다. 고함과 비명 소리, 물건 깨지는 소리가 언제 어떻게 들릴지 몰라 늘 불안했다. V군은 이런 가정에서 살고 있는 자신이 수치스러웠고, 부모가 원망스러웠다. 자신을 보호해 줘야 할 부모가 오히려 학대를 하기 일쑤이니, 세상에 믿을 사람이 아무도 없었다. 누구에게도 털어놓지 못하는 불안과 비밀을 안고 살아가는 아이, 항상 풀이 죽어 있는 아이였다. 어느 날부터인가 몸에 칼로 상처를 내는 자해를 하기 시작했다. 몸에 상처 자국이 점점 늘어났다.

병원에서 우울증 진단을 받고 항우울제를 처방받았다. 한 번 먹어보니, 잠이 너무 와서 더 이상 먹기가 싫었다. 자신의 슬픔이 조그만 알약 몇 개로 사라지는 것도 싫었다. 약을 꼬박꼬박 챙겨 먹는다고 나을 것 같지도 않았다. 낫는다고 해도, 앞으로 약에 의지해 계속 먹어야 하는 것도 싫었다. 그에게 항우울제는 '저주의 약'이었다. V군은 상급 학교, 취업 등 많은 것을 포기하고 살았다. 친구들과 연락도 거의 끊었다. 삶의 의미, 의욕 없이 산 세월이었다.

그로부터 7년 후 어느 날, 잠이 너무 오지 않아 그동안 '저주의 약'으로 멀리해 왔던 항우울제 한 알을 먹기 시작한 것이, 그의 어두운 마음에 새로운 변화를 가져다주었다. 기분이 점점 나아지고, 다시 삶을 살아갈 용기와 희망이 생겼다. 자신을 조금씩 긍정적으로 보게 되었고, 자신감을 찾아갔다. 이제 그는 실용음악과 대학생으로, 새로운 미래를 꿈꾸고 있다. 비록 7년이라는 긴 시간이 지나 갔지만, 시작하기에 늦은 때란 없다는 것을 알게 되었기 때문이다. 그는 이렇게 말한다. "작년에야 약을 먹기 시작했죠. 이 '천사의 선물'을요. 처음부터 꾸준히 먹었다면 지난 7년의 세월이 훨씬 좋았을 테지만……."

V군이 7년 허송세월을 보낸 것 같지만, 그 시간은 치유의 시간이었다. 모든 상처에는 시간이 약이다. V군이 성장하면서 청년기에 겪게 되는 몸과 마음의 성장통. 그것을 스스로 치유해 내느라 시간이 그렇게 오래 걸렸다. 다른 청년들보다 7년 늦게 시작하는 것으로 보일 수 있다. 그러나 조바심 낼 필요는 전혀 없다. 자신에게 가장 좋은 시간은, 사회의 시간표와 다를 수 있다. 인생이라는 장거리 달리기 경주를 청년기에 일찍 통과하든, 늦게 통과하든 그것은 중요하지 않다. 중요한 것은 청년기 성장통을 딛고 이제 '시작했다'는 것이다. 그리고 시작하기에 늦은 때란 결코 없다는 것이다.

50대 중반인 S씨는 친구를 만나, 오늘도 직장에 대한 불만을 쏟아내는 중이다. S씨는 이혼 후, 생활비를 벌어야 했다. 작은 부품제조 회사 등의 직장에서 장래성도 없고 보수도 적은 일을 했다. '해고를 당하고, 다시 면접을 보고, 떨어지고'가 반복되었다. 친구는 S씨의 친한 대학교 사회복지학과 동창이다. 사회복지사 1급 자격증을 가지고 있어, 대학병원 상담실에서 편하게 일하며 행복하게 지낸다. 그 친구는 S씨에게, "돈에 시달려 억지로 하는 일은 이제 그만두고, 원하는 일을 해. 너는 요양보호사 자격증도 있고, 어려운 사람들 도와주기를 좋아하니까, 나처럼 1급 자격증을 따서 대학병원 상담실에서 일해 봐. 나이? 네가 취업할 무렵이면 50대 후반이라고? 염려 마. 노인복지시설 의료사회복지사는 우리 나이대도 꽤 있어. 그때쯤 은퇴하는 사람들도 있으니 그 자리에 들어가면 돼."라고 조언을 해주었다.

S씨는, 다른 사람들 은퇴할 나이에 새로운 경력을 쌓는 일을 한다는 것에 대해 고민이 컸다. 그러나 일을 해야만 한다는 결론을 내렸다. 머뭇거릴 시간이 없기에, 즉시 학원에 등록하고 공부를 시작했다. 사회복지사 1급 자격증, 병원에서 수련 1년, 그리고 마침내 의료사회복지사 국가자격증을 땄다. 드디어, 일하고 싶었던 대학병원에 면접을 보았다. 친구는 S씨가 불합격할까 봐 걱정했다. 하지만 S씨는 당당히 합격을 했다. 50대라는 나이는 잊고 어린아이처럼 팔짝팔짝 뛰며 기뻐했다.

100세 시대의 중년들은 아직도 40~50년을 더 살아야 하는데, S씨처럼 지금 무얼 시작하기에는 늦지 않았나 생각들을 한다. 그리고 나이가 40,50살인데 아직도 기반을 잡지 못했다고 고민한다. 자, 중년은 말 그대로 인생의 중간 나이다. 지금까지 살아오면서 겪었던 여러 가지 다양한 경험들을 차곡차곡 모아온 시간이다. 그것을 재료로, 구슬을 실에 꿰어 보배를 만들기 시작할 때가 바로 지금이다. 그동안 맺어온 풍부한 인간관계, 실패, 깨달음 등이 피가 되고 살이 되어, 이제부터 걸작품을 만들 수 있다. 상대적으로 청년기는 경험이 적으니, 걸작품을 만들기에는 재료가 좀 부족하다 할 수 있다.

중년이 되어서야 비로소, '내가 어느새 중년이 됐지? 세월이 참 빠르구나.'를 깨닫게 된다. 그제야 자신에 대해 깊이 있게 돌아보고, 가치 있고 의미 있다고 생각하는 일을, 마음이 시키는 대로 할 수 있다. 사람의 소중함을 알게 되고, 그간의 경험들을 통해 실수나 시행착오는 줄어든다. 이제야 비로소, 가장 좋은 상황 가운데 좋아하는 일을 선택, 집중하여 자신의 능력을 극대화할 수 있게 된 것이다. S씨와 친구도 그렇게 제2의 행복한 인생을 개척했다. 나이라는 장애물은 뛰어넘어 버리자. 오늘이 바로 내 인생에서 무슨 일이든 시작하기에 가장 좋은 날이다. 중국 속담에 이런 말이 있다. "나무를 심을 가장 좋은 시기는 20년 전이었다. 두 번째로 좋은 시기는 바로 오늘이다."

미국의 국민화가, 애나 메리 모지스는 1860년 미국 동부의 한적한 시골 마을에서 태어났다. 17세에 가난한 농부와 결혼하여 10명의 자녀를 낳았지만, 5명을 병으로 잃는 아픔을 겪었다. 남편 역시 병으로 일찍 세상을 떠났다. 어쩔 수 없이, 정규 교육을 제대로 받지 못한 그녀가 집안 가장으로서, 자수를 놓는 일로 가족의 생계를 꾸려나갔다. 무리하다 보니, 관절염으로 더 이상 자수를 놓을 수 없게 되었다. 그러나 그녀는 이에 굴하지 않고 나이 75세에, 자수 대신 그림을 그리기 시작했다.

어릴 적 추억이 남아 있는 '단풍나무 시럽 만들기', '빨래하기', '퀼팅 모임', '칠면조 잡기' 등. 그녀의 그림은 고향 시골 마을, 정다운 이웃들이 모인 축제의 분위기를 담고 있다. 보는 이들로 하여금 고향 생각, 옛 그리운 추억을 떠올리게 하고, 위로와 평안을 준다. 101세에 세상을 떠날 때까지 30년간 그녀만의 화풍으로 1,600여 점의 그림을 그렸다. '모지스 할머니'라는 애칭으로 국민 화가로까지 일컬어졌다. 그 중 250점은 그녀가 100세 이후에 그린 것이고 우표, 크리스마스 씰, 카드로도 만들어졌다. 88세에 '올해의 젊은 여성'으로 선정, 93세에 타임지 표지 모델이 되었다. 뉴욕시는 그녀의 100세 생일을, '모지스 할머니의 날'로 지정했다.

"사람들은 늘 내게 늦었다고 말했어요. 하지만 사실 지금이야말로 가장 고마워해야 할 시간이에요. 진정으로 무언가를 추구하는 사람에겐 바로 지금이 인생에서 가장 젊은 때입니다. 무언가를 시작하기 딱 좋은 때이죠.", "이제라도 그림을 그려서 얼마나 다행인지 모릅니다. 나의 경우, 70살 넘어 선택한 새로운 삶이 그 후 30년간의 삶을 풍요롭게 만들어 줬습니다." 그녀의 말은 우리에게 많은 것을 생각하게 한다.

노년기는 인생의 마지막을 가까이에서 느낄 수 있는 연령대이므로, 오늘이 내일보다는 더 젊은 시절임을 절감하게 마련이다. 달리기 선수들은 결승점에 가까워진다고 속도를 줄이지 않는다. 오히려 막판에 전속력으로 더 빨리 달린다. 우리 인생의 경주도 끝까지 최선을 다하자. 로마의 정치가 카토는 고대 그리스 원전들을 직접 읽어보기 위해 80세에 그리스어를 배우기 시작했다. 미켈란젤로는 90세까지 '나는 아직도 공부한다.'는 생활신조로 살았다고 한다. 카토에게 친구들이 "다 늙어서 웬 그리스어냐?"고 놀려대자, 그는 유명한 한 마디를 남겼다. "오늘이 내 인생에 가장 젊은 날이잖아."

모지스 할머니처럼 인생의 노년기에 시작해도 걸작품이 만들어진다. 체력이나 지구력, 집중력이 떨어지기 때문에 큰 기대는 하지 않는다. 그럼에도, 오랜 인생길에서 경험하고 느낀 많은 것들이 내면에 고스란히 쌓여 있다. 생텍쥐페리의 《어린 왕자》에서 여우는 어린 왕자에게, "너의 장미를 그토록 소중하게 만든 건, 그 꽃에 네가 바친 시간들이야."라고 말한다. 모지스 할머니의 걸작품을 만든 것은 바로 오랜 인생길에서 많은 것을 경험하고 느끼느라 할머니가 바친 시간들이다. 그것이 죽는 순간까지 성장하고 싶은 열정, 표현하고 싶은 의지와 만나, 노년기에도 무엇이든 시작할 수 있게 만들었다.

인생은 관 뚜껑이 닫힐 때까지 끝난 것이 아니다. 다음은 99세에 《약해지지 마》라는 시집을 낸, 일본 할머니 시바타 도요의 시다.

시바타는 아들의 권유로 92세부터 매일 일기를 쓰며 시를 함께 썼다고 한다. 그리고 102세에 두 번째 시집, 《100세》를 출간했다.

답장

바람이 귓가에서
"이제 슬슬 저세상으로 갑시다."
간지러운 숨결로 유혹해요.

그래서 나
고개를 저으며 바로 대답했죠.
"조금만 더 있을게.
아직 못 한 일이 남아 있거든."

바람은 곤란한 표정으로
쓱 돌아갑니다.

　　100세 시대를 살아가는 우리는 인생이라는 장거리 달리기를 하
는 중이다. 청년기에 10년 일찍 통과하든 늦게 하든, 목표 지점까지
달리는 데는 크게 문제가 되지 않는다. 중년기 40~60대는 이제 겨
우 중간 지점을 통과한 것이다. 아직도 반 이상을 더 달려야 한다.

단 한 번뿐인 인생에서 다른 사람들의 눈치를 보느라, '이미 늦었다.'고 변명하며, 진정으로 자신이 원하는 것을 포기할 텐가? 아직 반이나 남은 인생, 따분하고 싫증이 나는데 막막하기까지 해서, 지금 무언가를 해야 하나 말아야 하나를 고민하고 있다면? 시작하자. 절대 늦지 않다. 지금까지 얻은 모든 경험과 소중한 관계들은, 그대의 노년기에 훌륭한 재료다. 목표 지점에서 보배로운 메달이 되어 그대의 목을 아름답게 장식할 것이다. 시작하기에 늦은 때란 없다는 걸 알고 살았더라면……

7
완벽주의를 버리고
더 많은 실수와 실패를
경험해 보며 살았더라면

신은 세상 만물을 창조할 때, 일부러 완벽하지 않게 만들었다. 사람들이 뭔가 부족함을 느껴야 서로 의지하며 겸손하게 살아가지 않겠는가. "모든 것에는 균열이 있다. 그래야 빛이 들어온다."라고 캐나다의 시인, 레너드 코헨은 말했다. 그처럼 빈틈이 있어야 인간답다. 오히려, 빛이 들어올 수 있도록 만들어 준, 틈에 감사해야 한다. 틈을 비집고 나오는 실수를 통해 배우고, 배움이 켜켜이 쌓이면 새로운 시도를 해볼 용기가 솟는다. 우리의 삶은 그런 경험들을 통해, 드넓은 세상을 체험할 수 있는 멋진 기회를 얻게 된다. 그 기회를 잡을 텐가, 실수나 실패가 두렵다고 놓쳐버릴 텐가?

J양은 열 살 때부터 테니스 유망주로 떠올랐다. 훗날 세계 대회 챔피언이 될 수 있을 거라는 기대를 한 몸에 받았다. L씨는 그녀의 아버지 겸 매니저다. 매일 새벽 다섯 시에 일어나 J양을 테니스 코트에 데리고 가서 훈련을 시키고, 밤늦게 집으로 데리고 왔다. 다른 선수들은 유명한 코치한테 개인 지도를 받고 훈련 캠프에 참가하기도 했지만, L씨는 형편이 넉넉지 못했기 때문에 혼자서 훈련을 시켜야 했다. 그런데 J양이 열네 살쯤 되면서부터 살이 찌고 슬럼프가 왔다. J양이 게을러졌다고 생각한 L씨는 큰일 났다 싶어 딸을 혹독하게 훈련시키기 시작했다. 심하게 질책을 하고 주마가편(走馬加鞭), 달리는 말에 채찍질을 가하듯 다그쳤다. 그럼에도 변화가 없자, J양을 더더욱 꾸짖으며 몰아쳤다.

전국 학생테니스선수권 대회에 참가한 날, L씨는 다른 선수들의 팔팔한 모습을 보고 불안 초조해졌다. 대기실에서 J양에게 "모두가 널 지켜보고 있어. 완벽한 경기를 해서 꼭 우승을 해야 해. 그러지 않으면 너와 나는 테니스 세계에서 더 이상 고개를 들 수 없을 거야."라고 말했다. 이 말에 J양은 정신이 나가, "그렇게 완벽한 게 좋으면 아버지가 다 하세요. 난 챔피언 따윈 필요 없어요! 그냥 편하게 살고 싶단 말이에요. 난 아버지가 싫어요!"라고 마구 소리치고는 경기장을 뛰쳐나갔다. 이날이 J양이 테니스 라켓을 잡은 마지막 날이 되었다.

스티브 잡스, 마리아 샤라포바 등은 자신을 완벽주의자라 했다.

우리는 그들을 모범으로 삼고 존경하기도 한다. 다만, '기준을 높게 잡고 최선을 다해 노력하는 것'과 '완벽주의'는 구별해야 한다. '최선을 다하는 것'은 방향이 성공을 향해 있고, 성장과 확장을 위해 주위에 관심을 둔다. 반면, '완벽주의'는 실패에 대한 '두려움' 쪽을 향한다. 주위에 대해 당당하지 못하고, 실패를 수치스럽게 여기기 때문에 비판, 비교, 실망하게 된다. L씨는 딸이 실패할까 봐 두려웠던 것이다. 그 공포가 딸의 자존감을 짓밟고, 딸의 마음을 헤아릴 수 없게 만들었다. 공포는 여유를 앗아가, 가치 있는 것을 보지도, 찾지도 못하게 한다. 모험을 시도하고 새로운 분야를 탐험하는 것을 방해한다.

'내가 최선을 다하고 완벽해지려고 노력하는 것이, 성장하고 앞으로 나아가기 위함인가? 아니면 실패나 패배에 대한 두려움 때문인가?' 스스로에게 물어보자. 답이 만약 후자 쪽이라면, 그런 완벽주의는 에너지를 쓸데없이 소모시키는 헛수고이기에 미련 없이 내버리자. 잘못 없는 스스로를 책망하게 만들어 자존감을 떨어뜨리고, 스스로를 보잘것없는 사람으로 전락시키기 때문이다. 뿐만 아니라, 그런 생각이 드는 매 순간은 또 다른 버려진 시간이 되며, 진취적으로 행동하고 꿈을 좇아 살 수 있는 기회마저 날려버리게 된다.

W씨는 대학 한방병원에서 전문수련의 4년 과정을 마쳤다. 그 후 한방재활의학과 전문의 자격시험을 봤지만, 2차 실기시험에서 두

번이나 떨어졌다. W씨는 한동안 망설이던 끝에, 이런 전문수련의들을 지도해 주는 상담실을 방문했다. 상담실 지도교수에게 실기시험 때처럼 추나 치료 시연을 해 보여주었다. 그러자 교수는 당황하면서, 왜 진작 선배들이나 동료들에게 힘든 부분을 도와달라고 부탁하지 않았는지를 물었다. W씨는, 다른 사람들은 다 알아서 잘 하는데 자기만 못하는 것 같아 창피하기도 하고, 무능력하고 못난 사람으로 보이는 것도 싫어서 어떻게든 혼자 힘으로 극복해 보려 했다고 대답했다. 그렇게 어떻게든 노력을 해보아도 나아지지는 않았고, 혼자 힘으로만 하다 보니 계속 실패하게 된 것이었다.

처음 시도를 할 때는 당연히 실패를 경험할 수 있다. W씨처럼, 자신만의 방법으로만 인생을 살다 보면 실수와 실패를 겪게 마련이다. 그러다 어느 순간, 혼자만의 방법으로는 안 된다는 것을 깨닫게 된다. W씨가 상담실을 찾게 된 것처럼, 여러 가지 방법을 모색하고 새로운 시도를 해야 한다. 이렇게 많은 실수와 실패의 경험 끝에 결국은 성공의 문으로 들어서게 되는 것이다. 애초부터 모든 일은 내 뜻대로만 되진 않는 것이다. 삶에서 실수나 실패는 당연히 있게 마련이고, 또한 피할 수 없는 것이다. 그런데 왜 우리는 실수 하나 없이 완벽해야 하고, 하는 일마다 성공으로 이어져야 한다는 어이없는 생각을 하게 되었을까! 어떤 성공도 실패 없이 이루어지지 않았다.

실수나 실패를 하지 않았다면 오히려 성공의 길에서 멀어지고 있는 것이다. 실수나 실패를 통해 중요한 것들을 배우고, 그 배움을 통해 성공에 이르는 것이 공식이다. '하지 않았더라면 좋았을' 일들을 통해서 '해야 할' 일을 배우는 것이다. 일찍, 자주, 많이, 실수나 실패를 경험하면, 그것은 다양한 시도와 경험을 했다는 증거다. 중요한 순간, 어려운 환경에서도 자신을 잘 보호할 수 있게 된다. 삶이 그만큼 다채롭고 풍성해진 것이다.

다음번에는 더 많은 실수를 저지르리라.
긴장을 풀고 몸을 유연하게 하리라.
이번 인생보다 더 철없게 살리라.
가능한 한 매사를 심각하게 생각하지 않을 것이며
보다 많은 기회를 붙잡으리라.

나는 지금까지 체온계와 보온물병, 레인코트, 우산이 없이는
어느 곳에도 갈 수 없는 그런 사람들 중의 하나였다.
인생을 다시 살 수 있다면
이보다 간단한 채비를 하고 여행하리라.

내가 인생을 다시 시작한다면
초봄부터 신발을 벗고
늦가을까지 맨발로 지내리라.

더 많이 춤추러 가리라.

회전목마도 자주 타리라.

데이지 꽃도 더 많이 꺾으리라.

- 나딘 스테어의 시, 〈만일 내가 인생을 다시 산다면〉 중에서

삶이란 경험 그 자체다. 우리가 살아 있는 동안 이 우주에서 얻을 수 있는 최고의 기회는 바로, 다양한 경험을 하는 것이다. "다음번에는 더 많은 실수를 저지르리라." 시인은 이렇게 말한다.

대한민국 굴지의 현대그룹 창업주, 정주영 회장의 첫 번째 사업은, 1938년 23세 때 서울중앙시장의 쌀가게였다. 하지만 일제가 쌀을 배급하게 되면서 폐업을 했다. 25세에 두 번째 사업인 자동차 수리공장 역시 종업원의 실수로 공장에 불이 나서 실패했다. 그 후 무허가 수리공장, 트럭 운수업도 실패. 자동차 수리공장과 건설업도 파산 직전, 간신히 1972년 8·3 사채동결 조치로 위기에서 벗어날 수 있었다.

1970년대에 가난했던 대한민국. 정 회장 특유의 "해보기는 했어?" 정신으로, 울산 미포만 허허벌판 백사장 사진 한 장과, 5백 원

짜리 한국 지폐의 거북선 그림을 가지고, 영국 버클레이즈 은행에서 차관을 받아냈다. 이 돈으로, 대한민국 최초의 조선소를 지어가면서 동시에 26만 톤급 유조선 두 척을 함께 건조한, 전설적인 '미포만의 기적'을 이뤄냈다. 그러나 이 두 척을 만든 후, 오랫동안 주문이 없어 또다시 위기를 겪는다. 그렇지만 그는 "시련은 있어도, 실패는 없다."고 말했듯이, 실패를 불운으로 돌리지 않았다. 결코 포기하지 않고 더 많은 실수와 실패를 교훈으로 삼아 도전에 도전을 거듭하여, 마침내 한국 현대 기업사에 불멸의 신화를 창조해 냈다.

다수의 생각과 다른 길을 갈 때 희소성의 가치가 생긴다. 여기에 수요가 모이면 성공하게 된다. 새로운 길을 개척하자. 남들도, 나도 가보지 않은 길이라 무서워서 망설이게 되는 일이 바로 그 길일 수 있다. 실수들과 시행착오를 두려워하지 말자. 실수를 하거나 결과가 좋지 않더라도 실망하지 말자. 시도한 것만으로도 성공이다. 정주영 회장의 "해보기는 했어?" 정신처럼, 시도를 해봐야 맞는 일인지, 아닌지 알 수 있다. 새로운 경험과 시도를 많이 해본 사람과, 쳇바퀴만 돌리는 삶을 사는 사람의 앞에는 차원이 다른 미래가 기다리고 있다. 완벽하게 하려고 준비만 하다가 기회를 놓쳐선 안 된다. 사진 한 장과 지폐 한 장! 정주영 회장은 이것으로 기적을 일구어 낸 기회를 잡았으니 말이다.

세계적인 커피 전문점 스타벅스의 CEO, 하워드 슐츠는 한 인터뷰에서, 이렇게 말했다. "우리는 수년간 성장과 성공을 거두면서 많은 실수들을 통해 중요한 교훈을 얻었습니다. 앞으로도 물론 더 많은 실수들과 시행착오를 겪을 것입니다. 그 값진 교훈을 바탕으로, 과거와는 다른 성장, 즉 보다 신중하고 정당한 명분과 수익성이 있는 성장을 추진할 것입니다." 이렇듯, 스타벅스 역시도 완벽주의를 버리고, 그동안 겪은 실수들과 시행착오를 교훈 삼아 오늘날에 이르렀다. 미국의 전설적인 농구 황제, 마이클 조던은 "나는 9천 번의 슛을 놓쳤다. 나는 약 3백 게임을 졌다. 나는 경기를 뒤집을 수 있는 결정적인 슛 26개를 놓쳤다. 나는 살아오면서 계속 실패를 거듭했다. 그것이 내가 성공할 수 있었던 비결이다."고 말했다.

이 세상에 완벽한 것은 없다. 그렇기 때문에 실수나 실패를 두려워할 필요가 없다. 실수나 실패에서 많은 것을 배우고, 경험의 폭과 시야를 넓히기 위해 책을 많이 읽는 것. 그것이 그대를 성공으로 안내할 것이다. 인생에는 단 한 가지 길만 있는 것이 아니다. 새로운 시도와 다양한 도전을 해보고, 자신의 생각과 믿음대로 나아가 보자. 완벽주의를 버리고 더 많은 실수와 실패를 경험해 보며 살았더라면…….

8
인생의 끝에 다다랐을 때
오히려 인생의 마법이
시작된다는 것을 알았더라면

죽음의 근처까지 갔다 돌아온 사람들은, 다시 얻은 삶은 기적이며 기쁨 그 자체라고 한다. '인생은 짧고, 시간은 얼마 남지 않았다.'는 진리를 깨달은 것이다. 대체로 죽음에 대해 실감하는 때가 심각한 질병에 걸렸거나, 나이가 많이 든 이후라서 더욱 그럴 것이다. 그렇기 때문에 얼마나 일찍 죽음이라는 존재를 느끼는지가 성공과 실패를 나눈다고 해도 과언이 아니다. 죽음을 두려워하며 피하는 대신, 죽음을 마주하면 삶이 보인다.

1849년 2월 22일, 28살의 도스토옙스키를 포함한 정치범들의 사형 집행이 5분 남았다. 도스토옙스키는 5분 중 3분은 동료들과 작별 인사를 하고, 1분은 자신의 지나온 삶을 되돌아보고, 남은 1분은 가족들을 생각했다. 그러면서, 5분간 이렇게 많은 것을 할 수 있는데, 그동안 이렇게 소중한 시간을 낭비하며 살아온 것을 뼈저리게 후회했다. 만약 다시 살 수 있다면, 1분 1초를 소중히 아끼며 살 것을 결심했다. 5분이 다 지나고 총알 장전 소리가 들렸다. 죽음의 공포가 몰아쳤다. 바로 그때, 한 병사가 달려와 황제 니콜라이 1세가 그들을 사면했음을 알렸다.

니콜라이 1세는 이미 집행 유예를 결정해 놓았다. 도스토옙스키와 정치범들을 혼내 주기 위해 이들이 사형을 체험하도록 연극을 한 것이다. 죽음을 체험한 도스토옙스키는, 그의 소설 《백치》에서 이 순간을 자세히 표현하여 언어 예술로 승화시켰다. 죽음 직전 5분 동안 들었던 생각대로, 1분 1초를 100년처럼 소중히, 충실히 살았다. 그리고 러시아의 불멸의 대문호가 되었다.

시간은 삶의 본질, 그 자체다. 우리의 삶은 시간으로 구성되어 있고, 우리가 숨 쉬고 살 수 있는 공기, 물고기가 헤엄치며 살 수 있는 바다와 같다. 문제는, 공기와 마찬가지로 시간에 대해, 언제나 있는 무한한 것으로 여긴다는 것이다. "시간이 돈이다(Time is money)."라 외쳐대고, 시간으로 돈을 벌 생각은 해도, 돈으로 시간을 살 생각은 할 수가 없다. 돈은 또 벌면 되지만, 한 번 지나간 시간은 돈으로도 그 무엇으로도 살 수가 없다. 그렇기 때문에 시간은 우리 인생에 있어, 가장 소중하고 중요한 자산이다. 이 사실을 깨닫지 못하면 시간을 언제나 있는 것으로 여겨, 아무 생각 없이 의미 없는 일들로 낭비하게 된다.

바로 그 부분을 도스토옙스키는 사형 체험을 통해 깨닫게 되었다. 하찮게 볼 수 있는 5분의 시간을 인생의 끝에서 마주하니, 마치 1분 1초가 100년처럼 확장될 수 있었던 것이다. 인생의 마법이 시작되었다. 시간이 많고 적고의 문제가 아니라, 아무리 적은 시간을 가지고서도 그것을 어떻게 쓰는가가 관건임을, 죽음이라는 잔혹한 스승으로부터 배운 것이다. 죽을 때에 이르는 경험을 함으로써 남은 시간을 충실히 살아갈 수 있는 지혜를 깨우쳤다. 성경은 시편에서 "우리의 일생이 얼마나 짧은지 헤아릴 수 있게 하셔서, 우리가 지혜로운 마음을 얻게 하소서."라고 말한다. 인생의 끝이 멀지 않았음을 깨달아, 남은 시간을 지혜롭게 효과적으로 쓰라는 가르침이다.

스티브 잡스는 2004년 췌장암 수술 후, 2005년 6월 스탠퍼드대학교 졸업식 연설에서 이렇게 말했다. "내가 곧 죽는다는 사실을 기억하는 것, 그것은 인생의 중대한 선택들을 도운 그 모든 도구들 가운데 가장 중요한 것이었습니다. 남들의 기대, 자존심, 망신, 또는 실패에 대한 두려움 등, 거의 모든 것이 죽음 앞에서는 떨어져 나가고, 진정으로 중요한 것만 남더군요. 죽음을 생각하는 것은, 무엇을 잃을지도 모른다는 두려움에서 벗어나는 최고의 길입니다. 벌거숭이처럼 이미 모든 것을 잃어버린 상태라면, 본능에 충실할 수밖에 없습니다. 가슴이 시키는 것을 따르지 않을 이유가 없습니다. 어쩌면 죽음은 삶이 고안해 낸 가장 훌륭한 발명품일지 모릅니다. 죽음은 삶을 변화시킵니다. 새로운 것이 낡은 것을 대체할 수 있도록 해주지요."

젊을 때나 건강할 때는 내가 언제든지 죽을 수 있다는 현실을 인정하기 싫어하고 피한다. 그런데 나이가 들거나, 암과 같은 질병으로 죽음 앞에 서게 되면, 전혀 다른 세상이 보인다. 지금까지 구해왔던 것들이 얼마나 부질없는 것인지, 그리고 진정 중요한 것이 무엇인지를 깨닫게 된다. 지금까지 살아오면서 당연하게 여겼던 것들 중 하나도, 당연히 된 것이 없다는 이치를 알게 된다. 삶에 대해 감사하게 된다. 진정으로 중요한 것들을 살펴보고 삶의 우선순위를 바꿀 수 있다. 우선 먼저 해야 할 것들에 몰두할 수 있는 기회를 얻게 된다. 인생의 진정한 의미와 가치를 깨닫게 된다.

스티브 잡스의 말처럼 '나는 곧 죽는다, 시간이 제한되어 있다.'는 사실을 인정하면, 남들의 시선, 부질없는 욕심, 잃는 것에 대한 두려움으로부터 지극히 자유로워진다. 진정으로 마음이 원하는 것들이 가슴에 남아 삶을 움직인다. 변화시킨다. 인생의 마법이 시작되는 것이다. 그동안 삶에서 부질없는 것들에 신경을 쓰고 애를 쓰느라 놓쳤던 감정들, 살아서 숨을 쉰다는 것, 먹을 밥이 있고 맛을 느끼면서 목으로 넘길 수 있다는 것, 무언가를 느끼고 생각할 수 있다는 것, 서로를 염려해 주고 사랑을 나눌 수 있는 사람들이 있다는 것…… 모두가 얼마나 감사하게 느껴지는지!

아침에 일어나서 맞이하는 태양과 새들의 지저귐, 비 온 뒤의 수풀 냄새, 가볍게 스쳐 지나가는 봄바람의 감촉, 옆집에서 풍겨오는 푸근한 된장찌개 냄새. '그리 멀지 않아, 인생에 끝이 있다.'는 사실을 인정할 때, 이 모든 것들이 너무도 행복하다. 석양에 붉게 물든 하늘, 아스팔트 틈을 뚫고 피어난 민들레꽃 한 송이, 아이가 유치원 시절에 찍은 사진 한 장, 내 눈으로 이런 아름다운 것들을 볼 수 있는 삶이 이어진다는 것이 얼마나 소중하고 경이로운가! 게다가 기쁨과 승리로 인생의 끝을 맞을 수 있다는 희망을 품으니, '사는 게 이렇게 행복한 거로구나. 여기가 천국이다.' 생각하게 된다. 인생의 끝에서 인생의 마법이 시작된 것이다. 스티브 잡스가 "죽음은 삶이 고안해 낸 가장 훌륭한 발명품"이라고 한 이유가 여기에 있다.

A양은 29살의 파견사원이다. 대학 졸업 후, 금융회사 정사원 입사 1년 만에 적응하지 못하고 퇴사한 이후 계약직과 파견직을 전전해 왔다. 다음 계약을 할 때까지는 수입이 없다. 3평짜리 원룸에서 3년째 혼자 생일을 보낸다. 29살 생일을 맞아 싸구려 조각 케이크 한 조각으로 생일을 자축 중, 떨어져 먼지 묻은 딸기를 주워 먹는 자신을 보았다. 돈도, 친구도, 직업도, 특별한 취미나 특기도 없는 뚱뚱하고 못생긴, 게다가 미래는 더 절망적인 모습이었다. 참아

왔던 눈물이 터져 버렸다. 식칼을 손목에 대고 그으려 했다. 하지만 실패했다. 그럴 용기조차 없는 자신이 너무 비참했다.

울다 지쳐 멍하니 TV를 응시하고 있는데, 여행 프로그램에서 라스베이거스, 너무도 화려하고 행복해 보이는 곳을 보여주고 있다. 딱 하루만이라도 그렇게 살아보고 싶었다. 그녀는 어차피 죽을 거, 지금부터 1년 후 30살 생일, 가진 돈 전부로 그곳 카지노에서 최고로 멋진 하루를 보내고 생을 마감하기로 결심한다. 1년 동안, 그 하루를 위하여 쓰리잡을 뛰면서 돈을 모으고, 카드 블랙잭과 영어, 라스베이거스를 철저히 공부했다. 여러 부류의 사람들을 만나게 되었고, 친구도 생겼다. 살도 빠지고 예쁘단 소리도 듣게 되었다. 모든 준비는 끝났다. 미련 없이 생을 마감할 각오까지.

30살 생일 바로 그날, 최고의 호텔, 최고의 음식, 최고의 복장, 그리고 라스베이거스 최고의 카지노 딜러를 상대로 딴 5달러까지, 계획대로 모두 경험했다. 테이블 위에 강력 수면제 한 통과 5달러. 이 두 개를 놓고 한참을 생각했다. 결국 그녀는 5달러를 선택했다. 달랑 5달러에 불과하지만, 그것은 '새로운 시작'을 의미했다. 30살 생일날, 이전의 그녀는 죽고, '또 다른 오늘'과 '새 생명'을 선물받았다.

이상은, 제1회 일본감동대상 수상작 〈스물아홉 생일, 1년 후 죽기로 결심했다〉의 내용이다. 주인공은 꿈도, 목표도, 미래도 없었다. 다만, 인생의 끝을 정한 게 다였다. 그러자 스티브 잡스가 얘기한 대로 "죽음이 삶을 변화시켰다." 몸을 움직이게 만들었다. 죽음이 주는 절박함이 불가능한 일도 가능하게 했다. 얼마나 일찍 죽음을 경험하는가가 인생을 바꾼 것이다. 인생의 마법이 시작되었다.

로마제국의 황제이자 《명상록》의 저자, 마르쿠스 아우렐리우스는 다음과 같이 말했다. "이렇게 생각하며 살라. 그대는 지금이라도 곧 인생을 하직하지 않으면 안 되는 것이라고. 이렇게 생각하며 살라. 당신에게 남겨져 있는 시간은 생각지 않은 선물이라고." 이런 목적으로, 학교나 직장 캠프에서 죽음을 미리 경험해 보는 프로그램을 운영하기도 한다. 관 속에 들어가 보기도 하고, 유서나 영정사진을 준비하고 묘지에서 무덤들 사이를 거닐며 묘비를 읽어 본다. 이는 죽음을 위한 것이 아니라, 죽음으로 삶을 변화시키고자 하는 노력이다.

만약 '인생의 끝날' 안내 문자가 있어, "오늘 밤 당신의 인생 마감 예정. 마무리에 이상 없도록 유의 바람." 만약 죽기 3년 전, 이런 문자 메시지를 받았다면…… 그 3년 동안, 중요하지 않은 일은 다 정리하고, 진심으로 하고 싶은 일에 전념하며 살았을 것이다. 가족이나 지인들에게도 최선을 다해 사랑하며 살았을 것이다. "마감 시한을 정하지 않은 계획은 실패를 계획하는 것이다."라는 말처럼, 인생도 스스로 마감 시한 날짜를 정해 보자. D-몇 일. 이렇게 인생의 끝을 향한 카운트다운에 들어간다. 절박한 목표가 생길 것이다. 그 목표를 향해 주어진 오늘 하루, 소중한 시간! 감사하며 기쁜 마음으로 최선을 다해 살고 있는 자신을 만나게 될 것이다. 왜냐하면 인생의 마법이 시작되었으니까.

2부

꼭 그렇게
했더라면

9
목표가 너무 멀다고 느껴질 때, 아주 작은 한 걸음만 내디뎌 보며 살았더라면

등산을 하다 보면, 눈앞에 펼쳐진 가파른 오르막길에 당황한 적이 한두 번쯤은 있을 것이다. 전철역 출구로 나가려는데, 눈앞에 놓인 기나긴 계단이 무척 까마득해 보일 때도 있다. 이때, 저 멀리 계단 끝을 쳐다보고 올라가려면 다리도 힘들고, 마음도 지친다. 그런데 계단 끝이 아니라 발을 내려다보고 한 걸음씩 옮기는 데 집중해 보자. 큰 어려움 없이, 언제 올라온 줄도 모르게 목표 지점에 도달하게 된다.

2001년, 43세에 파킨슨병 진단을 받은 정신분석 전문의, 김혜남 작가. 어느 날 새벽 한 시쯤 소변이 마려워 화장실에 가다가 쓰러졌다. 도무지 다리가 움직이질 않는 것이다. 화장실 문을 바라보며 어떻게든 움직여 보려 했지만, 소용이 없었다. 오줌 쌀라 절박한 마음으로, 가고 싶은 화장실 대신 야속한 발을 쳐다보았다. 온 신경을 발에 집중해서 한 걸음 한 걸음 천천히 움직여 보았다. 그런데, 세상에! 놀랍게도 발이 내디뎌지는 것이 아닌가. 그렇게 발을 내려다보고 집중하면서 한 발 한 발 움직이다 보니, 어느 틈엔가 화장실에 다다라 있었다. 정상인이 5초면 갈 화장실을 거의 5분이나 걸려 도착했지만, 볼 일을 봤으니 그것으로 충분했다. '오, 한 걸음이 답이었네!'

그녀는 도저히 못 갈 것 같다는 생각으로 포기하고 싶었다. 그때, 지금 서 있는 자리에서 먼 목표를 쳐다보지 않고, 발만 내려다봤다. 그러고는 그저 아주 작은 한 걸음부터 내딛은 것이다. 한 걸음은, 포기하고 싶은 순간에도 할 수 있는 일이다. 그렇게 일단 어떻게든 한 걸음만 내딛어 놓으면 그 길로 갈 수 있게 된다. 계단을 오를 때도 저 꼭대기를 쳐다보지 말고, 바로 눈앞의 한 걸음만 보면서 올라가다 보면 어느새 꼭대기에 도달하게 된다.

그녀의 경우, 오른쪽 다리에 먼저 이상이 왔다. 아무래도 움직여지질 않았다. 대신 괜찮은 왼쪽 다리에 힘을 줘서 한 걸음 움직이면 오른쪽 다리도 같이 따라왔다. 이렇게 약한 한쪽 다리로도 한 걸음 한 걸음 내딛을 수 있었던 것이다.

1979년 노벨 평화상을 받은 테레사 수녀의 시, 〈한 번에 한 사람〉이라는 시는, 바로 눈앞의 한 걸음 한 걸음에 최선을 다해 계단을 오르듯, 가난한 사람들과 사회적으로 소외된 한 사람 한 사람에게 최고의 사랑과 돌봄을 실천한 그녀의 진실한 생애를 보여준다.

난 결코 수많은 사람들 무리를 구하려고 하지 않는다.
난 다만 한 개인을 바라볼 뿐이다.
단지 한 사람만을 사랑할 수 있다.
한 번에 단지 한 사람만을 껴안을 수 있다.
단지 한 사람, 한 사람, 한 사람씩만……

모든 노력은 단지 바다에 붓는 한 방울 물과 같다.
하지만 만일 내가 그 한 방울의 물을 붓지 않았다면
바다는 그 한 방울만큼 줄어들 것이다.

단지 시작하는 것이다.
한 번에 한 사람씩.

-테레사 수녀의 시, 〈한 번에 한 사람〉 중에서

미국 영화감독 코엔 형제는 어릴 때부터 8밀리 카메라로 영화를 찍기 시작했다. 소년 시절부터 60대 후반이 된 오늘날까지, 좋아하는 영화를 줄기차게 찍고 있다. 칸 영화제 대상, 아카데미 작품상과 감독상, 골든 글로브 각본상을 모두 휩쓸어, 천재라고 불린다. "행동하지 않으면 아무 일도 일어나지 않아요. 일단 밖으로 나가 카메라를 돌립니다. 그때부터 뭔가 바뀌기 시작하니까요." 이 말이, 그들을 어떻게 전 세계가 사랑하는 천재 감독으로 만들었는지를 알려주는 열쇠다.

'시작이 반이다.'라는 속담처럼, 무슨 일이든 처음 시작할 때가 가장 힘들다. 그런데 코엔 형제의 말처럼, 생각만 하고 행동에 옮기지 않는다면 아무것도 이룰 수 없다. 그들이 영화계에서 이룬 것들은, 일단 밖으로 나가 카메라를 돌린 행동 덕분이었다. 그대로 있기보다 행동으로 옮기는 것이 성공의 첫 걸음이다. 목표라는 사다리에 첫발을 올려놓는 것만으로도, 성공이라는 달콤한 열매를 맛볼 수 있는 첫 걸음을 내딛는 것이다. 어떻게든 일단 첫발을 내디뎌 보자.

낯선 바다로 향할 때도, 알지 못하는 것에 대한 두려움 때문에 출발이 늦어질 수 있다. 두려움이 들이닥치는 순간, 일부러 적극적으로 행동하면 두려움을 웬만큼 다스릴 수 있다. 반면, 그저 여유롭게 시간을 보내는 것은 두려움이 통제력을 행사하도록 기회를 내주는 셈이 된다. 두려움이 덮쳐 온다는 생각이 들면 곧바로 행동해야 한다. 즉시 행동으로 옮기자. 망설일 여유가 없다. 그냥 행동하

자. 일단 밖으로 나가 카메라를 돌리자. 머뭇거리는 순간, 두려움이 파고들 것이다.

거대한 피라미드도 돌 한 개로부터 시작되었다. 만리장성도 벽돌 한 장에서 비롯되었다. 산은 흙 한 줌, 바다는 물 한 방울이 모여서 만들어졌다. 시작하지 않으면 결코 이룰 수 없다. 생각하는 것은 쉽지만, 행동으로 한 걸음 옮기는 것과는 천지차이다. 목표를 이루고자 한다면 기다림 대신, 아주 작게라도 일단 첫발을 내디뎌 일을 시작해 보자. 돈은 얼마든지 찍어낼 수 있지만, 시간은 단 1초도 찍어낼 수 없기 때문이다.

옛날 중국의 북산(北山)에 90세의 한 노인이 살았다. 그의 집 앞에는 넓이가 700리, 높이가 만 길이나 되는 태행산과 왕옥산이 가로막고 있어서 교통이 몹시 불편했다. 어느 날 노인은 가족들과 함께, 이 두 산을 없애고 평지로 만들자는 뜻을 정했다. 노인은 곧바로 아들, 손자와 함께 돌을 깨고 흙을 파내기 시작했다. 이 소문을 듣고 어떤 사람은 어리석은 짓이라고 비웃었다. 그러나 노인의 큰 그림은, "일단 자신이 이 일을 시작해 놓고 죽으면, 아들이 할 것이고, 그 아들이 죽으면 손자가 할 것이고,…… 산은 더 늘어나지 않으니, 이렇게 자자손손 이어가면 어찌 평지가 되지 않겠나." 하는 것이었다. 이를 들은 두 산의 산신령들은 자신들의 거처가 없어질 것이 두려워 옥황상제에게 고했다. 옥황상제는 노인의 진심에 감동하여, 두 산을 다른 곳으로 옮겨주었다.

이 이야기는 《열자》에 나오는 고사성어, '우공이산(愚公移山 : 어리석은 노인이 산을 옮긴다)'의 유래다. 이것이 문자 그대로 실현된 사례가 있다. 1959년 인도의 다쉬라트 만지히의 아내는 남편에게 식사를 가져다주다가 비하르 주의 산에서 미끄러져 큰 부상을 당했다. 병원에 도착했지만, 산을 한참 돌아서 너무 늦게 도착하는 바람에 아내는 죽고 말았다. 다쉬라트는 다른 이들이 같은 불행을 다시 겪지 않도록, 산의 능선을 가로지르는 길을 뚫기로 결심한다. 1960년, 홀로 망치질과 끌질을 시작. 미치광이 소리를 들으면서 22년 동안 돌산을 깎아내렸다. 마침내 55km를 돌아가야 했던 길 대신, 15km의 길을 뚫어냈다. 이 길을 통해 청년들은 일자리를, 청소년과 어린이들은 배움을, 아픈 이들은 더 빨리 병원에서 치료를, 받을 수 있게 되었다. 그의 이야기는 영화, 〈만지히-마운틴 맨〉과 다큐멘터리, 〈산을 옮긴 남자〉로 제작되었다. 주 정부의 표창과, 그를 기념하는 길, 우표, 병원까지 만들어졌다. 2017년 그의 장례식은 주 정부가 주관하는 사회장으로 치러졌다.

미래는 행동으로 이루어지는 것이다. 행동은 목표를 이루기 위해 필요한 전부라고 해도 과언이 아니다. 생각과 말을 정작 행동으로 옮기는 것이 힘들다는 뜻이다. 무엇보다도 처음 취하는 행동이 어렵다. 22년 동안 길을 낸 다쉬라트의 신화도 첫 번째 망치질과 끌질, 한 걸음 내디딤에서 시작되었다. 90세 노인이 산을 옮긴 기적도 자신이 먼저 한 줌의 돌과 흙을 파낸 것에서 시작되었다. 그를 어리석다고 한 다른 사람들처럼, 자신을 '죽을 날이 가까워 한 걸음도 걷기 힘든, 기운 없는 90세 노인'으로만 보고 행동으로 바로 옮기지 않았다면 기적은 일어나지 않았을 것이다. 이것저것 전후좌우를 생각하는 것도 중요하지만, 빨리 한 걸음 행동으로 옮겨야 한다. 시간은 우리를 기다려 주지 않는다.

그 이유는 '복리'라는 강력한 개념으로도 설명이 된다. '복리'의 개념은 경제에 전문적인 지식이 없는 일반인들이 여간해서는 이해하기 힘든 개념이다. 그래프에서 보듯이, 짧은 시간 동안은 빌리거나 저축한 돈으로 얻는 이자 수익이 대단치 않다. 그러나 중간쯤부터는 이자 붙는 속도가 급속도로 빨라지기 시작한다. 시간이 많이 흐를수록 폭발적으로 증가한다.

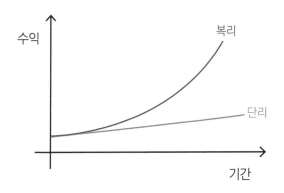

이 복리의 마법은 돈에 관한 문제에만 해당되는 게 아니다. 일이나 공부, 독서나 운동 등등 모두 시간이 지남에 따라 이로운, 혹은 해로운 결과가 더욱더 증폭된다. 즉 시간이 흐를수록 기하급수적으로 늘어나는 원리 때문에, 조금이라도 일찍 행동으로 옮기면 옮길수록 나중에는 큰 성장과 발전을 이룰 수 있는 것이다.

"복리 이자에 대해 몰랐기 때문에, 어릴 때부터 저축하지 않았죠.", "전공을 선택하고 인생 초기부터 더 열심히 일했다면 평생 복리로 혜택을 누렸을 겁니다.", "어린 시절, 독서의 중요성을 몰랐던 것이 후회됩니다. 가치를 깨닫고, '5년만 더 일찍 독서를 시작했더라면 어떤 복리 효과가 나타났을까?' 하는 생각을 해요." 이런 후회들을 종종 듣게 된다. 이 마법은 복리라는 사다리에 첫발을 걸치는 것만으로도 가능하다. 복리라는 마법의 열매를 맛볼 수 있는 길은, 첫발을 내딛는 것이다. 어떻게든 일단 첫발을 내디뎌 보자.

어떤 일이든 처음은 늘 작은 한 걸음부터 시작된다. 첫걸음이 가장 힘든 법이다. 몸을 움직이기도 힘든 암환자들 중에는 그림을 배우기도 하고, 새로운 언어를 배우기도 하고, 가쁜 숨을 몰아쉬면서도 팬플루트 같은 악기를 연습하기도 한다. 그들이 대단한 이유는, 천리 길도 멀다 생각지 않고 그 첫발을 내디뎠기 때문이다. 천리를 끝까지 다 걸을 수 있을지 없을지는 그 다음에 헤아려 볼 문제다. 한 걸음이 모든 여행의 시작이다. 딱 '한 걸음'만 내디뎌 보자! 그대는 "한 걸음 힘을 내보길 참 잘 했네."라고 자신에게 말하게 될 것이다. 환한 미소와 함께 말이다.

10
종신계약,
나와 잘 맞는 배우자를
만나 살았더라면

우리는 일생 동안 크고 작은 계약을 하게 된다. 그 중 이것은 무엇일까요? "계약 기간이 1~2년이 아니라 '종신계약', 죽어야 끝난다. 그것도 많은 사람들 앞에 대놓고 맹세했다. 무르거나 취소하려면 거의 인생을 걸 만큼 힘들다. 일생이 걸린 중요한 사건이다." 그렇다. 바로 결혼이다. 평생 불행해질 수도, 행복하게 살 수도 있는 사건이다. 단기 감정에 좌우되어 결정할 것이 아니라, 모든 면에서 깊이 생각하고 결정해야 후회 없는 인생을 살 수 있다. 종신계약, 결혼 생활에서 가장 중요한 '배우자'! 잘 맞는 배우자를 만나 살았더라면…….

E양이 M군과의 결혼을 결심한 가장 큰 이유는, 그가 S대 박사 출신이기 때문이다. 이상형도 아니었고, 지인들이 봐도 두 사람은 어울리지 않는다고 했다. E양은 M군을 사랑한다고 믿으며, 그의 학벌이 자신의 미래를 책임져 주기를 바랐던 것이다. 예쁜 웨딩드레스, 행복한 신혼여행, 새 신혼집…… 성대하게 결혼식만 잘 치르면, 남들처럼 아이들 낳고 당연히 행복하게 잘살 것으로 알았다. 하지만 결혼 생활은 180도 달랐다. 박사 남편은 직장을 얻지 못했고, E양이 집안 생계 모두를 도맡았다. 아이가 태어나자 육아 문제로 양가의 부모들과 갈등을 겪었다. M군은 취업 대신 사업을 시작했고, 사업 자금 때문에 크게 다투는 일이 잦아졌다. 그런 환경에서 자란 아이는 우울증 진단을 받았고, 결국 두 사람은 헤어지게 되었다.

사랑을 관장하는 호르몬, 페닐에틸아민의 유통기한 2년(3개월~3년) 동안은 사랑에 눈멀고 귀먹는다. 좋은 모습만 보이고, 지인들의 조언 따위는 귀에 들어오지 않는다. 세상이 온통 장밋빛이요, 제주도의 유채꽃 향기가 사방에 가득하다. 이런 생활이 평생 계속될 것으로, 문제가 있더라도 사랑으로 뚫고 나갈 수 있다고 믿는다. 결혼에 대한 환상을 갖게 하는 날, 인생에서 가장 아름답고 행복한 날, '결혼식 날'은 단 하루다. 그러나 '결혼 생활'은 평생, 죽을 때까지 계속된다.

시간이 흘러, 이 호르몬의 마법에서 깨어나면 그제야 현실을 깨닫는다. 육식 동물 사자, 초식 동물 토끼, 완전히 다른 두 개의 삶이

한 집에 계속된다. 사자가 토끼를, 토끼가 사자를 이해할 수 있을까? 평생을 '죽도록' 노력하지 않으면 유지하기 어렵다는 것을 결혼 전에 깨달았더라면……. 마치 무거운 마구(馬具)로 묶인 말 두 마리가 백두산을 함께 오르는 것과 같다. 단기 감정 때문에 결정을 잘못 내린 것을 깨달았을 때라도, 그 결정을 뒤집어, 어느 영화의 한 장면처럼 웨딩드레스를 입은 채로 결혼식장을 탈출했더라면…….

그럼에도 불구하고, 결혼한 사람들은 경제적인 이득과, 평생 함께할 의지가 되는 사람이 생겼다는 것에 만족하기도 한다. 통계 자료에 의하면, 이혼한 사람들 중 75%는 대부분 4년 이내에 재혼을 했다. 미국의 가족역사학자, 스테파니 쿤츠가 그녀의 저서《결혼의 역사》에서 "결혼한 부부가 동거 남녀보다 신체적, 정신적으로 더 건강하고 행복감을 더 느끼고, 우울증 등 심리적인 면에서도 더 긍정적이다."라고 밝힌 것처럼, 결혼이라는 제도는 역설적인 면이 많다. 그렇기 때문에, 인생에 있어서 가장 중요한 것은 내게 맞는 배우자를 잘 선택하는 것이다.

N씨는 폭군 남편의 횡포를 평생 견디며 살아왔다. 타인의 시선을 의식해서 번듯한 가정과 자식, 손주들, 그리고 자신을 지키기 위해서였다. 남편이 죽음을 앞두었을 때에야 비로소 그녀가 평생을 꿈꾸었던 독립적이고 자유로운 삶이 허락되었다. 그러나 그것도 잠시. 남편이 40년간 그녀 앞에서 피워온 담배 연기에 폐가 손상되어,

그녀도 폐암 말기 판정을 받았다. 화장실에서 뒤처리조차도 다른 사람의 도움 없이는 할 수 없게 되었다. 그녀가 죽음을 앞두고 가장 후회하는 것은 폭력과 모욕, 비하 등 위험 신호를 무시하고, 피해야 할 상대와의 결혼을 선택한 것이다.

영국의 작가, 조앤 롤링의 소설《해리 포터와 비밀의 방》에는 이런 말이 나온다. "우리의 진정한 모습을 보여주는 건, 우리의 능력이 아니라 우리의 선택이다." 그렇다. 인생은 실력이나 능력이 아니라 선택이다. 인생에서 가장 중요한 배우자의 선택도 마찬가지다. 많은 사람들이 결혼을 도박이라고 한다. 반드시 딴다는 보장이 없는 게임과 같기 때문이다. 최대한 유리한 아이템이나 베팅 조건을 선택해서 게임을 하듯, 배우자 선택도 가장 유리한 쪽을 선택해야 행복한 인생을 살 수 있는 확률이 높아진다. 안 좋은 패를 고르고는, 그렇지 않아도 어려운 게임에서 이길 거라고 확신하는 것은 계란으로 바위치기. 힘든 얘기다.

그렇다면 어떤 배우자를 선택해야 행복한 인생을 살 수 있는 확률을 높일 수 있을까? 2,30대가 선호하는 외모, 좋은 직장, 재산, 유머 감각, 성격, 비슷한 취미나 관심사? 물론 다 중요하지만, 가장 중요한 것은 '중심 가치관이 일치하는가'다. 즉, '인생에서 소중하게 생각하는 것, 중요한 것이 무엇인지, 세상을 어떻게 바라보는지, 절실한 것은 무엇인지'. 이런 것들이 나와 잘 맞는지 살펴보는 것에, 시간과 노력을 들여야 한다. 부족한 성격은 채워줄 수도 있다. 서로 관심 분야가 다른 것은 오히려 생기를 주기도 한다. 그러나 중심 가치관이 맞지 않으면 결혼 생활 자체가 어렵다. 사람의 중심 가치관은 쉬이 변하지 않기 때문이다. 그렇지 않아도 어려운 결혼 생활을 영원히 맞지 않을 사람과 함께하면서, 행복한 인생을 기대하는 것은 어리석은 일이다.

위의 N씨의 사례처럼, 인생을 지옥으로 만들 수 있는, 절대 피해야 하는 선택도 있다. 교제하고 있는 40%의 남녀가 폭력을 경험한다는 사실. 그보다 더 경악스러운 것은, 그들 중 다수가 결혼을 과감히 실행한다는 점이다. '힘들어서 이번 한 번만 그런 것일 뿐, 괜찮아질 것이다, 잘될 것이다.'라는 안이한 믿음 때문이다. 모욕, 비난, 비하와 같은 감정적, 언어적 학대에도 마찬가지다. 절대로 무시해서는 안 되는 사실이 있다. "폭력은 절대로 한 번으로 끝나지 않는다. 죽을 때까지 계속된다!" 답은 하나다. "즉시 떠나라!" 그러지 않으면 평생 지옥에서 살아야 한다. 더 끔찍한 것은, 죄 없는 자식들까지 수치심과 상처로, 평생을 지옥에서 살게 한다. 뒤도 돌아보지 말고, 즉시 떠나야 한다.

T씨는 맞벌이 가정의 주부다. 이른 아침부터 늦은 저녁까지 일에 지쳐 집에 돌아오면, 손 하나 까딱하고 싶지 않다. 그래도 저녁을 준비하고 아이들을 챙긴다. 남편도 마찬가지다. 서로의 말을 들어주고 위로와 격려를 해줄 마음의 여유도, 시간의 여유도 없다. 상대방이

먼저 나를 이해해 주기만 바랄 뿐이다. 그러다 보니, 대화가 줄어들고 서운한 마음이 쌓여간다. 결혼 생활이 오래된 부부일수록 서로에 대해 다 안다고 생각하고, 궁금해하지 않는다. 무관심이 상처가 되어, 다시 잘 해보려는 노력도 하지 않게 되었다.

너무 안타깝다. 자신과 잘 맞는 배우자를 만나서 알콩달콩 사랑하며 살기에도 시간이 부족하다. 그런데 맞벌이를 하느라 삶에 지쳐서 서로를 보듬어 줄 여유가 없는 결혼 생활. 이렇게 살려고 결혼한 것은 아니었는데……. 부부가 함께 일해야 하는 시대이고 스트레스, 긴장을 피할 수 없는 곳이 직장이다. 그 기분과 감정이 집에서도 영향을 주는 현상을 '파급 효과'라 한다. 피곤에 지쳐 애기 들을 기운도 없는 배우자나 가족들에게, 직장에서 받은 스트레스를 쏟아놓는 것. 결혼 생활을 망치는 요인 중 하나다. 잘 맞는 배우자에게 대화로 조언을 구하는 것과는 다른 얘기다. '집은 집, 일은 일!' 결혼 생활을 하는 집은 안식처이자 피난처가 되어야 한다.

어떻게 하면 만족스러운 결혼 생활을 할 수 있을까? 결혼 연구가인 존 가트맨 박사는 약혼한 남녀가 결혼에 성공할지, 곧 이혼하게 될지를 15분 만에 90% 확률로 예측할 수 있다고 한다. 그 요인은 거창한 것이 아니라, "낮 시간에 배우자의 전화를 반갑게 받는지, 아니면 다른 중요한 일에 방해를 받는 듯이 못마땅한 느낌으로 받는지? 배우자가 집으로 돌아왔을 때, 하던 일을 즉시 멈추고 달려와서 즐거이 맞는지? 다른 이에게 배우자를 칭찬하는지?"이다. 결혼에 성공할지 예측할 수 있는 요인은 미국의 작가, 데일 카네기가 그의 저서 《인간관계론》에서 말한 대로, "상대방에게 진심으로 관심을 가지라! 미소 지으라! 상대방이 스스로를 중요한 존재라고 느끼게 만들라!"는 것.

어느 잉꼬부부로 소문난 60대 부부에게 비결을 묻자, "아침에 일어나자마자 내가 하는 일은, 오늘 하루 어떻게 하면 배우자를 조금 더 행복하게 해줄 수 있을까, 5분 동안 생각하는 거라네.""두 번째 비결은, 배우자가 귀찮아하는 일들을 자주 해주는 것. 예를 들어, 많은 세탁물을 빨랫줄에 널어준다거나, 냄새나는 음식물 쓰레기를 치워준다거나 하는 일들이야. 작은 배려이지만, 1년에 딱 한 번 생일이나 결혼기념일에 꽃다발을 선물해 주는 것과 비교해 보게. 둘 중 뭐를 더 행복해하겠나.""세 번째 비결은 '당신 오늘 셔츠가 잘 어울리네요. 멋져요.', '당신이 해준 김치찌개가 오늘도 냄새가 그만이군. 최고야.'라고 칭찬을 서로 주고받는 것이지. 칭찬 다섯 번에, 비난이나 무시 등 부정적인 말 한 번, '5:1, 마법의 비율'이네.""마지막, 배우자가 무조건 '긍정적인 뜻으로 그렇게 했다.'고 생각하는 거네. 그러면 배우자에게 귀 기울이게 되고, 잘 듣게 되거든. 부정적인 뜻으로 그렇게 했다고 생각하면 화가 나."

아! 잘 맞는 배우자를 만나서, 소소하지만 따뜻함으로 가득한 삶을 사는 것은 어떤 것일까? 인생에서 가장 중요한 선택, 평생에 걸친 장기간의 계약, '결혼'! 자신에게만이 아니라 자식들과 양가 친인척의 일생에까지도 영향을 주는 엄청난 사건. 젊은 나이에 이 결혼이라는 제도가 얼마나 심각한 것인지 잘 모르고, 안이하게 '남들처럼 그냥 애 낳고 잘살겠거니.'하고 결혼하지만, 인생은 그렇게 호락호락하지 않다. 한 번도 받기 힘든 퓰리처상을 네 번이나 받은, 미국의 국민 시인, 로버트 프로스트의 〈가지 않은 길〉이라는 시는 다음과 같이 속삭인다.

단풍 든 숲 속에 두 갈래의 길이 있었습니다.
몸이 하나니 두 길을 가지 못하는 것을
안타까워하며 한참을 서서
낮은 수풀로 꺾여 내려가는 한쪽 길을
멀리 끝까지 바라보았습니다.

그리고 다른 길을 선택했습니다. 똑같이 아름답고
아마 더 좋은 이유가 있는 길이라 생각했지요.
풀이 무성하고 발길로 별로 닳지 않은 듯했으니까요.
그 길도 걷다 보면 발길로 닳는 건
두 길이 거의 비슷하겠지만요.

그날 아침 두 길은 똑같이 놓여 있었고
낙엽 위로는 아무런 발자국도 없었습니다.
아, 나는 한쪽 길은 훗날을 위해 남겨놓았습니다!
길이란 이어져 있어 계속 가야만 한다는 걸 알기에
다시 돌아올 수 없을 거라 여기면서요.

오랜 세월이 지난 뒤 어디에선가
나는 한숨지으며 이야기를 하겠지요.
숲 속에 두 갈래 길이 있었고 나는
사람들이 적게 간 길을 선택했다고.
그리고 그것이 내 모든 것을 바꿔놓았다고.

잊지 말자. 당신의 선택이 모든 것을 바꾼다. 자신에 대해 끊임없이 묻고, 마음의 소리에 귀 기울였더라면…… 그 소리를 따라 나와 잘 맞는 배우자를 절실히 찾고 만나서, 후회 없을 선택을 하며 살았더라면…….

11
내가 살아온 기록,
내가 살아온 증거를
남겨두었더라면

　'호랑이는 죽어서 가죽을 남기고, 사람은 죽어서 삶의 기록을 남긴다.' 사람은 언젠가는 죽기 때문에, 어떻게든 살다 간 흔적을 남기려고 애쓴다. 인생은 마치 바닷가에서 모래성을 열심히 쌓다가 저녁때가 되면, 하던 것을 그대로 놓고 집으로 돌아가는 것과 같다. 사람은 가고, 모래성을 쌓은 흔적만 남는다. 세월이라는 파도가 칠 때, 돌 위에 새긴 글은 사라지지 않지만, 모래 위에 쓴 글은 흔적도 없이 사라진다. 내가 최선을 다해 살아온 발자취를 기록으로 남기지 않는다면, 이와 같이 너무 허무하지 않겠는가.

23세 N씨는 강직성 척추염 진단을 받았다. 졸업과 취업을 앞두고 바쁜 나날을 보내고 있는데, 이름도 처음 들어보는 병에 왜 걸렸는지, 너무 화가 났다. 다른 친구들은 토플 학원, 면접 학원, 스터디 그룹 등 취업 준비에 집중하고 있다. N씨는 휴학을 하고, 병원에 입원하여 치료를 받고 있자니 인생에서 패배자가 된 것만 같았다. 아침에 일어나면, 허리와 엉덩이가 마치 뾰족한 송곳에 찔리듯 쿡쿡 쑤시더니, 이제는 걸을 때마다 골반 통증까지 왔다. 눈앞마저 흐리게 보이고 몸을 움직일 때마다 너무 아파서 '이렇게 살아 뭐 하나?' 우울한 생각에 살고 싶지도 않았다. 나아지는 기색 없이 숨이 차고 가슴에 통증까지 느껴졌다. 허리를 굽히거나 세우는 것조차 어려워 불안하고, 자꾸 눈물이 났다.

견딜 수 없이 화가 나, 강직성 척추염에게 편지를 갈겨쓰기 시작했다. "강식에게!"로 시작하는 편지였다. '강식'은 '강직성 척추염 자식'의 줄임말로, 답답하고 꼬장꼬장한 자신의 성격과 닮은 병이 얄밉고 야속해서 붙인 이름이다. N씨는 이 가상의 인물에게, 있는 힘껏 화내고, 욕하고, 하소연하며, 타이르기도 했다. 두려움과 슬픔, 절망감을 얘기하면서, 지금까지 자신이 어떻게 살아왔는지, 부모 형제들, 어린 시절과 학창 시절, 연애 얘기, 사랑했던 것들, 소중한 것들, 자신이 간직해 온 꿈과 미래까지 '강식'에게 모두 들려주었고, 의견을 구했다.

이렇게 자신이 살아온 이야기를 기록하는 동안, 신기하게도 그렇게 심하던 척추의 통증이 서서히 가라앉는 것이었다. 처음에는 '강식'을 원수처럼 미워했다. 그런데 자신도 모르게 '강식'은 친구가 되어 있었다. 마치 원수를 사랑할 때 증오의 불씨가 가라앉는 것처럼 말이다. 최근 MRI 검사 기록을 본 의사가 깜짝 놀랐다. N씨가 거의 정상으로 돌아온 것이다. N씨는 오늘도 '강식'에게 들려줄 새로운 이야기를 만들어 간다.

캘리포니아대학교 리버사이드 캠퍼스의 심리학자들에 의하면, 사람들은 부정적인 경험에 대해 글을 쓰는 것만으로도, 머릿속으로 생각만 하는 것과는 차원이 다르게, 삶의 만족도가 올라간다고 한다. 반대로 긍정적인 경험을 글이나 말로 표현하면, 오히려 그 성취감이나 행복감이 약화된다고 한다. 예를 들어 글을 쓸 때, 경치 좋은 곳에서 글을 쓰면 잘 써질 것 같지만, 글에 힘이 실리지 않는다. 반면, 스트레스를 받는 일이나 슬픈 일, 우울한 일이 있을 때는, 빵빵해진 풍선처럼 밖으로 터져 나올 에너지가 한데 모여, 한 번 글을 쓰기 시작하면 봇물 터지듯 쏟아진다. 이때 카타르시스, 마음이 정화되는 것을 느낀다.

N씨는 강직성 척추염이라는 병 때문에 신체적, 정신적으로 큰 타격을 받았다. 그 억울하고 속상한 마음을 편지라는 글로 풀었을 때, 삶의 만족도가 올라갔고 힘이 솟았다. 덕분에, 저도 모르게 몸과 마음이 치료된 것이다. 그동안 살아온 삶을 돌이켜 보고, '강식'에게 '왜 이런 병이 내게?' 억울함을 하소연하고, 분풀이하는 말들을 편

지로 풀어냈다. '강식'은 항상 온 마음을 다해 귀 기울여 주었다. 이것이 큰 위로와 격려가 됐던 것이다. 살아온 삶을 되돌아보는 과정에서, 내 자신이 누구인지를 발견해 갔다. 그것을 편지로 써나가는 과정이 바로 살아온 흔적, 존재 자체를 이 세상에 기록하고 남기는 증거가 됐던 것이다.

전 세계적으로 국가나 개인에게 가장 명예로운 상으로 인정받는 상 중 하나가, 노벨상일 것이다. 1833년 스웨덴 스톡홀름에서 태어난 알프레드 노벨은 발명가인 아버지의 영향으로, 1866년 다이너마이트라는 화약을 발명했다. 다이너마이트는 힘을 뜻하는 그리스어 '디나미스'에서 따온 명칭이다. 이것으로, 수많은 사람들이 며칠씩 걸리던 터널과 광산 공사를, 단 몇 사람이 몇 시간 안에 할 수 있게 된 것이다. 다이너마이트는 날개 돋친 듯 전 세계로 팔려 나갔고, 노벨은 엄청난 돈을 벌었다.

그러나 이 발명품은 노벨의 의도와는 달리, 사람을 죽일 수 있는 무서운 무기로 활용되었다. 1888년 어느 날, 노벨은 프랑스의 한 신문에서 자신의 사망을 알리는 기사를 보게 된다. "다이너마이트라는 무기의 발명가이자 죽음의 상인, 알프레드 노벨 박사가 어제 숨을 거두었다." 노벨의 친형이 죽은 것을 그가 죽은 것으로 착각한 잘못된 기사였지만, 그는 너무 큰 충격을 받았다. 자신의 삶이 '다이너마이트, 죽음, 파괴'로 기록될 줄은 꿈에도 몰랐던 것이다. 역사에 자신의 삶을 '파괴'로 남길 수는 없었다. '평화'로 남고 싶었던 그는, 1895년 "내 전 재산을 기금으로 조성하여 그 이자를, 매년 인류를 위해 가장 큰 공헌을 한 사람에게 상금으로 준다."는 유서를 남겼다. 900만 달러의 기금으로, 1901년 그의 이름을 딴 노벨상이 만들어졌다. 그 중, 노벨 평화상! 바람대로 그의 이름은 영원히 '평화'로 남게 되었다.

역사에 '만약'은 없다. 그래도 만약 프랑스 신문에 그의 사망에 대한 잘못된 기사가 실리지 않았다면? 오늘날 노벨상은 존재하지 않았을 것이다. 그리고 노벨이 실제로 1896년 사망했을 때, '다이너마이트, 죽음, 파괴'로 신문에 실렸을 것이다. 그렇게 봤을 때, 노벨과 인류는 그 잘못된 기사에 대단히 감사해야 한다. 자신의 사후 평가를 살아서 듣고 볼 수 있었던 사람은 알프레드 노벨과, 소설 속 인물, 스크루지 영감을 빼고는 없을 것이다.

영국의 소설가, 찰스 디킨스의 소설, 《크리스마스 캐럴》에서 주인공, 구두쇠 스크루지 영감은 유령의 도움으로 자신의 과거, 현재, 미래를 돌아보게 된다. 그 과정에서 개과천선하여 지난날의 자기 잘못을 깨닫고, 올바르고 착하게 살아간다. 노벨의 경우도, 자신의 사망에 대한 기사를 미리 볼 수 있었던 덕택에, 멈춰 서서 삶을 돌아보게 되었다. 자신이 살고 싶었던 삶과 이미 살아온 삶을 생각하고, 마침내 유서를 쓴다. 유서는 이렇듯 살아온 삶을 아름답게 잘 마무리하고 싶은 소망과 결심이다. 잘못된 처사를 만회할 수 있는 마지막 기회이기도 하다. 말은 바닷가 모래 위에 씌어진 글씨처럼, 세월이라는 파도가 치면 사라져 버린다. 그러나 글은 돌 위에 새겨진 글씨처럼, 살아온 기록이 되고 증거가 된다.

그렇기에, 보통 사람이 노벨이나 스크루지 영감처럼 자신의 삶을 미리 돌아볼 수 있는 방법이, 바로 '유서 쓰기'다. 죽음과 건강은 미리 예측할 수 없기에, 멈춰 서서, '죽음이라는 삶의 종착역에 도착했다'고 생각하자. 그 상태에서, 지금까지의 삶을 돌아보고, 건강할 때 미리 유서를 써보자. 1년마다, 혹은 5년, 10년마다 삶을 '죽음'이라는 종착역에서 돌아보고 유서를 수정, 보완하자. 이렇게 자신의 삶을, 살고 싶은 삶, 후대에 기록되고 싶은 삶으로 가꾸어 나가 보자.

혜경궁 홍씨는 조선 21대 왕, 영조의 며느리이자, 영조의 아들 사도세자의 빈(嬪)이다. 정신 질환을 앓던 남편이 국왕인 시아버지의 명에 따라 뒤주에 갇혀 죽은 후, 남겨진 어린 아들이 죽임을 당하지 않게 온갖 정적들의 권세로부터 지켜내야 했던 어머니이다. 이 때문에 아홉 살배기 아들을 시아버지에게 떠나보냈고, 호적상 아들의 숙모가 되는 피눈물 나는 세월을 보냈다. 이윽고 그녀의 아들, 정조가 조선 22대 왕위에 오른 후, 1795년(정조 19년) 환갑을 맞으면서 쓰기 시작한 자전적 회고록《한중록》.

1805년(순조 5년)까지 쓴 이 책은 총 6권, 4편으로 구성되어 있다. 자신이 살아온 기록들, 아들 정조의 죽음 이후에는, 친정 집안이 억울한 누명을 쓰고 몰락한 것이 옳지 않음을 증언하는 한편, 가슴에 맺힌 원한을 풀기 위한 글이다. 한중록의 다른 이름은 '읍혈록', 즉 '피눈물의 기록', '소리 없는 울음'이라는 뜻이다. 처절하고 한 많은 궁중 여인으로서, 그녀가 할 수 있는 것은 아무것도 없었다. 하지만 자신과 친정 집안이 결코 역사의 불명예자로 낙인찍히게 놔둘 수는 없었던 것이다.

　그녀의 외롭고 비극적인 일생은 81세로 끝난다. 그러나 그의 손자, 순조가 바로 그 할머니의 '피눈물의 기록'을 읽고, 아들 정조를 대신하여 그녀의 한을 풀어준다. 그녀의 친정 가문을 복권시킨 것이다. 조선 26대 왕, 고종은 "한중록은 언문으로 사실을 직접 기록한 것으로, 오늘날에 확증이 된다."고 말했다. 1899년, 황제국가에 맞게 사도세자를 '장조'로, 혜경궁 홍씨를 대한제국 '장조'의 황후, '헌경의황후'로 추존한다. 죽을 때까지 71년간 세자빈으로 살았던 여인은 비극적 역사를 온몸으로 견디며, 그것을 피눈물로 기록했다. 그 결과, 바로 이 한중록이 있었기에, 사후 80년 만에 남편은 황제로, 자신은 황후로 추존될 수 있었던 것이다.

　"역사는 기록하는 자의 것이다."라는 말의 증거가 바로 혜경궁 홍씨와 그녀의 저서, 한중록이다. 화가 김점선은 "슬프다고 죽어버리지 않고, 슬픔을 공책에 쓰는 사람이 예술가다."라고 말했다. 혜경궁은 살아 있는 자신이 너무 역겨워, 자신의 그림자도 볼라치면 얼굴과 등이 화끈거려 벽을 두드리며 밤을 새곤 했다. 죽지도 못하고, 시련과 모욕을 참아내며, 그 원통함을 글로 쏟아낸 결과물이 한중록이다. 더군다나 본인이 육필로 직접 써 내려간 글은, 가장 강력한 삶의 기록이자 증언이다. 읽는 이들로 하여금 진한 공감을 불러일으켰다.

나이가 들면 사람은 자신이 살아온 흔적을 남기고 싶어 한다. 인생은 자신의 역사이므로, 그것을 기록으로 남기는 것 자체가 의미 있는 일이다. 자서전을 쓴 사람은, 세상을 떠나도 그의 흔적과 기록이 삶의 증거로 오래도록 남는다. 그렇기에 자신의 글을 읽는 사람 모두가 소중하고 고맙다. 자서전을 읽은 사람은 글쓴이의 자취를 읽고 배우며, 인생의 교훈을 깨닫고, 때로는 위로를, 때로는 용기를 얻는다.

인간은 기나긴 시간 속에 마치 먼지와 같은 존재. 그렇기에, 끝없는 시간 속에 자신의 존재를 기록으로 남기고 싶어 한다. 자신은 먼지처럼 사라지더라도, 그 흔적과 기록만은 오래도록 역사에 남을 것이기 때문이다. 길모퉁이 민들레, 벌판에 이름 모를 들풀도, 한 시절 예쁜 꽃을 피웠다. 하물며 사람은 말해 무엇 하랴! 누구에게나 꽃같이 활짝 피어났던, 아름답고 소중한 시절이 다 있다. 그리고 가슴 저리게 아프고, 치열하게 보낸 과거도 있다. 그것 역시도 삶의 한 부분이다. 그렇게 소중한 삶의 흔적을 기록으로 남기지 않는다면…… 연기와 같이, 바닷가 모래 위 글씨처럼 흔적도 없이 사라진다. 그대는 역사 속에 무엇으로 인생을 살아온 증거로 삼을 것인가? 내가 살아온 기록, 내가 살아온 증거를 남겨두었더라면…….

12
완벽한 부모가 되려고
뼈를 갈면서
살지 않았더라면

우리의 관념 속에서 어머니는 항상 희생적이어야 하고, 아버지는 자식들을 위해 아프지도, 눈물을 흘리지도 않는 철인이어야 한다. 부모가 자녀를 사랑하는 것은 본능이지만, '사랑'이라는 감정의 뒤편에는 '미움'도 도사리고 있음을 부인할 수가 없다. 그럼에도, 자녀를 미워하는 마음이 들면 '나쁜 부모'라는 불안과 죄책감에 빠진다. 그러나 모든 지혜와 끝없는 사랑을 갖춘 이상적인 부모는 공상 속에만 존재한다. 부모도 옳은 일만 할 수는 없는 불완전한 인간이다. 이를 깨닫고, 너무 완벽한 부모가 되려고 뼈를 갈면서 노력하지 않으면 좋겠다.

A씨가 첫 번째 결혼에 실패한 이유는, 남편에 무관심하고 아이들을 돌보는 데만 몰두했기 때문이다. 아이를 낳은 후부터 남편과의 생활은 차츰 줄어들어 갔고, 오로지 아이들을 위해서만 사는 삶이 되었다. 아이들을 깨우는 것으로 하루의 일과가 시작된다. 아이들을 등교시키고 나면 엄마들 모임, 학교, 학원, 과외 선생님들과 만나 정보를 교환한다. 필요에 따라, 아이의 미래 인맥을 위한 동아리를 만들어 주고, 더 좋은 선생님들을 섭외한다. 아이들의 학교 일과가 끝나면, 학원의 수업 시간표에 맞춰서 이 학원에서 저 학원으로 아이들을 태워 가고 태워 온다. 하루의 모든 일정을 마치고 아이들과 함께 집으로 돌아오면 밤 열한 시가 넘는다. 남편과는 대화조차 할 여력이 없다. 이 결혼 생활은 아이들이 대학교 진학 후, 결국 이혼으로 끝났다.

그 후 A씨는 재혼을 했다. 이 두 번째 결혼 생활은 기쁨 그 자체였다. 아이들을 위해 희생하는 대신, 부부가 서로를 기쁘게 해주는 일, 즐거운 일을 함께 찾아 했다. 운동을 함께 하면서 다양한 이야기를 나누고, 한 달에 한두 번은 꼭 음악회나 공연 관람을 함께 했다. 덕분에 이 부부 사이에 태어난 아이들은 따뜻하고 밝은 가정에서 자랄 수 있었다. 아이들에게 이 가정은 인생 최고의 선물이다.

오스트리아의 정신분석학자, 지그문트 프로이트가 어느 영국 그림에서 제목을 빌려온 '아기 폐하'라는 표현대로, 아기가 태어나면 부모는 갑자기 삶이 완전히 180도 변한다. 내 한 몸도 보살피기 빠듯하건만, '아기 폐하' 수발까지 들어야 하는 운명으로 바뀐다. 새벽에도 쉴 새 없이 울어대고, 24시간 365일 연중무휴 돌보아야 하는 무자비한 아기 폐하! 최선을 다해 잘 키워보려 애썼는데, "이럴거면 왜 날 낳았어?"라는 말을 듣기 일쑤다. 나의 부모님보다 더 좋은 부모가 될 줄 알았는데…… 그렇게 되고 싶어 뼈를 가는 노력을 했었는데…… 좋은 부모가 되지 못해 아이에게 미안하고 후회되지만, 너무 자책하지 말자. 완벽한 부모, 이상적인 아이는 원래 존재하지 않는다.

행복에 관한 연구 중 하버드대학교 학부 졸업생들 268명 포함, 456명을 대상으로 80년에 걸친 추적 조사 연구인 '그랜트' 연구에 의하면, 어릴 적에 부모와의 관계가 좋았던 남성들이 성장하여 돈도 더 많이 벌었다. 노년기를 더 행복하게 보냈고, 치매에 걸릴 확률도 더 낮았다고 한다. A씨는 첫 번째 결혼 생활에서 아이의 교육을 위해 뼈를 갈듯이 자신의 모든 것을 희생했다. 그런데 연구 결과, 아이가 행복으로 가는 길은 학원, 과외가 아니라, 행복한 가정임을 보여준다. 두 번째 결혼 생활과 일치하는 결과다. 부부가 서로 아끼고 한 곳을 같이 바라보며 배려하고 위로해 주는 안식처가 되는 곳. 서로를 즐겁게 해주기 위한 작은 노력이 있는 곳. 바로 이 길을 지켜본 아이들이 정서적인 안정감과 부모와의 따뜻한 유대감 속에 성장하여, 행복하게 살게 되는 것이다.

M양의 어머니는 M양이 사람들에게 칭찬 듣고, 사랑 받기를 간절히 바랐다. 그래서 본의 아니게, M양의 말 한마디마다 지적하고 잔소리와 꾸지람을 하게 되었다. "그렇게 하고 나가는 거야? 친구들이 너를 잘도 좋아하겠다.", "왜 이렇게 철이 없어? 지나가는 개가 다 웃겠다." 등. M양에게 부정적인 말을 자주 했다. 다른 집 아이들과 비교하면서 말이다. M양이 표현력이 부족하다고 여긴 어머니는 M양에게 바른 태도, 바른 말투, 바른 표현을 쓸 것을 고집스럽고 끈질기게 요구했다. M양은 점점 자신감을 잃어갔고, 망신을 당하거나 꾸지람, 잔소리를 들을 바에는 차라리 아무 말도 하지 않게 되었다. 말을 더듬는 버릇까지 생겨, 다른 사람들과의 소통에 어려움을 겪었다. M양의 어머니는 M양이 너무 안타까웠다.

아이를 정서적으로 잘 키우지 못한 것에 대한 후회는 더 심하다. 영국 시인, 존 윌모트는 "내가 결혼하기 전에는 자녀 교육에 대한 여섯 가지 이론을 가지고 있었다. 여섯 명의 아이가 생긴 지금은 아무런 이론도 없다."고 말했다. 자녀 교육이 참으로 어렵다는 뜻이다. 내 아이가 성장 발육도 빠르고, 예쁘고, 똑똑하고, 말 잘 듣고, 성품도 좋고, 인기도 많고, 공부도 잘해서, 누구에게나 칭찬 듣고, 일류 대학, 대기업에 취업해, 좋은 배우자를 만나, 부자로 잘사는 것이 모든 부모의 로망일 것이다. 이를 위해 부모는 뼈를 가는 노력을 한다. 안타깝게도, 이 기대가 현실이 될 확률은 매우 낮다. 자녀들은 부모의 뜻대로 크지 않는다. 자녀에 대한 부모의 관심과 염려를 참견으로 여기고, 제멋대로 하려 들기 일쑤다.

사람은 누구나 자신의 생각과 의견을 말로 표현하려는 욕구가 있다. 아이들도 마찬가지다. 아이들이 맘껏 말하고 표현할 수 있게 해줘야 한다. 그런데 M양의 어머니처럼 "어린 네가 뭘 알아?" 무시하거나 "시끄럽다. 좀 조용히 해."라고 억압을 하거나 무시, 질책, 거절했을 때 M양처럼 마음에 큰 상처를 입는다. 어린아이가, 도움 구할 곳 하나 없는 사막에 버려진 것과 같다. 감정 또한 맘껏 표현하게 해줘야 한다. 부모가 아이에게 "울지 마, 바보들이나 우는 거야."라는 식으로 감정을 억누르게 하면, 현대 사회에서 IQ(지능 지수)보다 더 중요한 EQ(감성 지수)가 낮아지고, 결국 아이는 정서적으로 무너진다.

M양의 어머니는 잔소리와 통제라는 잘못된 방법으로, 자신의 뼈를 갈아 M양을 사랑했고 또 안타까워했다. M양과 같이 상처 입은 아이들에게, "네 탓이 아니란다. 그동안 많이 힘들었을 텐데, 참 잘해왔다. 넌 충분해. 기특하다."라고 말해 주자.

100세를 넘긴 지성, 김형석 교수는, 자녀 교육의 핵심이 사랑인데 "사랑은 자유를 주는 것"이라고 했다. 사랑은 또한 '경청'이다. 자녀들이 마음껏 표현하고, 마음껏 생각하고 마음껏 행동할 수 있도록 자유를 주는 것. 그리고 자녀의 말을 경청하고 곧바로 반응해 주는 것. 이것이 진정한 사랑이다. '이러다 혹시라도 방종이 되면 어쩌지?' 하는 생각은 부모의 불안일 뿐이다. 아이의 존재 자체를 믿고 사랑해 주자. 거기에 어떤 조건도 달지 말자. 아이가 좀 부족하면 부족한 대로 말이다. 심수봉의 〈백만 송이 장미〉 노래 중에, "미워하는 마음 없이, 아낌없이 사랑을 주기만 할 때, 백만 송이 꽃은 피고, 그립고 아름다운 내 별나라로 갈 수 있다네."라는 노랫말이 있다. 이것이 자녀를 키우는 진리가 아닐까!

H군의 아버지는 집안 형편이 어려워 고등학교를 졸업하지 못하고, 열여덟 살부터 용접 공장에서 일했다. 성인이 되어, 그동안 배운 용접 기술로 영세사업을 하다 보니, 1년에 한 번꼴로 사업을 접어야 했다. 항상 빚에 쪼들려, 집이라고는 공장에 딸린 창고나 곰팡내 나는 지하 단칸방에서 다섯 식구가 살았다. H군과 동생들은 장난감이나 학원은 고사하고, 항상 공장 일에 바쁜 부모의 지도나 잔소리도 들은 적이 없었다.

아버지는 공장이 망하면 다시 용접공으로 직장을 잡고, 돈을 모아서 다시 공장을 차리곤 했다. 사업이 실패를 해도 새로운 일을 다시 시도하기 위해, 늘 바빴다. H군과 가족은 사업 실패나 가난이 삶의 일부처럼 익숙하기에, 대수로운 일이라 여기지 않았다. 부끄럽다거나 괴롭다는 생각을 해본 적이 없기에, 풀이 죽어 있었던 적도 없었다.

H군은 비가 새는 가건물 단칸방에 살 때도, 부모는 공장에서 일하느라 집에 없으니, 동생들과 함께 익숙하게 대야를 빗물이 떨어지는 이곳저곳에 받쳐 놓고, 비 새는 구경을 했다. 비 오는 날이 괴

롭기는커녕, 오히려 재미있었다. 유별난 장난감도 없었고, 학원에 다닐 형편도 안 되었기 때문에, 하루 종일 동네 공터나 공사장에서 굴러다니는 물건들과 흙을 가지고, 친구들과 함께 놀이를 새로 만들어서 놀았다. 이렇듯 H군은 내팽개쳐진 것이나 다름없이 자랐다. 그러나 품위도, 아는 것도 없는 아버지로부터 오히려 도전정신과 뚝심, 긍정적인 자세를 물려받았다. 또한 이런 환경 덕분에, 지식이나 기술보다 창의성과 문제 해결 능력이라는 더 중요한 것을 배웠다. 그는 성장하여, 아버지의 사업가 정신을 물려받아 벤처기업 CEO가 되었다.

맞벌이 부모의 일상은 정말 하루하루가 전쟁터와 같다. 일과 가사와 육아를 모두 감당해 내야 한다. 아무리 아이들이 부모를 이해하고 돕는다 해도, 부모의 멍에는 무겁기만 하다. 더군다나 H군의 부모는, 학력을 중요하게 여기는 사회에서 더욱 무거운 멍에를 지고 살아가야 했다.

스탠퍼드대학 심리학과 교수, 캐럴 드웩의 연구에 의하면, 노력에 대한 칭찬("열심히 했구나, 노력해서 기특해." 등)을 받은 아이들은 그 다음에 많은 노력을 해야 하는 더 어려운 일을 선택했다. 반면, 재능이나 특기에 대한 칭찬("머리가 좋구나, 똑똑하네." 등)을 받은 아이들은, 똑똑하다는 정체성을 지키기 위해, 다음에 더 쉬운 일을 선택했다. 시행착오를 겪을지도 모르는 일에 대해서는 위험 회피, 자신감이 없는 경향을 보인 것이다.

H군의 부모는 실패와 가난이 끊이지 않고 거듭되는 가운데, 괴롭고 힘든 일이 얼마나 많았겠는가! 그러나 아이들에게 부정적인 표현이나 부정적인 피드백을 하지 않았다. 덕분에 H군은 감정, 생각, 표현이 자유로웠고, 두려움이 없었다. 자신감을 가지고, 자신이 사랑하고 좋아하는 사람들과 즐겁게 지내면서, 더욱더 행복해지는 선순환이 일어났던 것이다. 혹시라도 그대가 아이에게 부정적인 말을 하고 싶을 때는, 입을 틀어막자. 그리고 부정적인 말 대신 칭찬을 하자. 재능이나 결과가 아닌 노력이나 과정에 대한 칭찬을 하자. "어머, 대단하다!" 인정, 또는 작은 것으로라도 보상해 주는 부모가 되자. 이것이야말로, 좋은 부모가 되기 위한 바람직한 노력이 아니겠는가.

아버지는 어린것들의 앞날을 생각한다.
어린것들은 아버지의 나라다 - 아버지의 동포(同胞)다.

아버지의 눈에는 눈물이 보이지 않으나
아버지가 마시는 술에는 항상
보이지 않는 눈물이 절반이다.

- 김현승의 시, 〈아버지의 마음〉 중에서

꽃집 앞을 지나다, 밖에 내놓은 다육식물이 너무 예뻐 집에 사가지고 와, 매일 물을 주었다. 한 달이 못 가, 뿌리가 썩고 말았다. 당나귀에 너무 많은 짐을 지게 하면, 무게를 감당하지 못한 당나귀는 앞으로 나아가지 못하게 된다. 인간관계, 그 중에서도 가장 중요한 부모 자식 관계! 이를 위해 완벽한 부모가 되려고 자녀를 극한으로 밀어붙이는 것은, 자녀를 절망적인 막다른 골목으로 몰아넣는 것이다. 완벽한 부모도, 이상적인 자녀도 상상으로만 존재하는 세상. 너무 완벽한 부모가 되려고 내 뼈를 갈고, 또 아이의 뼈까지 갈면서 살지 않았더라면…… 아이의 존재 자체를 조건 없이 인정해 주고, 아낌없이 사랑해 주며 살았더라면…….

13

더 멀리 가기 위해서는
휴식을 잘해야 한다는 것을
알고 살았더라면

현대인들은 쉬는 시간을 편하게 보내질 못한다. 다른 사람들은 뛰어가고 있는데 나 홀로 뒤처지는 것으로 여기고 불안해한다. 핸드폰을 들여다보며 정보를 검색하고, 끊임없이 몸과 뇌를 움직인다. 젊은 시절에는 무리가 없더라도, 40대로 접어들면서 몸이 힘들면 아무리 마음이 굴뚝같아도 자연스럽게 움직일 수 없게 되고, 마음이 힘들면 바로 몸에서 이상 반응이 나온다. 휴식과 멈춤은 사막처럼 삭막한 현대를 살아가는 우리에게 오아시스다. 찾아야만 하고, 찾았다면 반드시 쉬어 가자. '지금은 아직 쉴 때가 아니다.'라는 자신에 대한 채찍질은 멈추자. 인생은 속도가 아니라 방향이다. 멈춰 서서, 잘 가고 있는지 나침반으로 방향을 확인해 보자. 더 멀리 가기 위하여 멈춤, 휴식을 잘해야 한다.

  영상의학과 전문의이자 국내 최초의 엑스레이 아티스트, 정태섭 교수는 낮에는 병원 진료, 밤에는 전시회 준비로 24시간 몸과 뇌를 쉬지 않았다. 그렇게 해도 시간이 부족했기에, 쉰다는 것은 생각조차 할 수 없었다. 어느 날, "작품의 영감이나 다음 작품 구상은 언제 하시냐?"는 질문을 받았다. 그제야 비로소 그는 자신을 뒤돌아보게 되었다. '예술은, 공장에서 기계로 물건을 마구 찍어내듯이 쉬지도, 생각지도 않는 반복 작업이 아닌데…….' 당장 하던 일을 멈추고, 제주도 올레길로 휴식을 찾아 떠났다.

  경주를 하는 것이 아니니, 한 걸음 한 걸음 자신만의 보폭으로 제주도의 꽃과 나무, 하늘, 바다와 눈을 마주치며 걸었다. 파도, 새, 바람, 비 등 자연이 걸어오는 말들을 들으며 삶과 일, 예술에 대한 생각을 정리했다. 휴식을 통해, 몰랐던 자신의 내면을 보게 되었다. 메마르고 지쳤던 감정을 위로하고, 몸과 마음을 다스릴 수 있었다. 그 결과, 그의 전시회는 환상적인 영감과 내면의 아름다움, 삶에 대한 성찰과 위로로 가득하다. 겉으로 보이는 것들의 본모습, 진실을 보여주는 작품이기 때문이다. 국내에서는 소수 장르인 엑스레이 아트는 그가 휴식으로 재충전할 때마다, 차원 높은 아름다움을 선보인다.

  우리의 인생이나 예술은 높은 산을 오르는 것과 같다. 높이 오를

수록 힘은 들지만, 시야는 넓어진다. 아름다운 자연과 만나고, 산꼭대기에 오르면 참 자유를 맛본다. 그런 성취감을 한 걸음에 느낄 수 있는 것은 아니다. 쉬지 않고 계속해서 산을 오르기만 할 수는 없다. 오르다가 멈춰서 앉아 쉬기도 하며 재충전을 해야, 산행을 즐기며 꼭대기에 무사히 도착할 수 있다. 빨리 다녀올 욕심에 쉬지 않고 급히 오르기만 한다면, 오히려 그것은 바람직한 산행이 아닐 것이다. 정작 산행에서 중요한 것들을 놓쳤기 때문이다. 휴식은 삶의 진정한 의미를 찾는 데 꼭 필요한 것이기에, 잠시 멈췄다고 해서 자존심이 상하거나, 죄책감을 가질 이유가 전혀 없다.

엑스레이 예술가, 정태섭 교수 역시, 국내에서 이 분야의 개척자로서 아낌없이 예술혼을 불태우기 위해 휴식을 택했다. 창의적인 영감, 무한한 상상력, 풍부한 감수성을 작품에 녹여내기 위함이다. 손을 놔버린 것이 아니라 숨을 고르고 있던 것이다. 자동차 경주에서도, 노련한 레이서가 결승선에 먼저 들어가기 위해서 오히려 브레이크를 더 잘 쓴다. 반면, 초보 레이서는 주로 가속페달만 밟는다. 브레이크를 쓰지 않으면, 곡선 구간에서 차가 뒤집히거나 엔진이 지나치게 뜨거워져 폭발할 수도 있는데 말이다. 더 멀리 가기 위해서는 휴식을 잘해야 한다는 것을 알고 살았더라면······.

B씨는 직장과 업무에 만족을 느끼지 못했다. 그렇지만 매일 다람쥐 쳇바퀴 도는 것 같은 일상 속에 파묻혀, 다른 일은 생각할 여유

도 갖지 못했다. 일어나자마자 출근하기 바빴고, 직장에서는 쉴 새 없이 밀려드는 주문과 업무 지시를 소화하느라 여유가 없었다. 퇴근 후 집에 오자마자, 가족들 저녁 식사 준비를 하고 아이들을 챙긴 후 잠자리에 들기 바쁜 일상. 주말에는 밀린 잠을 자야 피곤이 풀렸다. 1년에 휴가는 고작 3박 4일. 가족들과 여행 한 번 다녀오면, 오히려 피곤이 더 쌓인 채 끝나 버렸다.

그러던 어느 비 내리는 주말, 직장 상사의 결혼식에 다녀오는 길에 교통사고가 일어났다. 빗길에 승용차 브레이크가 밀려, 내리막길에서 가로수를 들이받았다. 다행히 많이 다치지는 않았지만, 목과 무릎에 충격을 받아 전치 2주 진단을 받았다. 2주 동안 병원에서 입원 치료를 받게 된 덕분에, 실로 오래간만에 혼자만의 시간을 갖게 되었다. '이렇게 살다가 인생을 끝마쳐도 정말 괜찮은가?' 그동안의 자기 인생에 대하여 깊은 고민을 한 끝에 드디어 깨닫게 되었다. 이제까지 얼마나 자신의 목표와 어긋난 삶을 살아왔는지, 정신없이 살아왔지만 왜 만족스럽지 않았는지, 정말로 하고 싶었던 일이 무엇인지를…… B씨는 그 깨달음대로, 병원에서 퇴원한 직후 직장에 사표를 냈다. 그리고 현재, 오래 전부터 꿈꾸어 왔던 작가로 왕성한 활동을 하고 있다.

삶은, 프랑스의 소설가 폴 부르제의 말처럼, "생각하는 대로 살지 않으면, 사는 대로 생각하게 된다." 문제는 '생각할' 시간이 없다는 것이다. 그러다 보니, 인생의 방향이 엉뚱하게 틀어진지도 모른 채,

정신 놓고 달린다. 그러다 뒤늦게, 여기가 아니라고 후회한다. 어떻게 해서든, 인생에 대해 생각할 수 있는 '혼자만의 휴가'를 갖는 것이 중요하다. 이 휴식을 통해, 무엇에도 방해받지 않고 '잘살고 있는 것인지, 행복한지, 하는 일은 만족스러운지, 무엇이 문제인지, 하고 싶은 다른 일은 없는지' 등을 고민하는 것! 그것은 대단히 중요하고 의미 있는 일이다.

　B씨는 교통사고를 계기로 뜻밖의 휴가를 얻어, 인생을 정리해 볼 시간을 가지게 됐다. 그 결과 인생의 나침반이 가리키는 방향을 읽고, 삶의 진로를 전환할 수 있었다. 한창 바쁠수록 '혼자만의 휴가'는 더 필요하다. 어디를 향하여 달리는지, 미친 속도에 휩쓸려 원래의 목적지를 잊지 않기 위해서다. 바쁠수록 마음을 가라앉히고 자신을 돌아봐야 한다. 2008년 일본 후생노동성 '인생 85년 비전 간담회' 보고서에는 '근로 전성기의 장기휴가'에 대한 제안이 있다. 근로 전성기에 있는 40대들이 6개월~1년 정도 긴 휴가를 갖도록 해서, 제2의 인생을 계획할 수 있는 기회를 주자는 제안이다. 더 멀리 가기 위해서는 휴식을 잘해야 함을 알기 때문이다.

　'낮잠'이라는 휴식을 통해서는, 하루를 이틀처럼 보낼 수도 있다. 일례로 제2차 세계대전 중, 영국 총리 윈스턴 처칠은 독일 공군이 런던을 폭격할 때조차 방공호에서 낮잠을 잤다고 한다. 그는 낮잠을 매일같이 꼭 지켰던 것이, 2차 세계대전 승리의 비결이라고 말했다. 하루에 상쾌한 아침을 두 번 맞는 셈이다. '낮잠'이라는 휴식으로 하루에 두 번, 몸과 마음을 최고의 상태로 지켜나간 것이다. 충분한 휴식 후 맑은 정신과 건강한 열정을 갖게 되어 좋은 창의력, 집중력과 판단력으로 최상의 성과를 내는 것과 같다.

미국의 루즈벨트 대통령 역시, "30분의 낮잠이 밤의 3시간과 같은 가치를 지닌다."라고 말했다. 그는 점심 식사 후 30분씩 꼭 낮잠을 잤다. 휴식이 하루를 24시간이 아니라 27시간으로 만든 셈이다. 미국의 석유왕 록펠러와 글로벌 기업 P&G의 전 회장, 앨런 래플리도 매일 낮잠을 잊지 않았고, 그들은 낮잠을 '성공의 열쇠'라고 말했다. 매일 자신들에게 휴식을 보장해 주고, 삶의 여유를 잃지 않았다. 그 결과, 목표한 대로 삶을 성공으로 이끌었던 것이다.

몸도 뇌도 휴식을 취해야 한다. 그러지 않으면 시력의 범위가 좁아지고, 평소에 아무 문제 없던 생각하는 힘도 약해진다. 특히 40대부터는 정신적으로 큰 충격을 받게 되면, 암과 같은 심각한 병에 걸리기도 한다. "건강한 육체에 건강한 정신!" 몸과 뇌가 푹 쉴 수 있는 휴식을 갖는 것이 그래서 중요하다. 지금 80세 이상 어르신들은 일제시대와 6·25 전쟁을 겪은 세대다. 쉬는 시간은 사치요, 몸을 혹사시켜 열심히 일해야 했고 그 결과, 오늘의 대한민국이 있다. 그러나 지금은 100세 시대! 이전의 평균 수명 60세 시대보다, 인생길을 더 멀리 가야 한다. 몸과 뇌를 무리하거나 혹사시켜서는 안 되고, 반드시 휴식을 잘해야 하는 이유가 바로 이 때문이다.

하지만 현대인들은 뒤처질까 불안이 앞서기 때문에, 몸과 뇌를 끊임없이 움직인다. 스마트폰 등으로 쉴 새 없이 정보를 찾고 본다. 계속되는 자극에 뇌에 과부하가 걸리면 두통이 생겨, 더 이상의 자극은 처리하기 힘들다. 처칠 수상, 루즈벨트 대통령이 매일 30분의 낮잠으로 몸과 뇌가 푹 쉴 수 있는 휴식을 가졌던 것도 바로 이런 이유 때문이다. 하루 15분만이라도 아무것도 안 하고 멍때리거나 산책, 명상, 심호흡 등을 하는 쉬는 시간을 먼저 만들어 두자. 그리고 무조건 지키자.

인생은 속도가 아니라 방향이다. 인생의 나침반이 가리키는 방향으로 더 멀리 나아갈 수 있도록, 잠시 멈추어 휴식을 갖자. 우리는 휴식을 통해서 영감을 얻고, 살아갈 에너지를 재충전한다. 바쁠 때 일부러 '혼자만의 휴가'를 떠나, 일과 삶을 뒤돌아보고, 정말로 무엇이 필요한지 고민해 보자. 특히 40대 이상은 몸과 뇌를 무리하거나 혹사시키지 말자. 하루 15분 동안만이라도 몸과 뇌가 아무 일도 하지 않고 쉴 수 있도록, 두 눈을 감고 있는 습관을 들이자. 낮잠도 좋고, 명상도 좋고, 산책도 좋다. 그대를 저 멀리에 있는 인생의 결승선까지 데리고 가는 것은 그대의 몸뿐임을 잊어서는 안 된다. 그대가 몸을 소홀히 대하면, 결국은 몸도 그대를 거부할 것이니! 더 멀리 가기 위해서는 휴식을 잘해야 한다는 것을 알고 살았더라면…….

14
적극적으로
변화하며
살았더라면

삶의 활기를 찾기 위해서는 반드시 변화가 필요하다. 그래야만 습관적인 생각에서 벗어날 수 있고, 지금 상태에 그대로 머무르려 하는 소극적인 태도에서 한 걸음 더 나아갈 수 있기 때문이다. 여기에는 실행에 옮길 수 있는 용기 또한 반드시 필요하다. 아무 실행도 하지 않았는데 인생이 갑자기 변하는 일은 없기 때문이다. 변화가 없는 일상은 익숙함에 길들여진 게으름과 안주(安住)로, 스스로를 틀에 가둔다. 단 한 번뿐인 인생일진대 모험을 하기도 하고, 변화를 줘야만 새로운 세상을 만날 수 있다.

E씨의 집은 오래된 빌라라, 이사 올 때부터 그다지 마음에 들지 않았다. 그 후 20년의 세월이 흘렀으니 상태가 오죽하랴. 여러 번 리모델링을 하고 싶었지만, 빠듯한 살림이라 여유 자금이 생길 리 만무했다. 6개월 전 어느 날, 남편의 친구가 오랜만에 놀러 왔다. 남편은 그에게 집에 대한 푸념을 늘어놓았다. 평소 인테리어에 관심이 많고 셀프 시공 등 손재주가 있던 친구는 흔쾌히 자신이 손을 봐 주겠다고 했다. 그리고 며칠 후, 낡아서 사용하기 불편했던 화장실 변기, 세면대, 바닥과 벽의 타일, 천장의 조명까지 확 바뀌었다. 너저분한 물건들은 정리되었고, 방들 또한 멋진 인테리어 시트지로 새 옷을 갈아입었다.

유명 관광지 고급 펜션이 부럽지 않게 되었다. 이렇게 멋들어진 집을 20년 동안이나 그저 방치해 두었다니! 단지 돕는 일에 적극적이었던 남편의 친구 도움으로, 며칠 만에 그녀의 세상이 새롭게 변한 것이다. "공간을 바꾸면 인생이 달라진다."고 했던가. E씨의 삶은 달라졌다. 친구들에게 푸념이나 일삼던 E씨와 남편은 '이제 어떻게 하면 좋은 일을 만들 수 있을까?' 꿈과 비전에 대해 생각하게 되었다. 살고 있는 공간에 약간의 변화를 줬을 뿐인데, 인생에 대하여 새로운 태도를 갖게 된 것이다. 무슨 일을 할 것인지 계획을 세우고, 실행에 옮겼다. 숨어 있을 또 다른 행복을 기대하며, 그 다음 목표를 생각하는 중이다.

몇 년 전 〈신박한 정리〉라는 TV 프로그램이 있었다. 집주인 혼자서는 엄두를 낼 수 없는 집 정리를 전문가들이 대신 해줘서, 집주인이 새로운 환경에서 새로운 삶을 살 수 있도록 도와주는 콘셉트의 프로그램이었다. 그들 집은 크든 작든, 온갖 잡동사니들로 가득 차 있었기에 쉬거나 쓸 만한 공간의 여유가 없었다. 삶이 팍팍하고 불만만 고조되어 갔다. 소중하고 유익한 일에 써야 할 에너지를, 부정적인 감정만 쌓아 올리는 데에 낭비한 것이다. 그런 처지이다 보니, 집주인이 새롭게 변화된 집을 보고 감동의 눈물까지 흘리는 모습을 쉽사리 볼 수 있었다.

"좋은 아이디어가 떠오르지 않을 때는 환경을 바꿔보라."는 말이 있다. 환경을 바꾸기 어려우면 세상을 거꾸로 보라고 한다. 변화가 기발한 생각을 떠오르게 한다는 것이다. 모든 생명체는 환경의 지배를 받는다. 인간도 마찬가지다. 잡동사니로 가득 찬 환경 가운데 있다면, 적극적으로 환경을 변화시켜 보자. 인생에 대하여 새로운 관점을 갖게 될 것이다. 새로운 인생을 살게 될 것이다.

T양은 5년차 직장인이다. 적성에 맞지 않는 회계 부서 일을 맡게 되어 직장 생활이 불만족스러웠다. 그만두고 싶었다. 그러나 그만두지 못했다. 새 직장을 구하기까지 시간이 얼마나 걸릴지 알 수 없는 노릇이기 때문이다. 일 자체는 적성에 맞지는 않는다. 하지만 어려운 업무는 아니라서 스트레스를 받지 않아도 된다. 사내 경쟁이 치열하지도 않다. 눈치 보지 않고 정시에 출퇴근을 할 수 있는 비교

적 편한 직장이다. 스스로에게 지금은 취업난이 심해서 다른 직장을 잡기 어렵다는 핑계, 새 직장을 구해도 적응하기가 쉽지 않을 것 같다는 변명을 하면서 그 직장에 계속 눌러앉아 있다.

그녀는 왜 만족스럽지 않은 상황에서 벗어나, 변화하며 살지 못하는 걸까? 그녀는 취업난의 피해자라는 피해의식을 가지고 있다. 그래서 아무것도 할 수 없는 것이다. 이 직장에 계속 눌러앉아 있는 이유가 취업난 때문이 아니라, 바로 자신이 무사안일주의에 사로잡혀 있기 때문이라는 것을 깨닫는다면, 원하는 새 직장을 얼마든지 구할 수 있을 것이다. 피해의식과 무사안일주의를 버리고 적극적으로 변화하며 산다면 말이다.

스튜어트 에머리의 저서, 《실현(*Actualizations*)》을 보면, 그는 비행기 조종실 관성유도장치를 보고 인생의 중요한 이치를 깨달았다고 한다. "처음에는 진로 방향 오차가 90%까지 난다. 오차를 수정해 나가는 과정에서 비행기가 지그재그로 갈팡질팡 움직인다. 그러다 제자리를 찾고 결국 제 시간에 도착하게 된다."는 것이다. 이것을 통해, 인생도 "선택이 잘못됐을까 봐 걱정하지 마라. 진로를 언제 수정할지만 알면 된다."는 것이다. 그 진로를 수정해야 하는 때란, 불만족이라는 감정을 느낄 때다.

삶에 불만족을 느낄 때는 변화를 주어야 한다. 계속 눌러앉아 있어서는 제자리만 뱅뱅 맴돌 뿐이다. T양이 만족스러운 삶을 원한다면 새 직장을 찾든, 다른 직업을 찾든, 나를 찾는 여행을 떠나든, 적극적인 변화가 필요하다. 낡은 생각과 습관, 내가 옳다는 고정관념, 그리고 현실에 안주하려는 무사안일주의에서 벗어나야 한다. 좁고 작은 자기중심의 세계, 그 불만족스러운 사무실에서 탈출하면 드넓은 새 세상이 펼쳐진다. '새로운 나'로 거듭나는 것이다.

우리나라에서는 6·25 전쟁 때 북쪽에서 휴전선 남쪽으로 내려와서 터를 잡은 사람들이 본토 토박이보다 훨씬 잘산다고 했다. 오죽하면 속담에, "굴러 들어온 돌이 박힌 돌 빼낸다."고 했을까. 아브라함도 신에게서 "너는 너의 고향과 친척과 아버지의 집을 떠나 내가 네게 보여줄 땅으로 가라."(창세기 12:1)는 명령을 받는다. 지금까지 살아온 터전, 인생에 영향을 끼친 모든 것들, 문화와 관습, 그리고 가족, 친구, 이웃 등 모든 익숙한 것을 떠나 새로운 세계로 가서 삶을 적극적으로 변화시키라는 명령이다.

대부분의 어린아이들은 스스로가 가치 있고 소중하며 뭐든지 잘한다고 긍정적으로 믿는다. 그런데 청년으로 성장해 갈수록, 소수만이 자신에 대하여 그런 생각을 한다. 왜일까? 그 이유는 바로, 일상적인 장소에서 일상적인 사람들만 만나다 보면, "그런 것도 못하니?", "아까 얘기했는데 또 기억 못 해?", "이렇게 성적이 형편없는데 커서 뭐가 되겠니?" 등, 무의식적으로 들었던 부정적인 말들을 스스로에게 되뇌기 때문이다. 과거의 상처를 잊을 수 없게 만드는 것이다. 해법은 '태어나서 자라고 오랫동안 머물렀던 곳을 떠나라! 부정적인 과거와 이별하라!', 즉 일상적인 곳을 떠나서 새로운 곳에서 변화된 삶을 사는 것이다.

장소뿐 아니라 시간 관리, 안 좋은 버릇, 즐기는 운동, 친한 사람, 색다른 이벤트 등 바꿀 수 있는 모든 것에 변화를 줘보자. 아인슈타인은 "항상 같은 행동을 하면서 다른 결과가 나오기를 기대하는 것은 가장 바보 같은 짓"이라고 했다. 한 가지 일만을 평생 몰입해서 하는 것보다는 다양한 일들을 경험하고, 다른 각도에서 바라보고 생각하면서 균형을 맞추다 보면, 새로운 정보와 지혜를 얻게 된다.

"인간은 자기 상상력의 한계를 세상의 한계라고 생각한다." 철학자 쇼펜하우어의 말이다. 경험을 통해 생각하고, 여러 가지 경험을 반복해서 패턴을 만든다. 인간은 그동안 경험해 본 범위 안에서 판단을 내리는 존재다. 중요한 점은, 변하겠다는 생각만으로는 아무것도 바꿀 수 없다는 점이다. 행동이 변화를 가져온다. 작은 것이라도 변화를 줘보자. 대중교통을 이용한다면 한 정거장 전에 내려 걸어도 보고, 색다른 모임에도 나가 보고, 처음 가는 곳으로 혼자만의 여행도 떠나보고…… 그렇게 조금씩 변화하다 보면, 그대의 미래는 새로운 세상을 만나게 될 것이다.

열역학 제2법칙은, "자연계의 변화는 방향성 있게 변한다. 그 방향은 되돌릴 수 없다."는 법칙이다. 우주의 변화에 따라 변화하지 않으면 자동 소멸된다는 뜻이다. 우주의 모든 것이 변화하고 있기 때문에, 변화하지 않는 사람은 퇴보하는 것이다. 변화에는 위험도 따르고, 용기도 필요하다. 하지만 그대는 잘 알고 있을 것이다, 이대로의 모습으로 인생을 끝내고 싶지 않은 그대, 그대의 단 한 번뿐인 인생을 적극적으로 변화시킬 수 있는 사람은 이 우주에 그대 외에는 없다는 것을. 그대는 그것을 해내고야 말 사람이라는 것을.

15
인생의 고통을
열정으로 대체하며
살았더라면

크고 작은 고통을 겪으며 사는 것이 인생이다. 어떤 때는 몸의 고통, 어떤 때는 마음의 고통, 또 어떤 이는 타고난 신분의 고통 등……
우리 삶에 고통이 없을 수 있을까? 고통이 없는 삶은 행복한 삶일까? 고통을 느낄 수밖에 없는 것이 인생이라면, 고통을 어떻게 바라보고, 어떻게 겪어나가야 할까? 미국식 표현 중에, "삶이 레몬을 준다면, 레모네이드를 만들어라."는 말이 있다. 레몬처럼 그 상태로 먹기 힘든 것을 창의적, 긍정적으로 풀어내, 레모네이드처럼 멋진 결과를 만들어 냈을 때 쓰는 표현이다. 레몬처럼 시고 쓴 인생의 고통도 레모네이드처럼 멋지고도, 맛있게 변화될 수 있을까?

1903년 일본 요코하마에서 태어난 가네코 후미코. 항만 매립장 사무원이었던 아버지가 가난한 농부의 딸인 어머니를 아내로 인정하지 않았다. 그래서 그녀는 그림자처럼 가족에게도, 소학교에서도 존재를 인정받지 못하고 자랐다. 어머니가 다른 남자의 후처로 들어가는 바람에 후미코는 외할아버지에게 남겨졌다. 어머니에게 버림받은 상처가 컸다. 그 후, 친할머니와 고모를 따라 조선에서 7년 동안 살았다. 하녀와 같이 일하면서, 욕설과 매질을 당했다. 학대에 견디다 못해 부용강 절벽에서 떨어져 죽으려다가, 고통을 주는 사람들에게 복수하기로 결심한다.

1919년 조선의 3·1운동을 보고, 일제로부터 온갖 괴롭힘을 당하며 강제로 다 빼앗기는 조선 사람들에게 공감과 동정심을 느꼈다. 자신의 처지와 비슷했기 때문이다. 일본으로 돌아온 후미코는, 자신을 외삼촌과 근친결혼 시키려는 가족으로부터 도망쳐 도쿄로 간다. 그곳에서 신문 판매, 가루비누 장사, 오뎅 장사를 하다가 조선의 독립운동가 청년, 박열의 시 한 편에 반해 그를 만나 사랑하게 되었다. 박열의 동지로서 함께 기관지《흑도》를 펴냈다. '박문자'라는 필명으로, 일제가 조선인을 차별하는 것을 비판하는 글 등을《흑도》에 실었다.

1926년 3월, 일본 황태자 결혼식에서 폭탄을 던지기로 한 이들의 계획이 드러나 붙잡혀 재판을 받았다. 일본 예심판사는 그녀에게 일곱 차례나 사상과 이념을 바꿀 것을 권했다. 후미코는 "나의 의지에 따라 움직였을 때, 생각을 실행할 수만 있다면, 그 행위가 육체의 파멸을 초래하더라도, 그것은 생명의 부정이 아니라 긍정이다."라며 끝내 사형 받기를 원했다. 그러나 무기징역이 선고됐다. 두 사람은 감옥에서 결혼식을 올린 후, 각각 다른 형무소로 보내졌다. 3개월 후, 그녀는 의문의 자살로 23세의 불꽃같은 생을 마감했다.

불행한 과거를 가진 사람들은, 잔인한 삶의 고통을 숨기는 데 에너지를 쓴다. 본능적으로 심리적인 방어 기제가 나온다. 심리학자 도널드 멜처는 "모든 방어 기제는 고통에서부터 도망치는 자기 자신을 위해 하는 거짓말"이라고 설명했다. 즉, 거짓말로 삶의 고통을 숨기려는 것이다. 과거가 현재를 지배하게 하는 것이다. 그런 삶은 성장할 수 없다. 그렇다면 방법은? 과거의 고통을 현재의 열정으로 대체하자. 후미코는 아버지에게 인정을 받지 못했고, 어머니에게도 버림받은 여자 아이로, 이리저리 팽개쳐져 학대 속에 살았다. 그러나 박열이라는 '열정'을 만나, 함께 인생의 불꽃을 태웠다. 일본인이면서도 일제의 부당한 조선 침략과 약탈을 비판했고, 일본 천황제를 반대했으며, 조선인을 사랑하여 감옥에서 결혼한 후 함께 죽기로 한 열정.

'자신의 뜻대로, 생각한 대로 행할 수 있다는 것'에 만족감을 느꼈다. 과거의 고통을 슬퍼하거나 원망하지 않았다. 오히려 그 속에서 자신의 뜻을 찾고, 알게 되고, 실천하는 것에 열정을 바칠 수 있음에 만족했다. 그녀의 말대로, 그것은 '생명의 부정이 아니라 긍정'

이다. 일본인 중 많은 재산, 높은 지위로 귀하게 여김을 받았던 사람들의 이름은 남아 있지 않다. 그러나 '가네코 후미코'라는 이름은 박열과 함께 조선 독립운동의 역사에 길이 빛날 것이기 때문이다.

1931년 경기도 개풍(현 황해북도 개풍군)에서 태어난 소설가 박완서. 6·25 전쟁으로 인한 남북 분단의 아픔을 다룬 작품《나목》을 비롯하여,《그대 아직도 꿈꾸고 있는가》,《그 많던 싱아는 누가 다 먹었을까》등, 많은 베스트셀러 장편소설과 수필집, 동화집을 발표한, 한국 현대문학을 대표하는 작가다. "전쟁의 상처로 작가가 됐다."고 그녀는 말했다. 세 살 때 아버지를 맹장염으로 잃은 그녀에게, 오빠는 아버지였고 우상이었다. 그 하늘같던 오빠가 6·25를 겪으며 고문과 총상으로 죽은 것이다.

그리고 그녀의 나이 25세 때, 어머니가 교통사고로 돌아가셨다. 58세에는 남편이 폐암으로 세상을 먼저 떠났다. 눈물이 채 마르지도 않았건만 3개월 후, 25살 의대 레지던트였던 외아들이 교통사고로 또 그녀 곁을 떠났다. 이런 가혹한 고통을 준 신을 원망하며 몸과 마음을 가눌 길 없었다. 이해인 수녀가 있던 부산의 수도원에 갔다. 그곳에서 만난 19세의 어린 수녀에게서 큰 깨달음을 얻은 후에야 고통에서 벗어날 수 있었다. 동생을 소아암으로 잃은 어린 수녀는, 박완서 작가에게 이렇게 말했다. "자매님! 세상 사람들 누구나 엄청난 일을 겪으면서 살아요. 그 일이 나에게만 일어나지 말라는 법은 없지요."

이 진리가, 원망과 슬픔 가운데 너무도 큰 위로와 힘이 되었다. 자신이 예외가 되길 바라는 것은 지나친 교만이었다. 그것을 깨닫고 작품 창작에 몰입하여, 남편의 죽음에 관한 〈여덟 개의 모자로 남은 당신〉, 아들의 죽음에 대한 단편소설, 〈나의 가장 나종 지니인 것〉을 썼다. 인생의 고통을 예술로 승화시킨 것이다.

부와 모, 형제, 남편과 아들까지 모두 앞서 하늘나라로 보낸 삶의 슬픔과 고통을 어떻게 상상이나 할 수 있을까. 그런 작가에게 '고통은 세상 사람 누구나 겪는 것이다.'라고 위로의 말을 한 19세 수녀는, 또 얼마나 큰 고통을 이겨냈던 것일까? 동생을 소아암으로 잃고, 어린 나이에 수도원에 들어온 수녀. 박완서 작가는 그녀를 보며, '나와 같은 고통을 겪어 나의 아픔에 공감하는구나. 죽은 아들보다 어린데도, 그 고통을 잘 견뎌냈구나.' 생각했다. 그래서 다시 일어날 수 있었다. 이것이 고통의 힘이다. 고통은 나와 다른 사람을 이해하고 공감할 수 있게 해준다.

지구의 모든 생명체를 위해, 비 오는 날이 꼭 필요하다. 햇빛 쨍쨍한 맑은 날만 계속된다면, 강물이 말라붙고 가뭄과 기근이 닥치지 않겠는가. 마찬가지로, 고통이 없고 햇빛 쨍쨍하기만 한 삶이 있다면, 몸은 어른이 되어도 마음은 자라지 않는 기형이 될 것이다. 비 오는 날과 같은 고통을 통해, 비로소 나와 다른 사람을 살펴볼 수 있게 된다. 이해하고 공감하면서 성숙한 영혼이 된다. 중국 속담에, "한 발

물러서면 하늘 전체를 볼 수 있다."라는 말이 있다. 박완서 작가는 고통을 통해서 자신과 가족들, 이웃들의 삶을 살피며 공감했다. 그 고통을 열정으로 대체하여 문학예술로 승화시켰다.

태어날 때 '낭포성 섬유증'이라는 불치병을 가지고 태어난 미국 소녀 클레어 와인랜드. 허파, 간, 창자 등 신체의 여러 기관에 영향을 주는 병이라, 10대부터 산소통을 끌고 생활해야 했다. 호흡 곤란으로 뇌사 상태에 빠진 적도 있었다. 30번이 넘는 수술과, 매일 50개가 넘는 알약을 먹으며 생활했다. 19세에 병이 악화되어, 의사로부터 1년밖에 더 살지 못한다는 말을 듣는다. 이에 슬퍼하거나 두려워하지 않았다. '죽음을 피할 수는 없어도, 인생을 어떻게 가치 있게 살지는 선택할 수 있다.'고 생각했기 때문이다. 병실에서 가족들, 다른 환자들, 병원 의료진들과 긍정적으로 밝고 씩씩하게, 행복하게 지내는 자신의 모습을, 유튜브 방송을 통해 세상에 보여주었다. 병실이라도 현재의 순간에 집중하는 삶은, 죽음이 닥쳐와도 꿈과 희망이 있다는 것을 알려주고 싶었다.

자신과 같은 병을 가진 사람들, 고통 중에 있는 많은 사람들이 자신을 보고 희망과 용기를 얻는 것에서 삶의 의미를 찾았다. 자신과 같은 병을 가진 사람들을 위한 재단을 만들어, 그들을 돕고 함께 극복해 나가도록 최선을 다했다. 강연을 하면서, 병을 통해 깨달은 것들, 죽음을 앞두고 무엇을 배울 수 있었는지를 사람들과 함께 나눴다. 세상에 밝은 웃음과 유머, 희망을 전하고자 했던 그녀는 2018년 폐 이식 수술을 받았다. 그러나 병이 악화되어, 21세에 세상을 떠났다. 그녀는 마지막으로 가족에게 자신이 죽으면 장기를 기증하도록 부탁했다. 그녀의 장기로 여러 명이 새로운 삶을 살 수 있었다.

사람은 고통에 반응하도록 되어 있다. 신음 소리, 눈물, 비명, 말과 행동, 눈빛 등…… 밖으로 표현함으로서 다른 사람의 공감을 받고, 자신도 다른 사람의 고통을 이해하고 공감할 수 있다. 그렇기에 클레어는 죽음 가까이에서 자신에게 얼마 남지 않은 시간을 의미 있게 보내고자 했다. 그녀의 고통은 마지막 불꽃을 태우기 위한 열정으로 변화했다. 자신과 비슷한 고통을 겪고 있는 사람들에게 긍정적인 도움을 주는 것이 그녀의 남은 생에 가장 가치 있는 일이었다. 가치 있는 일을 하고 있다고 느끼는 순간, 얼마나 행복한가!

"중요하게 생각하지 않는 무언가를 위해 열심히 일하는 것은 '스트레스'라 하고, 사랑하는 무언가를 위해 열심히 일하는 것은 '열정'이라 한다." 미국의 베스트셀러 작가, 사이먼 시넥의 말이다. 클레어는 자신이 의미 있다고 생각하는, 사랑하는 일을 할 때만은 병도, 고통도 잊었다. 그냥 한 사람의 자연인이 되었다. 열정은 이렇듯, 마치 미친 것처럼 일을 가장 신나게 하도록 만들고, 그로 인한 행복감을 준다. 병으로 죽을 만큼 고통스러웠지만 잘 견뎌온 클레어, 그리고 지금까지 인생에서 크고 작은 고통을 잘 이겨낸 그대, 충분히 행복해질 권리가 있다. 인생은, 고통을 참아내고 삶에 대한 열정으로 바꾼 사람에게, 참된 가치와 행복이라는 큰 보상을 준다. 클레어에게 준 것처럼 말이다.

　고통과 시련, 아픔이 함께하는 것이 인생이다. 장밋빛에 화창한 날만 계속되는 삶은 환상이다. 고통은 비 오는 날과 같이, 한 발짝 물러나 세상을 보게 한다. 자신과 다른 사람에 대해 알게 하고, 이해하고 공감하게 하고, 사랑하게 한다. 세상을 살며 앞으로도 여러 가지 일로 고통 중에 있을 이들에게, 이 말을 해주고 싶다. "홀로 겪는 고통이 아니다. 그대와 같이 큰 고통을 겪고 있는 많은 사람들이 있으니, 외로워 말자. 그대는 결코 혼자가 아니다." 내면의 고통을 밖으로 표현하고, 가치 있다고 생각하는 일에 열정을 쏟는다면, 의미 있는 변화를 가져오고 풍요로운 삶을 일구어 갈 수 있다. 인생의 고통을 열정으로 대체하며 살았더라면…….

16
내가 절실히 원하는 것을 말하고 행동하며 살았더라면

성공한 인생이란 어떤 것일까? 업적, 부, 명예, 사람을 얻는 것이 성공한 인생일까? 그것들을 다 얻었더라도 마음이 지옥 같다면? 절실히 원하는 것이 무엇인지 자신에게 물어보고, 하겠다고 마음먹는 것, '작심!' 그것을 말로 표현하고, 글로 쓰고, 행동으로 옮겨보자. 인생은 자신이 생각하는 대로, 말하는 대로, 믿는 대로 행동하게 되고, 결국 그렇게 실현된다. 우리 잠재의식 속 자아는 들은 그대로를 믿는다. 맞는지 틀리는지 상관하지 않는다. 절실히 원하는 것을 찾고, 자아에게 반복적으로 계속 말해 주면, 믿음이 자신을 움직인다. 또한 천조자조(天助自助), 하늘도 스스로 돕는 자를 돕게 만들어, 원했던 것 그 이상의 현실을 마주하게 될 것이다.

D씨는 평소에는 뭐든지 잘하는 능력자다. 공부도, 업무도, 운동도, 악기도, 게임까지도 잘한다. 그런데 문제는, 절실히 원하는 것이 있을 때마다 긴장해서 실수를 하곤 한다. 불안해서 기를 못 펴고 주눅 들어, 원하는 기회를 놓치는 경우가 많다. 직장에서도 일을 잘해, 승진 대상자 중 한 명이다. 그런데 긴장해서 스트레스성 불면증, 신경성 위염에 걸려 결근이 잦았다. 이번에도 승진 기회를 놓쳤다. 이런 일들이 해마다 반복되었다.

학창 시절, 같은 동아리에 좋아하는 여학생이 있었다. 그 여학생도 D씨에게 호감을 가지고 있었다. 서로 잘 지내긴 했지만, D씨는 거절당할지도 모른다는 두려움 때문에 여학생에게 사귀자는 말을 하지 못했다. 그러는 사이 다른 남학생이 적극적으로 그 여학생에게 다가와, 그 둘은 연인이 되었다. D씨는 '닭 쫓던 개, 지붕 쳐다보는 격'이 됐다. 그때도 마음이 너무 아팠다.

어린 시절, 하고 싶었던 일을 해본 경험이 없거나 적은 사람, 혹은 목표했던 일을 최선을 다 했음에도 큰 좌절을 경험한 사람은 잠재의식 속에서, 스스로를 '원하는 것을 갖지 못하는 사람'이라고 낮추어 본다. 절실히 원하는 것이 있을 때마다, 내면의 목소리가 스스로에게 "너는 그런 것을 가질 자격이 없어. 너의 노력과 열정은 어떻게 해도 부족하니, 이번에도 잘 안 될 거야. 너는 운이 없는 사람이야."라고 말한다. 이렇게 자신으로부터 부정적인 말을 듣게 되면, 자신을 낮게 평가하고 자신을 사랑하지 못하게 된다. D씨처럼 미래에 대한 두려움 때문에 몸과 마음이 긴장되고, 원하는 것을 갖지 못할까 봐 불안해진다. 잠재의식은 맞든 틀리든 상관없이, 들리는 대로 믿기 때문이다. 이렇게 연애, 직장 생활뿐 아니라, 삶의 여러 가지 면에서 반복적으로 계속 문제를 겪을 수 있다.

걱정하지 말자. 자아에 대한 평가는 얼마든지 긍정적으로 변화할 수 있다. 미국 UCLA 정신의학과 대니얼 시겔 교수의 연구에 의하면, 우리가 어떤 생각과 감정을 느끼는지에 따라, 뇌는 실시간으로 신경세포의 연결 양식, 즉 '생각의 길'을 바꾼다. 들리는 대로 믿는 우리의 잠재의식을 이용, 자신에게 "너는 사랑받는 존재야. 사랑받을 자격이 충분해." 좋은 얘기를 반복해서 들려주는 것. 자존감을 높이기 위해, 자신의 장단점은 잊고, '존재' 자체를 인정하고 사랑하는 것. 계속되는 긍정적인 대화. 이런 생각의 길로 자주 다니기 시작하면, 이 길은 더 넓어진다. 동시에, 다니지 않는 부정적인 생각의 길은 좁아져 끝내 끊어진다.

자신의 '존재' 자체를 인정, 사랑하고, "너는 사랑받는 존재야. 사랑받을 자격이 충분해." 계속 긍정적으로 말하면, 자아는 긴장과 불안을 떠나, 긍정적으로 변화한다. 변화 후, 이제부터 새로운 일을 하고 싶은가? 사랑하는 사람을 만나고 싶은가? 세상에 자신의 흔적을 남기고 싶은가? 무엇이든, 그대가 절실히 원하는 것을 적극적으로 말하고 행동하며 살자. 자신이 진정 바라고 원하는 것을 참고 희생하는 것은, 생의 마지막 순간에 가슴을 치는 후회를 하게 만든다. 더 이상은 자신을 아프게 하지 말자.

미국의 풍자만화가, 스콧 애덤스는 16년간 은행과 통신회사에서 말단 직원, 기술직 근로자로 일했다. '경련성 발작장애'라는, 목소리가 제대로 나오지 않는 희귀병에 걸려, 3년 동안 말을 정상적으로 하지 못했다. 새끼손가락에 경련이 일어나는 이상 증상도 겪었다. 회사에서 해고당하고, 그나마 연구하던 발명도 실패, 경영했던 레스토랑 두 곳도 실패하는 등 많은 어려움을 겪기도 했다. 그렇지만 칸막이 책상에서 낙서를 하며, "나는 분명 언론매체에 게재되는 시사만화 작가가 될 거야."하고 매일 15번씩 노트에 적었다.

드디어, 신문사들로부터 수많은 거절을 당한 끝에, 〈딜버트〉라는 평범한 회사원이 겪는 직장 내 에피소드를 소재로 한, 시사 풍자만화를 세상에 내놓게 되었다. 얼마 지나지 않아 많은 직장인들의 공감을 얻어 세상에 널리 알려지기 시작했다. 절실히 원하는 것이 적은 대로 이루어진 것이다. 〈딜버트〉에 대한 단체 배급 계약 후부터, "세계 최고의 만화가가 되겠다."로 바꿔, 이전처럼 하루 15번씩 매일 적었다. 30년 동안 매일 그렇게 한 것이다. 그 결과 세계 65개국 2천여 매체에 연재, TV 프로그램으로 제작, 1998년 전미 만화가협회의 '루벤 상'을 받는 등, 세계적인 유명 만화가가 되었다. 절실히 원하는 것을 글로 적고 행동했고, 결국 이루어 냈다.

한 스승이 제자에게 말했다. "숲속에 늑대가 두 마리 있다. 하얀 한 마리는 평온, 겸손, 감사, 진실로 가득 찬 늑대. 나머지 검은 한 마리는 슬픔, 질투, 욕심, 거짓말로 가득 찬 늑대다. 이 둘이 항상 싸웠다."고 하자, 제자가 물었다. "두 마리가 싸우면, 어떤 늑대가 이기나요?" 그러자 스승의 대답, "네가 먹이를 주는 쪽!" 이 얘기는, 케로키 인디언들의 두 마리 늑대 이야기다. 미국의 사회학자, 로버트 머튼은《사회 이론과 사회 구조》라는 그의 저서에서, 미래에 관한 기대가 현실로 이루어지는 경향, 즉 알고 있는 예언대로 자신도 모르게 행동하게 되고, 그렇게 실현되는 것을 '자기 충족적 예언'이라 불렀다. 스콧 애덤스는, 자신이 간절히 원하는 것을 기록하는 자기 강화 행동을 통해, 스스로에게 예언을 한 것이다. 그것을 매일 생생하고 일관성 있게 행동으로 옮김으로써 그것이 일상이 되는 경험을 했다. 그 결과, 어느덧 목표지점에 도착했다.

꿈을 이룬다는 것은, 머릿속의 관념으로만 존재하던 꿈이 현실 속에 나타나는 과정이라 할 수 있다. 그대가 절실히 원하는 꿈을 말이나 글로 표현하고, 그 꿈을 반드시 성취할 수 있다는 강한 믿음을 가지고 행동하라. 그러면 어느덧 그 목표 지점에 성큼 다가서게 될 것이다.

올해 60세인 L씨가 바이올린을 손에 다시 잡기 시작한 것은 1년 전, 친구의 딸 G양의 결혼식에 다녀온 날부터다. L씨는 마치 자신의 친딸이 결혼하는 것처럼 감회가 남달랐다. 친구를 통해서, G양이 성장하는 것을 봐왔기 때문이다. 그런데 그날 그녀의 마음을 움직인 사람은 정말 뜻밖의 인물이었다. 바로 결혼 축하 연주로 바이올린을 연주한 G양의 친구였다. 단아한 모습으로 친구를 위해 최선을 다해 열정적으로 바이올린을 연주하는 그녀의 모습. 문득, 음대 입학을 위해 밤새 구슬땀을 흘리며 바이올린을 연주하던 고등학교 시절의 추억이 떠올랐다. 그 당시, 아버지의 사업이 갑자기 어려워지면서 집에 빚쟁이들이 수시로 찾아왔다. 날마다 빚 독촉에 시달리던 상황에서, L씨는 음대 진학과 '세계적인 바이올리니스트'의 꿈을 접어야 했다.

L씨는 40대 초반, 교통사고로 남편을 잃고, 20년간 3남매를 홀로 키워왔다. 아이들과 살아가기 위해 돈을 벌어야만 했고, 항상 뭔가 열심히 일을 해야 한다는 강박관념 속에서 살아왔다. 그런 그녀에게는 '바이올리니스트'의 꿈이나 취미 생활은, 생각하는 것 자체가 사치였다. 그런데 그날 친구의 결혼을 축하해 주기 위해 열정을 다해 바이올린을 연주하는 G양의 친구가 왜 그렇게 아름답게 보이던지…….

'늦었지만 이제라도 정말로 좋아하고 원했던 것을 찾았다! 세계적인 바이올리니스트는 못 되더라도, G양의 친구처럼 사랑하는 사람을 위해 멋진 연주를 하고야 말리라.' 결심했다. 그날로 바이올린 학원에 등록하고, 40여 년 만에 바이올린을 다시 잡았다. 이제 새로운 꿈이 생겼다. 딸 결혼식에 결혼 축하 연주를 해주는 멋진 신부의 엄마! L씨는 어린 시절 '세계적인 바이올리니스트'의 꿈보다, 지금의 꿈이 더욱 가슴 벅차오름을 느꼈다.

그대에게는 '죽더라도 이것만은 꼭 해보고 죽어야 하는 일'이 있는가? '절실하게 원하는 일' 말이다. 못 해보고 죽는다면, 죽어서도 한이 될 것 같은 일! 그것이 L씨에게는 못 이룬 꿈, '바이올리니스트'였다. 어린 시절에 스스로의 선택으로 그만둔 것이 아닌, 가정 형편 때문에 좌절된 꿈. 날개를 못 펴보고 접혀진 꿈.

그런 그녀가 60년 동안 여러 시련과 역경을 겪은 후 인생을 돌아보니, 성공이란 돈이나 명예를 많이 가진 삶이 아니라, 자신이 원하는 대로 사는 삶이었던 것이다. 무엇보다도 스스로가 만족스럽고 행복해야 하지 않겠는가? 아무리 '세계적인 바이올리니스트'가 되어 부와 명예를 얻고, 성공한 인생이라고 세상이 인정해도, 자신이 원하는 시간과 장소에서 자신이 사랑하는 사람들을 위해 연주하지 못하고, 마음이 혼란스럽고 힘들게 느껴진다면, 과연 성공한 인생이라 할 수 있을까? 반면, 비록 취미로 바이올린을 연주하는 아마추어 연주자라도, 자신이 사랑하는 사람들을 위해 연주하면서 만족감과 행복을 느끼며 산다면, 그것 또한 성공한 인생이지 않을까?

심리학자들의 연구에 의하면, 취미가 있는 사람들은 자신감과 어떤 일을 이루겠다는 의욕이 높고, 도전과 변화를 좋아한다고 한다. 이들은 여러 가지 경로를 통해 행복을 발견하고 누릴 수 있다. 이를 '행복의 포트폴리오 효과'라고 한다. 반면, 취미 없이 일에만 의지할 경우, 일이 잘 풀리지 않으면 행복을 찾을 곳이 없게 된다. 그렇기 때문에, 취미가 있는 사람은 자신이 행복함은 물론이고, 다른 사람까지 행복하게 해준다. 위의 결혼식 축하 연주 사례처럼, 절실히 원했던 꿈을 다시 찾은 L씨의 바이올린 연주는, 신부인 딸과 하객 모두에게 행복과 감동을 선사해 줄 것이다.

절실하게 원하는 것이 있지만, 긴장과 불안 때문에 반복해서 문제를 겪고 있는가? 방법은, 잠재의식 속의 자아를 긍정적으로 변화시키는 것이다. 즉, 자신의 존재 자체를 인정하고 사랑해 주자. "사랑받는 존재, 충분한 능력과 자격"이 있음을 말해 주자. 잠재의식은 들리는 그대로를 믿는다. 절실히 원하는 것을 찾아서, 긍정적으로 변화된 자신에게 말을 하거나 글로 적어서 믿게 하자. 인생은 '자기 충족적 예언'에 따라, 생각하는 대로, 말하는 대로, 믿는 대로 행동하게 된다. 생각하고 말한 것이 일상으로 실현되어 간다. 성공한 인생은, 다른 사람이 평가하는 것이 아니라, 자신이 절실히 원하는 것을 찾아 그 길을 걷는 것! 내가 절실히 원하는 것을 말하고 행동하며 살았더라면……

3부

감정을 더 중시하며
살았더라면

17
나에게 도전할
기회를 주는
삶을 살았더라면

"어떤 일이 할 만한 가치가 있다면, 설사 잘 하지 못하더라도 충분히 해볼 만하다." 영국의 작가 G. K. 체스터튼의 말이다. 나에게 가치 있는 길이라면, 설령 목적지에 닿지 못하더라도 도전할 만한 것이다. 우리는 항상 고민한다. 안전하게 살 것인가, 아니면 기회를 잡을 것인가? 안전을 선택하면 처음에는 안심할 수 있다. 하지만 '그 위험을 감수했더라면…… 한번 도전해 볼걸……' 하는 고통스러운 후회가 오래도록 남을 수 있다. 풍요로운 삶으로 가는 발판이 될 수 있는 기회를 잡지 못한 데서 오는 아쉬움 때문이다.

직장 동료인 P씨는 오래 전부터 소설가를 꿈꿨다. 또한 소설을 쓰겠다고 마음먹은 지 몇 년이 지났지만, 아직 이렇다 할 글을 쓰지 못했다. 늘 산적한 업무에 치여 도저히 신춘문예에 도전할 여력이 없다는 것이다. 그러나 본마음은? 평가나 심사를 받고 싶지도 않고, 보잘것없는 작품을 써내서 낙선의 쓴잔을 마시고 싶지도 않았을 것이다. 숫제 도전조차 하지 않음으로써, '시간, 환경만 뒷받침된다면 충분히 할 수 있는 사람이다.'라는 가능성만은 남겨놓고 싶었을 것이다.

노력하지 않는 자신을 정당화하기 위해 핑계를 대고 있지는 않은가? 어떤 공포가 이면에 도사리고 있는 것은 아닌가? 아무것도 하지 않는 것이, 실패로 마음을 다치는 것보다는 낫다고 생각할 수도 있다. 저조한 성과에 대한 평가가 싫어, 일을 관두기도 한다. 거절당해 상처받을까 두려워, 인간관계를 처음부터 회피하거나 일방적으로 끝내 버리기도 한다. 가능성 있는 성공에 대한 도전을, 실패에 대한 두려움으로 인해 놓치고 있는 것인지도 모른다.

만약 P씨가 자신에게 도전할 기회를 주었다면 어땠을까? 신춘문예에 도전했다가 떨어졌다면? 뭐 어떤가, 그 실패를 발판 삼아 더 발전하거나, 새로운 방향을 찾으면 된다. 도전 자체가 중요한 것이다. 도전하지 않으면 앞으로 나아갈 수 없다. 도전을 하지 않는 이유를 스스로 찾는 것은, 삶을 더 꼬이게 만들고 행복을 가로막는다. 후회하는 삶을 초래하는 것이다. 도전조차 하지 않은 것이 실패이기 때문이다.

한편, 다른 예를 보자. M씨는 당뇨병 가족력을 가지고 있다. 아버지는 당뇨병 급성 합병증인 당뇨병성 케톤산증으로 돌아가셨다. 오빠는 당뇨 망막병증으로 시력을 잃고 앞을 볼 수 없게 되었다. 여동생 역시 당뇨병 합병증인 신기능 장애, 신부전증으로 혈액 투석을 받고 있다. 당뇨병, 그리고 그 합병증과 함께 살아가는 것은 정신적, 육체적으로 너무 힘든 일이다.

어느 날, 제약 관련 일을 하는 선배가 보내온, 국제 라이온스클럽 발간 잡지에서 M씨는 "전 세계에 10초당 두 명이 당뇨병에 걸리고 있다. 또한, 10초당 한 명이 당뇨병과 관련된 원인으로 사망하고 있다. 현재 5억 2,900만 명 정도인 전 세계 당뇨병 환자가, 2050년에는 13억 명까지 늘어날 수 있다."는 기사를 읽는다. M씨는 돌아가신 아버지, 그리고 현재도 장애를 가지고 살아가는 자신의 가족과 같이, 당뇨병 합병증으로 고통 받는 사람들이 계속 늘어나고 있다는 사실이 뇌리에서 떠나지 않았다. 가만히 있을 수만은 없었다. 이들을 위해, 당뇨병 예방에 조금이라도 기여할 수 있는 책을 출간하기로 결심한다. 3년 뒤 그 도전은 이루어졌고, 출간 후 전국에서 요청이 쇄도하는 강연자가 되었다.

인생에는 어떤 흐름이 존재한다. 선배가 보내준 잡지, 관련 기사, 출간한 책, 독자와 강연. 기회라는 흐름은 다른 도전을 불러온다. 3년 전만 해도 그녀는 강연자가 될 것이라고는 꿈도 꾸지 못했다. 인생의 많은 기쁨은 도전에 있다. 도전 안에는 희망이 있고, 희망은 우리의 삶을 풍요롭게 한다. 위의 두 가지 사례에서, P씨는 여러 가지 핑계로 소설 집필에 도전하지 않았고, M씨는 기회를 만들고 도전했다. 그 결과 두 사람의 인생이 많이 달라진 것을 볼 수 있었다. 도전할 만한 가치가 있는 일이라면, 설사 잘 하지 못하더라도, 도전하지 않는 것이 큰 손실인 셈이다. 어떤가? 여전히 도전하지 않는 쪽을 선택하겠는가?

24년 동안 영국 왕립 해병대 소속이었던 리 스펜서는 고속도로에서 자동차 사고를 당한 사람들을 돕고 있었다. 그런데 달려오던 다른 차가 그가 돕고 있던 사고차와 충돌하는 끔찍한 사고로, 엔진 파편에 맞아 왼쪽 무릎은 탈골, 오른쪽 무릎 아래 부분은 절단되었다. 절망 가운데서도 살기로 결심하고, '1년 안에 마라톤을 뛰겠노라.' 는 자신과의 약속에 도전했다. 의사들은 왼쪽 다리가 심하게 훼손되어 불가능할 거라 했지만, 그는 결국 첫 번째 자선 행사 마라톤에 도전, 1만 파운드(약 1,600만 원)를 모금했고, 런던에서 1마일(약 1.6 킬로미터) 걷기에 도전, 이후 신체 일부가 절단된 전역 군인 세 명과 함께 배로 대서양 횡단에 도전, 이어서 홀로 배를 타고 대서양 횡단에 도전! 모두 성공했다.

성공은 도전에서 시작한다. 도전의 기회가 찾아오면 운명으로 즐겁게 받아들이자. 도전할 기회가 그대의 문을 두드리지 않는다면, 문을 만들어서라도 두드리게 하자. 그 일에 재능이 있는지 없는지는 중요하지 않다. 재능이 없어도, 잘 하지 못해도, 즐기면 된다. 타인의 시선이나 뒷이야기 대신, "한번 해볼까?" 하는 마음의 소리에 예민하면 된다. 신은 감당 못할 도전을, 우리에게 주진 않는다.

미국 버지니아대학교 다든경영대학원 사라스 사라스바티 교수는, '기업가와 전문가의 성향에 관한 연구'에서, 기업가는 계획(예측)보다 실험(한번 해보기)을 좋아하는 성향임을 알게 되었다. 비즈니스 잡지 '잉크' 선정 500대 기업 최고경영자(CEO)들을 대상으로 한 조사에 의하면, 이들 중 60%는 계획서조차 써보지 않고 사업을 시작했다고 한다. 금융 소프트웨어 전문기업 인튜이트의 설립자 스콧 쿡은 강연에서, "최고의 아이디어는, 3P(정치politics, 설득persuasion, 파워포인트powerpoint)가 아니라 실험(한번 해보기)을 거쳐 결정될 때, 그 자체로 입증된다."고 말했다. "한번 해보자"는 마음의 소리가 그 어떤 요소들보다 강력한 아이디어를 만들어 낸다.

세계적으로 유명한 신문, 〈뉴욕 타임스〉의 2005년 7월 27일자에 독도 광고가 실렸다. 한국 정부나 기관이 아닌, 한 개인이 낸 광고였다. 그들에게 생소한 한국의 작은 섬, 독도 광고를 하겠다고 '뉴욕 타임스'를 찾아가, 신문사를 당황시키고 결국 그들을 설득시켜 독도가 대한민국의 영토임을 세계 만방에 알린 광고주. 그는 바로 한국 홍보 전문가, 서경덕 교수다.

그의 과감하고 창의적인 도전은, 대학생 문화 연합 동아리 '생존 경쟁'을 만들면서부터 시작되었다. '역사에 길이 남을 일을 하겠다.'는 젊은이들의 패기와 상상력으로, 광복 50주년을 맞아 세계에서 가장 큰 국기 만들기에 도전. 그러나 준비된 가로 150m, 세로 120m, 무게 1천 kg의 초대형 천을 펼쳐놓고 행사를 할 만한 곳이 없었다. 이 시도는 실패로 끝났지만, 꼼꼼한 계획의 중요성을 뼈에 새겼다. 졸업 후에는, 2002년 우리나라 월드컵 개최 홍보에 힘을 보태기로 결심한다. 미국의 진 풀이라는 사람의 아이디어에서 힌트를 얻어, 월드컵 경기장 잔디로 재킷 만들기에 도전. 비록 그의 바람대로 대통령이 월드컵 개막식에서 이것을 입게 하는 데는 실패했으나 이 재킷 기사가 국내외에 퍼져, 대한민국의 월드컵 개최 홍보에 한몫 보태게 되었다.

서경덕 교수는 2005년 일본 시마네 현이 다케시마의 날을 만들었다는 소식을 들었다. 그들의 잘못된 주장을 바로잡고, 독도는 대한민국의 영토라는 것을 세계에 확인시키기 위해 누군가가 나서야 한다고 생각했다. 그는 방 안을 온통 독도 광고 시안들로 도배를 했다. 바지가 해질 정도로 책상에 오래 앉아 밤을 새우고, 코피를 쏟기도 했다. 홀로 독도에 떨어진 듯한 외로운 싸움이었다. 드디어 2005년 7월 27일 〈뉴욕 타임스〉지에 독도 광고가 실렸다. 국내와 해외 교민들로부터 "수고했다. 이런 광고를 다시 제작하게 되면 도움을 주고 싶다."는 뜨거운 반응을 일으켰다. BBC 등의 해외 언론들도 독도에 대해 관심을 보이기 시작했다. 광고 후, 그의 전자 메일은 일본 단체들로부터 무시무시한 욕설과 위협의 폭탄 세례를 맞기도 했다. 그러나 거짓 앞에서 물러설 수는 없었다. 이후 그는 워싱턴 포스트, 월스트리트 저널에 독도와 동해 광고, 세계인들로 가장 많이 붐비는 '세계의 광고판', 뉴욕의 타임스 스퀘어와 영국 런던의 피카딜리 서커스 등에도 영상 광고를 올렸다. 지금도 세계에 독도, 동해, 아리랑 등 대한민국 홍보와 일본군 '위안부' 등 일본의 역사왜곡을 알리기 위한 그의 새로운 도전은 진행 중이다.

도전하지 않았다면, 기회조차 없었을 것이다. 그는 세계에 대한민국, 독도를 알릴 기회를 만들었고, 용기 있는 도전은 의미 있는 결과를 도출해 냈다. 그 시작은 외로이 혼자였지만, 끝내 많은 사람들과 함께 하는 일이 되었다. 미약하지만 강력한 의지가 바이러스처럼 선한 영향력을 가지고 세상에 퍼져 나갔다.

서경덕 교수처럼, '무엇이든 진심을 다해 노력하면, 언젠가는 반드시 인정을 받게 된다.'고 생각한다면, 어떤 일이든 자유롭게 도전하고 위험도 기꺼이 감수할 수 있을 것이다. 모든 도전이 성공으로 이어진다면 좋겠지만, 현실은 그렇지 않을 수도 있다. 그래서 많은 사람들이 실패할 바에는 아예 손대지 않는 게 낫다고 생각한다. 어떤 스트레스, 부담도 없는 무풍지대를 꿈꾸며, 안전한 느낌 속에 머무르려 한다. 그 결과, 인생에서 갖가지 도전 기회를 놓치고 살아간다. 그런데 그대는 알지 않는가, 성공보다는 실패에서 더 많은 것을 배운다는 진리를. 독일의 대문호 괴테는, "생각하는 것은 쉬운 일이다. 행동하는 것은 어려운 일이다. 생각한 대로 행동하는 것은 더욱 어려운 일이다."라고 했다. 인생이란 어렵고 고단하기에, 더욱 도전해 볼 만한 가치가 있는 것이 아닐까?

이탈리아 토리노 박물관의 '기회의 신, 카이로스' 조각상의 모습은, 앞에서 보면 근육질 몸매에 머리숱도 풍성한데, 뒤에서 보면 머리카락 하나 없는 완벽한 대머리다. 카이로스는 왜 이런 괴상한 모습을 하고 있을까? 그 대답은, 그리스에 있는 석상에 이렇게 적혀 있다. "내 앞머리가 무성한 이유는 사람들이 나를 쉽게 붙잡을 수 있게, 뒷머리가 대머리인 이유는 내가 지나가면 다시 붙잡지 못하게, 어깨와 발뒤꿈치에 날개가 있는 이유는 내가 최대한 빨리 사라지기 위함이다. 내 이름은 카이로스, 바로 기회다."

도전은 없는 기회를 만들어 내곤 한다. 이 세상 최고의 선물은, 스스로에게 기회를 주는 삶이다. 실패할 때 하더라도 한번 해보자고 마음먹으면, 용기가 생긴다. 설령 성공하지 못한다 해도 실패한 것은 아니다. '도전했다.'는 것만으로도 성공한 것이다. 도전조차 하지 않은 것이 실패다. 자신에게 도전할 기회를 주자. "한번 해볼걸!" 하는 후회는 결코 만들지 말자.

18
돈, 유비무환을
좀 더 진지하게
생각했더라면

젊은 시절에는 돈이나 노력, 시간을 효과적으로 활용하려는 생각을 하기 힘들다. 돈을 크게 쓸 일도 거의 없고, 일자리는 상대적으로 많기 때문이다. 그렇기 때문에 돈에 대한 절박함이 없다. 대학 생활, 직장 생활 등 돈보다 일 자체에 몰입하다 보면, 돈이라는 것에 대해 생각할 기회도 적다. 돈을 알뜰하게 절약하는 것이 아니니, 항상 돈이 모자란다. 그렇다고 돈에 신경을 쓴다고 써봐도, 관련지식이 부족하니 크게 나아지는 것도 없다. 젊은 시절은, '돈은 어차피 돌고 돈다. 돈이 있으면 쓰고, 쓰고 나서 없으면 안 쓰면 그만이다.'는 생각으로 살게 된다.

그런데 문제는, 젊음이 언제까지나 지속되는 것은 아니라는 데 있다. 세월이 흐르면 천하 없는 누구라도 늙고 병든다. 그제야 돌이켜 보게 된다. '젊은 시절, 돈에 대해 진지하게 생각했는가? 그리고 미래를 준비했는가?'

T씨는 결혼 전, 여느 아가씨들처럼 돈에 대한 개념이 없었다. 친구들과 함께 카페에서 맛있는 거 먹으며 수다 떨기, 쇼핑, 영화 감상 등으로 시간을 보냈다. 그런데 결혼을 하고 아이를 낳고부터는, 일일이 가계부를 적으면서 십 원 단위까지 챙기게 되었다. '아직 결혼을 하지 않은 친구들은 예전처럼 즐겁게 사는데, 나는 뭔가? 친구를 만나, 차 한 잔 마음 편하게 마실 여유가 없네.' 자신의 처지를 생각하니, 마음이 답답하고 서글펐다. 사랑하는 남편, 아이를 돌보는 것도 좋다. 그렇지만 예전처럼 자신이 살아 있음을 생생하게 느낄 수 없었고, 즐거운 감정도 들지 않았다.

게다가 아기 분유까지 떨어져 간다. 할인 쿠폰이 있어, 아기가 자는 동안 동네 대형마트에 갔다. 분유 값을 치르려고 계산원에게, 마트 앱에서 다운 받은 3천 원짜리 할인 쿠폰과 2천 원짜리 휴대폰 통신사 회원 할인 쿠폰을 보여주었다. 그러자 계산원이 "혹시 맘키즈 가입하셨나요?" 물어본다. "네? 그게 뭐죠?" 되묻자, 아기용품이나 분유, 간식 살 때 50%까지 할인이 된다고 알려준다. T씨는 계산원에게 "알려줘서 감사합니다."고 말한 후, 당장 휴대폰을 꺼내,

마트 앱에서 맘키즈 회원 가입을 했다. "10% 할인되는 신용 카드로 계산하셔서 6천 원이 추가 할인 됩니다. 그리고 맘키즈 회원 분유용 30% 할인 쿠폰도 같이 써 드릴게요." 계산원의 말이다. 이렇게 약 3만 원 할인을 받고 집으로 오는 길이 너무도 짜릿하고 흐뭇했다. '쇼핑을 하기나 극장에서 영화 보기, 카페에서 차 마시기는 옛날에 다 쓴 쿠폰이라 생각하자. 이제 또 어떤 새로운 쿠폰이 나를 행복하게 할까?' T씨는 내일이 벌써 기대가 된다.

'월스트리트의 살아 있는 전설'로 불리는 투자의 대가, 그리고 종교계의 노벨상, '템플턴상'을 만든 존 템플턴 경은, "감사하는 마음을 가지면 부가 오고, 불평하는 마음을 가지면 가난이 온다. 감사하는 마음은 행복으로 가는 문을 열어준다. 감사하는 마음은 우리를 신과 함께 있도록 해준다. 모든 일에 감사하면 근심도 풀린다."고 말했다. 그는 돈에 항상 감사한 마음을 가졌다. 어느 부자는 수표로 계산할 때마다, 수표에 "감사합니다."라고 써서 준다고 한다.

생활의 기초가 되는 의식주는, 자본주의 사회에서 모두 돈과 연결되어 있다. 돈을 쓸 때마다, 잘 쓸 수 있도록 건강과 환경을 허락한 신에게 감사하는 마음으로 살아가자. 이때, 돈도 그대를 찾아온다. 반대로, 돈에 대해 '있어도 그만, 없어도 그만.' 하찮게 생각하거나 부정적인 감정을 가지면, 돈도 그런 사람에게는 찾아오지 않고, 오히려 멀리한다. T씨의 할인 쿠폰은 돈이다. 적은 돈에도 감사한 마음을 가진 어린 새댁. 가계부도 적고, 십 원 단위까지 신경 쓰고, 할인 카드에 할인 쿠폰들도 살뜰히 챙기는 생활. 그녀에겐 당연히 행복이 찾아왔다. 행복은 금액의 크고 작음에 있지 않다. '감사'에 있다. T씨의 내일이 벌써 기대되는 이유다.

S씨는 출산 후 아기를 돌봐 줄 사람이 없어, 10년 동안 다니던 직장을 그만두고 전업주부가 되었다. 오랫동안 쉬지 않고 직장을 다니느라 지쳤고, 매너리즘에 빠졌었다. 아기를 키우면서, 동네 아줌마들과 수다, 그동안 못 본 TV 시청, 집안 살림을 하며 하루를 보냈다. 그러기에도 하루가 너무 짧았다. 그렇게 4년이라는 세월이 훌쩍 지나갔다. 네 살배기 아이는 어린이집에 맡기고, 새 직장에 취업했다. 이전처럼 '직장, 집, TV 시청, 취침'의 다람쥐 쳇바퀴 같은 일상을 반복했다.

세월이 흘러, 아이는 20대 청년이 되어 결혼을 앞두고 있다. S씨는 통장 잔고를 보면서, 자신의 지나온 과거를 후회했다. 장래에 대해 진지하게 생각하지 않았고, 저축에도 그다지 신경을 쓰지도 않았다. 하루하루를 성실히 살았지만 아직도 전세살이에, 통장 잔고도 크게 늘지 않았다. 나이 들어서도 일하면 되니까, 특별히 노후 준비를 따로 할 필요가 없다고 생각했었다. 그런데 하나밖에 없는 자식이 결혼을 앞두고 신혼집을 구하지 못해 힘들어한다. 그것을 지켜보자니, 가슴 깊은 후회가 밀려왔다. 부모로서 아무 도움을 주지 못하니, 마음이 미어진다. 젊은 시절, 남들 다 하는 재테크를 왜 하지 않았는지…….

"화폐란, 주조된 자유다." 이 말은 도스토옙스키의 소설,《카라마조프가의 형제들》에서 이반 카라마조프의 대사다. "돈은 쇠로 만든 자유", 돈의 본질을 한마디로 꿰뚫는 표현이라, 감탄하지 않을 수 없다. 하고 싶은 것을 할 수 있게 도와주는 돈의 힘. 돈이 없어서 불만족스러운 상황에서 벗어나지 못하고, 싫어하는 사람과 죽도록 일해야 되며, 무거운 삶의 굴레에 짓눌려 지낼 수밖에 없는 경우가 있다. 만약 그런 생활에서 해방된다면, 자유를 얻을 수 있다면…… 그 기쁨을 무엇과 비교할 수 있을까!

S씨의 경우처럼, 돈 문제는 심각한 아픔을 즉시 일으키진 않는다. 건강이나 교육 문제와 같이, 얄궂게도 서서히 힘을 모아서 마치 태풍처럼 천천히, 그러다 한순간에 급히 몰아친다. 정신을 차려보면 이미 수습할 수 없는 지경에 와 있다. 진지하게 생각하고, 미리 대비를 해야 했는데…… 앞을 내다보지 못한 선택을 한 것이다. 개미의 선택은, 처음엔 힘이 드는 희생을 해야 하지만, 나중엔 보상이 있다. 베짱이의 선택은, 처음엔 힘들여 수고하고 애쓸 필요 없지만, 나중엔 그 대가를 달라고 조른다. S씨처럼 수다 떨기, TV, 직장 일이나 집안 살림만 하면서 하루를 보낼 것이 아니다. 장래의 자유를 위해 '돈', 유비무환을 진지하게 생각했더라면…….

《나는 마트 대신 부동산에 간다》라는 책의 저자, 김유라 작가는,

은행에 다니다 결혼을 했다. 직장을 그만두고 전업주부가 되었다. 아들 셋을 둔 아기 엄마였던 젊은 시절, TV 드라마에 빠져 지내며, 경제에는 아무 관심이 없었다. 어느 날, 전에 다니던 은행 동료의 말만 듣고, 가진 돈을 탈탈 털어 펀드에 투자했다. 돈을 많이 벌 수 있다는 말에, 아무 기초 지식 없이 무턱대고 덤벼든 일이다. 그런데 IMF를 지나면서 반 토막이 났다. 남편의 수입도 넉넉하지 못한데 아이는 셋, 더 이상의 소득이 없는 상황. 가지고 있던 돈마저 반을 날리고, 설상가상 집주인이 전세 값을 올려달라고 한다. 그 바람에, 여러 번 원치 않게 쫓겨나다시피 이사를 다니면서, '이렇게 살다가는 큰일 나겠다.'는 위기의식을 느꼈다.

도서관에서 재테크와 관련된 책은 모조리 빌려다가 밤새워 읽었다. 책에서 가르쳐 주는 대로 바로 실천에 옮겼다. 우선, 아이 셋을 데리고 가장 쉽게 접근할 수 있는 곳이, 집 앞 부동산이었다. 일부러 아이 셋을 데리고 초라한 차림새로 부동산에 갔다. 중개사 아주머니들이 남의 일 같지 않다며, 친절하게 하나라도 더 잘 알려주었다. 그녀에게 조금이라도 더 좋은 가격을 제시하기도 했다. 성장을 위한 이런 각고의 노력 끝에, 그녀는 6년 만에 아파트 15채를 소유하게 되었다. 현재 부동산 투자자, 책을 쓰는 작가, 방송인, 강사로 제2의 인생을 살고 있다.

위의 S씨와 김 작가의 차이점은, '위기감'이다. '평생 가난하게 살지도 모른다.'는 위기감. S씨는 맞벌이 부부라 자신이 돈을 벌고 있고, 아이도 한 명. 재테크를 해본 적이 없어, 돈을 잃어본 경험도 없었다. 또 좋은 집주인들을 만나, 30년 동안 이사도 세 번밖에 안 했다. 위기감 제로 상태. 반면, 김 작가는 이와 정반대의 상황이다. 위기감 최고조 상태. 그러나 '위기가 곧 기회!' S씨가 시원찮은 직장에 다니면서 만족할 때, 김 작가는 절박한 마음으로 재테크 공부를 시작했다. S씨가 소파에서 TV 드라마에 빠져 있을 때, 김 작가는 아이 셋을 데리고 부동산 현장 조사를 다녔다. 그 결과, S씨는 전세살이를 계속 하고 있고, 결혼을 앞둔 아들을 도와줄 여력이 없다. 반면, 김 작가는 아파트 15채를 가진 재력가가 되었다.

직장 생활만 성실히 하고, 집안 살림만 열심히 하는 것은, 식사로 치면 밥만 준비한 것이다. 기본만 준비한 것이다. 시간, 비용, 노력을 들여, 돈을 버는 재테크 공부를 하는 것은 반찬을 만들려고 재료를 손질하는 것과 같다. 공부한 것을 실천하는 것은, 손질한 재료로 반찬을 만들어 식사 준비를 끝마친 것과 같다. 처음 만든 반찬은 간도 안 맞고, 실패할 수도 있다. 그래도 실패를 교훈 삼아 꾸준히 계속 노력하다 보면, 결국 맛있는 반찬을 만들게 된다. 김 작가처럼 위기감을 가지고 밤새워 재테크 공부를 하고, 배운 대로 꾸준히 계속 실천하여, 맛있는 인생을 위한 훌륭한 밥상을 만들어 보자.

자본주의 사회에서 의식주를 해결하기 위해 필요한 돈. 또한 장래의 자유를 위해 필요한 돈. 주조된 자유! 돈을 쓸 때마다, 잘 쓸 수 있도록 건강과 환경을 허락한 신에게 감사하는 마음으로 살자. 이때, 돈과 행복이 그대를 찾아온다. 돈을 벌고 싶은 사람에게는 늦었다고 생각할 때가 가장 빠른 때다. 수다 떨기, TV 시청, 직장 일이나 집안 살림만 하면서 하루를 보낼 때가 아니다. 절실함과 위기감을 가지고, 재테크 공부를 하고, 공부한 것은 실천하자. 그대가 원할 때 언제든 돈을 만들 수 있다는 믿음을 갖게 되어, 돈에 대한 두려움이 떠나갈 것이다. 이것이 후회 없는 미래를 준비하는 길이다. 돈, 유비무환을 좀 더 진지하게 생각했더라면……

19
두려움, 그것이 아무것도
아니라는 것을
알고 살았더라면

'아직은 자신이 없다. 나중에 자신감이 생길 때 하겠다.'라는 말은, 두려움 때문에 포기한다는 현실 회피다. 두려워 포기하고, 앞으로 나아가지 못하고 뒤돌아섰던 일들이 얼마나 많았던가! 인간의 마음속에 본능처럼 도사린 두려움을 이겨낼 수만 있다면……. '무슨 일이든 감당할 수 있다.'고 다짐하고, 한번 해보자. 상황에 부딪쳐 몰입하다 보면, 두려움은 설 자리를 잃는다. 새로운 도전을 하나하나 하다 보면 두려움을 만나더라도, 다른 사람에게 도움도 구하면서 극복하게 된다. 두려움을 이해하고 이용해 보자. 두려움, 그것은 아무것도 아니라는 것을 알고 살았더라면…….

L씨의 22살 아들은 오늘도 풀이 죽은 채, 대학교 등교를 준비 중이다. "왜 그렇게 힘이 없어, 아들?" L씨가 묻자, "그냥 눈 뜨고 일어나면 50살이면 좋겠어요. 걱정 좀 안 하게. 빨리 나이가 들면 좋겠어요."라는 대답을 남기고, 아들은 집을 나섰다. L씨는 아들의 뒷모습을 보며, 30년 전의 본인을 만난다. "50살이 되면 이렇게 불안하고 두렵지는 않겠지? 그때는 진로도, 직장도, 결혼도, 자식도, 집도, 모든 게 어떻게든 결정이 되어 있을 테니까. 그때 어떻게 살고 있어도 받아들일 테니, 지금 50살이면 좋겠어." 이랬던 생각이 나, 웃음이 나왔다. 아들이 지금 똑같은 얘기를 하고 있으니 말이다. 아들 나이 때는 L씨도, 드라마 〈우리들의 천국〉의 "아껴둔 사랑을 위해" 노래 가사처럼, '알 수 없는 미래'가 너무 두려웠었다.

L씨는 아들에게 이렇게 말해 주고 싶다. "걱정하지 않아도 돼. 두려워할 필요 없어. 나를 봐. 이렇게 잘 지내고 있잖니. 걱정하고 두려워한다고 달라지는 게 없더라. 좋은 시간 낭비 말고, 아름다운 청춘을 맘껏 즐기렴." 며칠 전 시어머니로부터 들은 말을 떠올리며, 또 미소 짓는다. "아가, 걱정 좀 그만 해라. 네가 그렇게 걱정한다고 아범이나 손자 녀석이 바뀔 것 같니? 아무 소용 없어. 그냥 놔둬. 놔두고 너나 잘 지내렴. 살아보니, 별의별 걱정 다 하고 산 게 너무 아까워. 그 시간에 차라리 잠이라도 편하게 잘걸……."

'미래의 일은 5초 후나, 30년 후나, 알 수 없다.'는 생각에서 두려움은 비롯된다. 두려움을 느낀다는 것은, 중요한 일이 앞에 있다는 신호다. 두려움을 느낀다면, 그 일을 걱정할 것이 아니라, '무슨 일이 와도 감당할 수 있다.'고 다짐하고, 관심을 갖고 직면할 필요가 있다. 나이 드는 것, 죽는 것이 걱정되는가? 자식이나 배우자의 일이 걱정인가? 어린 시절, 주 양육자와의 관계에서 만들어진 부정적인 생각은 실패, 실망을 미리 경험시킨다. 감정적으로 지치게 한다. 상상한 것과 같은 부정적인 상황을 경험하지 않을 가능성이 훨씬 더 높은데도 말이다. 걱정에게 이렇게 말하자, "아니야, 그만 멈춰. 저리 가. 나는 어떠한 일이 와도 감당할 수 있어."

미국의 변호사이자 시인, 막스 에르만은 그의 〈잠언시〉에서, "어두운 상상으로 너 자신을 고통스럽게 하지는 말라. 두려움은 피로와 외로움 속에서 나온다. 몸을 단련하되, 무엇보다 너 자신을 괴롭히지 말라. 너는 우주의 자식이다."라고 말했다. L씨의 아들처럼, 한 번쯤은 우리 모두 막연한 미래에 대해 고민도 하고, 걱정도 했을 것이다. 시간이 지나 보니, L씨나 L씨의 시어머니가 깨달은 것처럼, 시간 낭비였다. 그 시간을 즐기는 것이 훨씬 현명한 선택이었다. '알 수 없는 일, 본능적인 두려움'에 대하여, 우리 앞에는 두 가지 선택지가 있다. 하나는, 미래에 대한 '걱정'을 만들어, '현재'라는 가장 귀중한 시간에 독 풀기다. 또 다른 하나는, 미래에 무슨 일이 와도 '감당할 수 있다'고 생각하고, 현재에 집중하는 것이다. 자, 그대는 어떤 쪽을 선택할 것인가?

H씨는 강남의 중견기업으로 이직을 했다. 해외 사업 컨설팅 회사다. 이 분야의 경력은 없었지만, 이전 회사에서 탁월한 업무 성과를 냈기 때문에 높은 평가를 받았다. 고액 연봉을 받는 조건이었다. 그런데 회사의 운영 시스템이 공포로 돌아가는 곳이었다. 직원들 대다수가 석사 이상의 고학력자들이라, 대놓고 구타나 욕설이 오가지는 않았지만, 매일 아침 회의 때마다 전날 개개인의 성과에 대한 비교 평가를 했다. 질책과 비난의 공포에서 벗어나기 힘든 시간이었다. 칭찬과 박수를 받기도 하지만, 오히려 박수를 받는 사람은 수치심을 느꼈다.

업무 내용은 물론, 직원들끼리의 사적인 대화, 움직이는 장소 하나하나, 다 감시 감독의 대상이다. 3개월 이상 직원들 급여를 주지 못한 상황에서도, 호텔에서 회식. 그것도 직원 개개인별 지정 좌석에 앉힐 정도로 통제된 환경이다. 특별히 요청을 하지 않는 직원 급여는 뒤로 더 밀리기도 했다. 3개월마다 직원이 바뀌는 이 회사에서 H씨는 직장을 잃을까 봐 두려워 숨 죽이며 버텼다. 먼저 퇴사한 직원들은 H씨를 거기서 탈출시키는 것이 의리라 생각하고 계속 퇴사를 권했다. H씨는 8개월 만에 퇴사했다. 입사 후 5개월이 지났을 때부터 근무 중에 스트레스로 배가 아팠다. 퇴사 후 종합검진을 받은 결과, 위암 판정을 받았다.

H씨처럼 많은 이들이 직장에서 공포와 두려움을 겪는다. 눈에 보이는 증거가 없기 때문에 무섭고 불안한 원인을 잘 알지 못한다. 다

만 삶에 즐거움이 사라지고, 마음이 위축되고, 사람을 믿지 못하게 되며, 정신적 자유가 없어지고, 아무 기대를 하지 않게 된다. 이렇듯이 자신도 모르게 자존감과 인간성을 잃어간다. 생각을 표현하지 않게 되고, 도전적인 일은 피하면서, 하루를 무사히 보낸 것에 만족한다. 감정적으로 바쁘고 피곤하기에 다른 가능성에 눈을 돌릴 여유가 없다. 그러다 어느 순간, 자신이 패배자라는 생각이 불현듯 든다. 결론적으로, 이런 환경에 있다면 "괜찮은 것이 아니다. 이래서는 안 된다."고 서로 도움을 청하거나, 아니면 즉시 탈출해야 한다. H씨의 경우처럼, 끓이고 있는 줄도 모르고 미지근한 비커 속 물에 들어간 개구리처럼, 큰 병에 걸릴 수 있다.

그대가 몸이 아픈 이유도 공포스러운 환경에 오래 있었기 때문일 수 있다. 밖으로 드러나지 않는 무의식적인 고통을 계속 받아온 것이다. 부정적인 감정은, 스트레스 호르몬 코르티솔이 더 많이 나오도록 한다. 그 결과 몸과 마음이 모두 상한다. 더 이상 해를 입지 않고 자신을 지키려면, 두려움이라는 어두운 동굴 밖으로 나올 수 있도록 서로에게 도움을 구하자. 인류에게 있어 협동은 생존의 필수 요소다. 원시 시대, 사냥과 채집을 위해, 공동체에서 협동 생활을 할 수밖에 없었다. 인류는 이렇게 다른 사람들과 도움을 주고받으며 살아남았던 본능이 있다. H씨가 비커에서 탈출할 수 있었던 것은, 동료들의 도움 덕분이다. 정말 다행이다.

캐나다 컨커디어대학교 인간발달연구소, 크리스토퍼 카르도소 교수에 의하면, 두려움과 스트레스를 받은 사람이 다른 사람에게 도움을 요청하면 뇌하수체에서 옥시토신이라는 호르몬이 분비된다. 이 호르몬이 바로 스트레스 호르몬 코르티솔이 나오지 않도록 막아, 두려움과 스트레스를 줄여준다. 또한 미국의 심장전문 의사, 마이어 프리드먼과 레이 로젠먼 공저,《A형 행동과 당신의 심장(*Type A Behavior and Your Heart*)》에, "우울증으로 심한 두려움을 겪을 경우, 자신의 힘으로 상황을 빠져나가려 하기보다 다른 사람에게 도움을 구하게 되면, 혈청 콜레스테롤 수치가 낮아질 가능성이 더 높다."고 했다. 즉, 두려울 때 다른 사람에게 도움을 구하면, 혈액의 흐름이 정상이 되어 콜레스테롤을 낮춰, 건강이 나아진다는 증거다.

프리다이빙 세계 챔피언, 윌리엄 트루브리지는 2016년 7월, 세계에서 가장 깊은 해저 동굴, 바하마 근처 딘스블루홀에서 산소마스크 없이 밧줄 하나에만 의지해 수심 124m를 4분 34초 동안 잠수하는 세계 신기록을 세웠다. 세상에서 가장 위험한 스포츠 가운데 하나인 프리다이빙은 아무 장비 없이 가장 깊고 어두운 물속으로 내려간다. 무호흡으로 숨을 참고, 몸이 엄청난 수압과 공포를 모두 견뎌내야 한다. 자신의 신체적·정신적 한계에 도전하는 것이다.

두려움은 상자 속 촉감 대결과 같다. 상자 속에 무엇이 들어 있는지 모른 채 손을 넣어 만졌을 때, 섬뜩 무섭고 떨린다. 나중에 그 정체를 확인한 후에는, 왜 그렇게 무서워했나 피식 웃게 된다. 두려움, 그것은 아무것도 아닌데 말이다. 프로 미식축구의 결승전, 슈퍼볼에 네 번 참가한 린 스완슨 선수는, 두려움에 대해 다음과 같이 말했다. "두려움을 이해할 수 있다면 두려움을 이용할 수 있습니다. 경기에 나갈 때마다 항상 조금씩은 겁을 먹죠. 실패할까 봐, 팀원들을 실망시킬까 봐, 다칠까 봐 두렵습니다. 저는 더 나은 선수가 되기 위해, 그 두려움을 이용했습니다."

윌리엄 트루브리지 선수 역시, 프리다이빙이라는 극한의 신체적·정신적 한계에 도전하기 위해, 두려움을 이해하고 이용했다. 첫째, 두려움이 마음대로 자신을 움직이지 못하게 하는 방법은, 현재 해야 할 일에 몰입하기! "이 순간이 전부다!"라고 외쳐서 부정적인 생각을 몰아낸다. 둘째, 두려움으로 인한 불안, 긴장을 풀어주는 주문, "막아줘!" 수영을 하지 않고도 저절로 아래로 내려갈 수 있는 지점에서 외친다. 셋째는, 두려움을 무릅쓰고, 최상의 결과를 내기 위해서 정신과 마음뿐 아니라, 무의식과 열정, 추진력을 모두 이용하기 위해서, 다이빙 전에 신체의 각 부분, "몸통, 팔, 다리……" 이름을 불러 집중시킨다. 마지막 넷째로, 손을 모아 움직이면서, 에너지로 가득 찬 빛의 공을 만들어 둔다고 상상하는 것이다. 이 비장의 에너지를 생각하면 자신감이 더욱더 생긴다.

그 후, 물속 100m 아래로 가라앉는 순간, 자신이 바다에 사는 동물이고, 물속이 집이라는 생각을 한다. 두고 온 가족, 했던 말들, 걱정 등, 쉴 새 없이 머릿속을 맴돌던 의식의 생각들은 다 멈춘다. 무의식의 영역으로 들어간다. 온전히 현재만을 느끼는 것이다. 이때 비로소 그는 모든 것으로부터 해방된 정신적 자유를 느낀다. 어려운 일에 도전할 때, 윌리엄 트루브리지처럼 두려움을 이해하고 이용하면, 상상만큼 위험하지 않다. 해낼 수 있고 성취감을 느낄 수 있다. 그동안 상상 속 두려움에 발이 묶여 아무것도 못 했던 것이다. 우리가 두려워하지 않으면, 두려움은 종이호랑이에 불과하다. 아무 영향력을 끼치지 못한다.

두려움은 알 수 없는 미래에서 비롯되고, 피로와 외로움을 좋아한다. 미래의 일은 알 수 없어 두렵지만, 걱정을 한다고 달라지는 것은 아무것도 없다. 쓸데없이 감정을 소모시켜 에너지를 없애고, 시간을 낭비하게 한다. 걱정일랑 저 강물에 던져버리자. 대신, '무슨 일이 와도 감당할 수 있다.'고 마음을 정하고, 현재 해야 할 일에 집중하자. 두려움을 주는 환경 속에 있다면, 서로 도와가며 환경을 바꾸는 데 힘쓰자. 그게 어렵다면, 그 환경에서 탈출하자. 그대는 이 우주에 하나뿐인 소중한 존재다. 절대로 자신을 고통스럽게 놔둬서는 안 된다. 상상 속 두려움으로 자신을 괴롭게 해서도 안 된다. 그것은 종이호랑이일 뿐이다. 두려움, 그것은 아무것도 아니라는 것을 알고 살았더라면…….

20
사람들과 단순히 함께함이 아니라 소통을 잘하며 살았더라면

가족이나 친구, 지인 모임 등, 여러 사람들과 함께 있어도 외로움을 느끼게 되는 경우가 있다. 한 사람이라도 항상 곁에서 마음을 함께 나누고 진심을 소통할 수 있다면, 이 세상 어디에서도 외롭지 않을 텐데……. 현대의 정보 과잉 시대에는 누구나 24시간 내내 온라인으로 연결되어 있다. 그렇더라도 사회 관계망 서비스(SNS) 상에는 친구가 많지만, 진심을 나누는 친구는 많지 않다. 외로움을 느끼지 않도록 마음을 함께 나누기 위해서는 서로 간 소통이 잘돼야 한다. 어떻게 하면, 행복하고 즐거운 소통을 할 수 있을까?

G씨는 중견기업 과장이다. 밤늦게까지 일을 하고 새벽에 집에 오는 경우가 많았다. 업무가 일찍 끝난 어느 날, 오랜만에 일찍 들어와, 저녁 식사 후 가족들과 거실에서 텔레비전을 보게 되었다. 아내는 TV 드라마에 푹 빠져 있다. G씨는 자신의 노트북으로 TV 스포츠 프로그램을 시청한다. 아들은 스마트폰으로 자신이 좋아하는 TV 예능 프로그램을 보고 있다. 가끔씩 거실 텔레비전 드라마에서 재미있는 장면이 나오면 모두 웃음을 터뜨리기는 했지만, 대화는 거의 이루어지지 않았다.

　G씨는 축구 경기를 함께 보면서 경기를 함께 응원하고 팀의 상황을 얘기하거나 승부에 대해 토의를 하고 싶었다. 그러나 다른 가족 구성원들은 관심을 보이지 않았다. 아내는 드라마 속 등장인물과 드라마 내용에 대해 함께 이야기를 나누면서 서로 공감하고 싶었다. 그러나 가족들은 텔레비전에서 흘러나오는 등장인물들의 대화를 들으면서도, 그들의 상황을 이해할 수 없다는 듯 반응하지 않았다. 가족 간 대화가 없어, 함께 있어도 외로움을 느꼈다. 가족들이 한 자리에 모인 좋은 시간이었지만, 각자의 관심사에 몰두했을 뿐, 공통의 관심사를 공유하지 못했고, 소통은 끊어져 있었다. 서로에 대한 무관심으로, 가족들 간 서로 이야기를 나누는 소중한 시간은 보내지 못했다. 함께 있어도 외로웠고, 소통을 하기 어려웠다.

　인간은 '사회적 동물'이기 때문에, 타인과 연결되고자 하는 본능을 가지고 있다. 가족, 친구, 동료 등, 삶에서 중요한 관계에 있는 사람들과 좋은 관계를 맺고 사는 것이 삶의 의미이고 목적이다. 이 관계가 좋지 않으면 불안하고 고통스럽다. 외로움이 찾아온다. 서로 간에 소통이 되지 않기 때문이다. 활기가 없는 곳, 친밀함이 느껴지지 않는 곳에 있으면 사람들과 함께 있어도 외로움을 느낀다.

인간이라는 '사회적 동물'에게 사회적 관계는 음식만큼이나 건강에 중요한 필수요소다. 외로움을 느끼는 것을 부끄럽게 여기고 타인과의 참된 소통을 무시하는 것은 굶주림만큼 건강에 해롭다. 우리의 뇌가 외로움, 외톨이, 끊어진 관계라고 판단하면, 스스로 방어 모드가 되어 공감 능력을 떨어뜨리고, 마비 수준을 높이고, 수면은 줄어든다. 외로운 사람이 조기 사망할 확률이 45%에 이른다고 한다. 해결책은 서로를 연결하는 관계를 맺는 것이다. 이때 중요한 것은 '친구가 몇 명인가?'가 아니고, '소수의 친구라도 얼마나 깊은 관계인가?'이다.

미국의 정신분석학자, 브레네 브라운은 그의 저서 《마음 가면》에서, "어린 시절 수치심과 상처를 입고 성장한 사람은 연약한 마음을 보호하기 위해 마음에 가면과 갑옷을 입힌다. 이것이 다른 사람들과 연결되는 것을 무의식적으로 막는다. 어색함을 이겨내고, 이 가면을 벗고 나약한 모습을 그대로 드러낼 때 다른 사람들과 사랑하고, 공감하고, 소통할 수 있다."고 말했다.

박지은은 세 살 때 걸린 열병으로, 휠체어를 타고 다니는 장애인

학생이다. 초등학교 입학 후 일반 과목은 반 아이들과 함께했지만, 조회시간이나 체육시간에는 혼자 빈 교실에 남아 있어야 했다. 그날도 여느 체육 시간과 다름없이, 지은이는 반 아이들이 운동장으로 뛰어나가는 모습을 부러운 눈으로 바라보고 있었다. 그때 지은이는 한 친구와 눈이 딱 마주쳤지만, 그 친구도 이내 교실에서 나가 버렸다. 교실 창문을 통해, 운동장에서 즐겁게 피구를 하는 아이들을 보며, '참 재미있겠다.' 생각하고 있었다. 그때 네 명의 친구들이 지은이의 이름을 부르며 교실로 뛰어 들어왔다. "지은아! 우리 왔어. 너도 우리랑 운동장에 나가서 같이 하자. 우리가 너 피구 하는 걸 도와줄게." 조금 전, 지은이와 눈이 마주쳤던 친구가 다른 친구들을 데려온 것이다. 친구들의 도움으로 운동장으로 나온 지은이는 난생 처음으로 휠체어를 타고 운동장을 달리며, 친구들과 함께 피구라는 운동을 해보게 되었다.

그날 이후부터, 박지은은 더 이상 외톨이가 아니었다. 네 명의 친구들과 서로 뜻이 통하여 함께 떡볶이도 먹고, 도서관도 다니며 즐거운 학창 시절을 보냈다. 항상 자신과 마음이 통하는 친구들이 있다는 기쁨과 자신감은, 지은이에게 원하는 꿈에 도전할 수 있는 용기를 주었다. 지은이의 꿈은, 장애를 가지고 있든 아니든, 모든 학생들이 서로 즐겁게 소통하며 행복하게 생활할 수 있는 학교를 함께 만드는 것이었다. 그로부터 15년 후, 꿈을 이루기 위해 최선을 다해 열심히 노력한 지은이는, 마침내 꿈꾸던 교육 공무원이 되었다. 친구들과의 진심 어린 소통과 우정이 휠체어에 매여 꼼짝도 할 수 없었던 그녀의 꿈에 날개를 달아준 것이다. 그녀는 바로 2013년 지체장애 1급, 서울시 교육청 최초의 교육 공무원 1호가 된 박지은 씨다.

사람은 혼자 살 수 없는 존재이기에 다른 사람들과 연결되어 있어야 안전함을 느낀다. 인간은 '사회적 동물'이기 때문에, 소속감을 바라는 것은 인간의 본성이다. 슬플 때, 기쁠 때, 외로울 때, 화가 나고, 견디기 힘든 상처로 괴로울 때도, 함께할 수 있는 누군가가 있어야 한다. 그래야 소속감 속에서 자신감과 행복을 느낀다. 소속감을 느낄 때, 두려워도 공포와 맞서 싸울 용기가 생긴다. '나를 사랑해 주는 사람이 있다.'는 자신감도 갖게 된다. 위험을 받아들이고, 원하는 것을 위해 도전에 나설 수도 있게 된다.

친구에 관하여, 프랑스 소설가 생텍쥐페리는 이렇게 말했다. "좋은 벗은 짧은 시간에 만들어지는 것이 아니다. 공통된 추억, 함께 겪어온 괴로운 시간, 어긋남, 화해, 마음의 격동…… 우정은 이런 것들로 이루어지는 것이다." 그렇기 때문에 오래된 벗이 더 좋다. 단순히 함께함이 아니라, 평생 뜻이 서로 통하는 진정한 친구를 사귀기 위해서는, 어색함을 무릅쓰고 가면을 벗고, 마음의 문을 열자. 그대가 아무리 멋진 사람이라도 마음의 문을 닫는다면, 누가 어떻게 그대와 소통할 수 있겠는가. 시간과 노력을 들여, 구체적인 말과 행동으로 우정을 표시하자. 친구는 무엇을 진심으로 기뻐할까, 서로 마음을 나누어 보자. "매일 볼 수 있는 친구 세 명이면, 행복한 노후를 보낼 수 있다."는 연구 결과도 있으니 말이다.

평생 곁에서 마음을 함께 나누고 진심을 소통할 수 있는 한 사람. 이 세상 어디에서도 그와 함께라면 외롭지 않을 것이라 믿고 그 한 사람과 결혼한다. 친구 같은 배우자를 꿈꾸며 말이다. 그런데 사람의 생각과 감정은 십인십색, 서로 다른 관점을 가진 두 사람이, 배우자에게 자신과 똑같은 생각과 감정을 갖기를 요구하고 자신만을 이해해 주기를 바란다면……. 72세의 Y씨 역시 신혼 초, 얼마나 스트레스가 심했는지 모른다. 일상생활에서 어떤 일이 생겼을 때, Y씨의 남편은 Y씨의 말은 들어볼 생각도 하지 않았다. 자신이 무슨 해결사인 양, 자신의 생각과 감정만을 가지고, 자신의 방식대로 일을 처리해 버렸다. 부부 간 진정한 소통이 전혀 이루어지지 않았던 것이다. 이랬던 그가, Y씨의 말을 그냥 조용히 들어주는 소통법을 배우기까지 40년이 걸렸다.

공자는 《논어》 '위정편'에서, 나이 50살에 지천명, 하늘의 뜻을 알아도, 60살이 되어야 비로소 이순(耳順), 다른 사람의 말을 들을 줄 아는 귀가 된다고 했다. Y씨처럼 사람들이 원하는 것은, 그저 내 얘기를 들어줄 한 사람이다. 해결사 노릇을 할 누군가가 아니다. 해답은 이미 내 안에 있기 때문이다. 내 말을 진심을 다해 들어주는 그 한 사람과의 소통. 그것으로 인해, '내가 어디가 잘못된 사람이라서 이런 일을 겪는 것이 아니다. 나는 꽤 가치 있는 사람이다.'라는 위로를 받는다. 자존감도 회복된다.

　정신건강의학과 병원이나 상담사를 찾아가면, 누구에게도 쉽게 털어놓을 수 없는 힘든 사연을 털어놓게 된다. 그들이 내 문제를 해결해 줄 수 있어서가 아니다. 내 얘기를 그저 들어주고, '힘들고, 속상했을 텐데 그 힘든 순간을 어떻게 견뎠나! 이해할 수 있게 좀 더 자세히 말해 줄 수 있는지? 무슨 일이 있더라도 잘살아 달라.'하고 내 편이 되어 맞장구를 쳐줄 사람! 그런 사람이 필요했기 때문이다. 경청! 그저 온 마음을 다해 들어주는 것이 곧 사랑이요, 배려다. 이것이 바로 진정한 소통이다.

　반대로, 상대방이 어렵게 털어놓는 힘든 사연이나 고민을 들은 후, 상대방에게 충고를 하거나, 그렇게 해서는 안 되는 이유 등을 설명하는 것은, 상대방의 감정을 무시하는 행동이다. 상대방이 지금 원하는 것은 나의 충고, 조언, 비판이나 판단이 아니기 때문이다. 상대방의 문제를 해결해 보겠다고 내가 나서서 무언가를 해주는 것은 상대방에게 아무런 도움이 안 된다. 그러니, 경청! 제발 그저 들어주자! 물론 쉬운 일은 아니다. 나이가 이순(耳順)이 되어 들을 줄 아는 귀가 있거나, 정신과 의사나 상담사처럼 훈련받은 전문가가 아니라면, 인내심을 가지고 참을 줄 알아야 하는 어려운 일이다. 상대방의 힘든 이야기를 듣다 보면, 나의 트라우마와 나약함을 마주할 수도 있다. 그래서 오히려 상대방에게 화를 내거나, 상대방을 비난하고 있는 어이없는 내 모습을 볼 수도 있다.

그러나 어쨌든 가능한 범위 내에서 최선을 다해, 경청! 그저 들어주려는 노력을 한번 해보자. 상대방을 배려하고 진정한 소통을 하기 위하여, 노력할 충분한 가치가 있다. 세상을 외롭지 않고 행복하게 살아가려면, 그들은 더불어 함께해야 할 나의 사랑하는 사람들이기 때문이다. 그대도 그대의 이야기를 말하고 싶다면, 기다리자. 상대방이 자신의 이야기를 끝내고 더 이상 할 말이 남아 있지 않을 때까지 들어주자. 상대방 자신이 이 무대의 주인공이라고 느낄 수 있도록 만들어 주자. 상대방의 이야기가 비로소 끝나면, 그때는 상대방도 그대의 말에 귀 기울여 경청해 줄 것이다.

말없는 방랑자

- 진세란

아들! 혹시 내가 말 많고 참견하기를 좋아하는 사람인가.

친구여! 혹시 내가 요점 없이 떠들기만 하는 사람인가.

형제여! 혹시 내 아프다 위로만 받았는가.

(어머니는 너무 아파 말조차 못하셨네.)

모두 나를 용서해 주구려.

이웃이여! 혹시 내가 들을 귀 없었다면,

참을 줄 아는 인내만이라도 갖게 되기를,

신이시여! 혹시 내게 선한 마음, 타고난 재능이 없다면,

발견할 수 있는 눈만이라도 갖게 되기를,

뜻밖에 마주친 이여! 혹시 내게 그대를 칭찬할 용기가 없다면,

따뜻한 손길만이라도 갖게 되기를,

모두에게 소원합니다.

위의 시처럼, 가족이나 친구, 이웃, 많은 사람들과 단순히 함께함
이 아니라, 소통을 잘하며 살았더라면…….

21
하지 않은 것에 대한 후회 없이,
하고 싶은 것을 하는
용기를 가지고 살았더라면

    미국의 노스웨스턴대학 심리학과 교수, 닐 로스는 후회를 '행동한 일'에 대한 후회와, '시도하지 않은 일'에 대한 후회로 구분했다. '행동한 일'에 대한 후회는, 이미 지나간 일이라 오래 남지 않는다. 반면, '시도하지 않은 일'에 대한 후회는, 만일 그 일을 했을 때 생길 수 있는 수많은 기회를 놓친 것이 평생 후회로 남는 것이다. 우리를 괴롭히는 것은, 행동하지 않는 것 그 자체다. '실패한 것'들이 아니라, '하고 싶었으나 시도하지 않았던 것'들을 후회하게 된다.

    "가장 후회되는 건, 못된 짓이나 멍청한 짓이 아니에요. 하지 않은 일

들이죠."- 41세 여성, 미국

"행동으로 옮기지 않았어요. 데이트 신청도 못했고, 더 일찍 재테크를 시작하지도 못했고. 대학교 강단에서 강연자가 될 기회도 잡지 않았습니다. 실수보다도 행동하지 않았던 것! 그것을 후회합니다."- 46세 남성, 호주

친구 Y양을 처음 만난 곳은 H대학교 문학 동아리다. S대 입학을 목표로 했던 Y양은 1학기가 끝나 갈 때쯤, 다시 S대에 도전해 보겠다며 휴학을 했다. 하지만 이듬해 봄, 멋쩍은 표정으로 다시 동아리로 돌아왔다. 1학기가 끝나 갈 무렵, 마지막 S대 도전이라며 다시 우리 곁을 떠났지만 이듬해 봄, 캠퍼스로 또다시 돌아왔다. 1년쯤 지난 후, Y양은 통역사 자격증 시험을 함께 준비하자고 했다. Y양은 열심히 공부했다. 나는 몇 주 후, 아르바이트를 핑계로 시험 공부를 포기했다.

졸업 후 우리는 대사관 근무를 동경했지만, 일반 기업에 취업을 했다. 6년 후 Y양은 다니던 직장에 사표를 내고, 그동안 모은 재산을 털어 스웨덴으로 유학을 떠났다. 2년 후 학위를 마치고 돌아왔다. 그러나 대사관이 아닌, 외국계 기업에서 열심히 일하고 있다.

젊은 시절, Y양의 성과 없는 도전들은 시간과 노력의 낭비, 헛수고로 보였다. 그러나 어느덧 40대를 지난 우리는, Y양을 진정한 위너(winner)라 부른다. 우리를 괴롭히는 것은, 실패가 아니라 '행동

하지 않은 것' 자체이기 때문이다. 많은 이들이 '하지 않은 일'이 줄수 있는 가능성보다는, 그에 따르는 현실적인 위험성을 더 많이 생각하기 때문에 아예 시도조차 하지 않는다. 뭔가를 잃었을 때가, 얻었을 때보다 몇 배는 더 실망스럽고 괴롭기 때문이다.(이러한 심리를 '손실회피 편향'이라고 한다.)

'미국 후회 프로젝트' 조사에 의하면, 20대 청년들의 '행동한 일'에 대한 후회와 '시도하지 않은 일'에 대한 후회는 비슷하게 나타났다. 하지만 50대에는 '시도하지 않은 일'에 대한 후회가 '행동한일'에 대한 후회보다 두 배나 많았다고 한다. 즉, 나이가 들어 자신앞에 놓인 기회가 적어지면, 사람들은 '시도하지 않은 일'을 더 후회하게 되는 것이다.

K양의 부모님은 K양이 현재 다니고 있는 종합 법률회사에 안정적으로 계속 다니길 원했다. 하지만 K양은 범죄심리학을 다루는 경찰사법 대학원에 진학하고 싶었다. 학부 때는 부모님의 뜻에 따라, 적성에 맞지 않는 법학 공부를 억지로 했었다. 이제는 정말 원하는 공부를 할 수만 있다면, 괴테의 '파우스트'처럼 악마에게 영혼까지 팔고 싶은 심정이다. K양은 인생의 주도권에 대한 두 가지 선택의 기로에 서 있다. 이전처럼 부모님이 운전하는 인생의 자동차를 계속 타고 갈 것인가? 아니면 이제 직접 운전할 것인가? 그 자동차의 목적지는 바로 '나의 인생'이다.

사람들이 본인의 뜻대로 살지 못하는 이유는, 체면과 눈치 때문이다. 나의 인생이 아닌, 주변을 보고 살기 때문이다. '참된 나'가 아니라, 오직 가정 속의 나, 조직 속의 나, 세상 속의 나를 본다. 이것은 소속감, 즉 어떤 틀에 맞춰야 한다는 인간의 본능에서 비롯된다. 하지만 '내 몸을 옷에' 맞추는 것이 아니라 '옷을 내 몸에' 맞춰 입어야 하는 것처럼, 본인의 생각대로 살지 않는다면 타인의 생각대로 살아야 하는 것이 인생이다. 원하는 것을 얻을 수 있는 유일한 방법은, 타인이 운전하는 차에서 내리는 것이다. 삶은 내가 직접 살아내야 하고, 또 내가 책임을 져야 하기 때문이다.

K양은 결국 범죄 프로파일링 공부를 위해 경찰사법 대학원에 진학했다. 그렇게 바라던 공부였기에 만족스러웠고, 최선을 다할 수 있었다. 남편도 그곳에서 만나, 행복하게 잘살고 있다. 만약 그때 부모님이 운전하는 차에서 내리지 않고 계속 타인들의 틀에 맞추는 삶을 살았다면……, 악마에게 영혼까지 팔아서라도, 하고 싶은 것을 했을 것이다. 그런데 만약 그렇게 하지 않았다면…….

"단 하루만이라도 인간이 될 수 있다면, 삶을 다 포기할 수 있을 거 같아요." 우리가 잘 아는 안데르센의 동화, 《인어공주》의 말이다. 사랑하는 왕자 곁에 머물 수 있는 영혼을 얻기 위해서, 마녀에게 가족과 집, 아름다운 목소리까지 다 내주었다. 한 번 인간으로 변하면 다시는 인어로 돌아갈 수 없다. 왕자가 다른 사람과 결혼하면, 다음 날 심장은 부서지고 물거품이 된다. 그러나 그것은 문제가 되지 않왔다. '하고 싶은 것'을 하는 용기로, 결국 왕자와 같은 공기를 마시고, 드넓은 바다와 별이 총총한 하늘을 볼 수 있었다. 얼마나 행복했을까! 만약 실패가 두려워 그렇게 하지 않았다면······.

P씨는 엄청난 경쟁률을 뚫고 남들이 부러워하는 글로벌 증권사에 취직, 기업고객 대상 영업부서에서 일했다. 그야말로 부모의 자랑거리요, 가문의 기쁨이었다. 그런데 언제부터인가 출근길이 우울했고, 도살장에 끌려가는 소처럼 내키질 않았다. 매일 새로운 사람을 만나 응대하는 일이 그의 적성에는 영 맞지 않았던 것이다.

P씨는 그의 삼촌을 찾아가, 고민을 털어놓았다. 삼촌은 사회적으로도 성공한 유명인이다. 삼촌은 P씨에게 물었다. "아침에 눈을 떴을 때, 오늘 하루가 기대되니? 출근하기 전에 거울 앞에 서서, 너 자신한테 두 가지만 물어보거라. 첫째, 오늘이 네 인생의 마지막 날이라 해도, 하지 않은 것에 대한 후회 없이, 오늘 하려는 일을 계속하겠는가? 둘째, 오늘 할 일이 기대되고 즐거워서, 어서 그 일을 하고 싶어 미치겠다는 생각이 드는가? 만약 그렇지 않다면, 넌 오늘 죽은 하루를 보낼 거다. 기대되지도, 하고 싶지도 않은 일을 하면서 보내기에 하루는 너무 길어. 그렇게 시간을 보내는 건 벌을 받는 거와 같겠지. 정말 불행한 일이지 않겠니? 그건 돈으로 보상이 되는 게 아니란다. 얼른 네가 하고 싶은 일을 찾거라."

P씨는 깊은 생각을 거듭한 후, 회사에 사표를 냈다. 삼촌의 말처

럼, 인생의 마지막 날, 하지 않은 것에 대한 후회는 결코 하고 싶지 않았기 때문이다. 학창 시절부터 너무나 좋아했고, 하고 싶었던 일, 제과 제빵! 남들이 뭐라 하든 상관없었다. 그는 용기를 내어, 제빵사가 되기 위해 다음 달에 호주로 떠날 예정이다.

스탠퍼드대학교 심리학자 루이스 터먼 교수와 학자들은 1920년대부터 1990년대 말까지, 캘리포니아 초중고생 25만 명 중에서 지능지수 135가 넘는 천재 1,500여 명의 삶을 사망 시점까지 추적 연구했다. 그 결과, '행동한 일'보다는 '시도하지 않은 일'을 후회하는 경우가 네 배 이상 많았다고 한다. 대체적으로 단기간에는 '행동한 일'을, 장기간에는 '시도하지 않은 일'을 후회했다. 이 논문 속에는 미국 시인, 존 그린리프 휘티어의 다음 말이 인용되어 있다. "인간이 사용하는 가장 슬픈 말은 무엇일까?" 대답은, "말이든 글이든 인간의 언어 중 가장 슬픈 말"은 바로, "아, 그때 해볼걸!"

고대 로마의 스토아 철학자, 세네카의 산문 〈인생의 짧음에 대하여〉에, "인생은 진정으로 시작할 준비가 될 때쯤에는, 이미 거의 끝나 있다."고 했다. 시간이 짧다는 의미가 아니라, 많은 시간을 낭비하며 살아간다는 뜻이다. 실패에 대한 두려움 때문에 '하고 싶은 일'을 시도조차 못하는 사람, 타인의 눈치를 보며 체면 차리느라 자신이 '하고 싶은 것'을 포기하는 사람, 시간과 젊음이 영원할 것이라 여기고 '하고 싶은 것'을 나중으로 미루는 사람……

이런 우리에게 필요한 것은 용기다. 인생은 능력이 아니라, 용기다. 위 P씨의 사례처럼, 하고 싶은 것을 향해 한 발을 내딛는 용기, 그것이 우리를 후회하는 삶이 아니라, '하고 싶은 일'을 하며 사는 삶으로 데리고 간다.

생의 마지막 순간, 가장 후회스러울 일은 과연 무엇일까? 아마도 '실패'한 일이 아니라, '하고 싶었으나 하지 않았던 일'들을 후회하게 될 것이다. 하고 싶은 일을 지금 시작하자. 그대가 죽어도 여한이 없다고 생각하는 그 일을, 지금 당장 시작하자. 더 늦기 전에 용기를 내자. 이 책을 다 읽고 나서 시작하겠다고? '이것이 되면 그때 하겠다.'고 말하는 것은, 하지 않겠다는 얘기다. 시간이 많이 흘러 흰머리가 성성해진 후 이 책을 다시 읽게 될 때, '나중에 후회하지 않게 한두 가지라도 실천했더라면'으로 보인다면, 어찌할 것인가. 인생은 능력이 아니라 용기다. 내일은 늦다. 오늘, 지금 바로 시작하자.

22
번아웃, 우울증, 관계파괴 등,
죽도록 일만 하며
살지 않았더라면

"일에는 감사하고, 월급에는 존경을 표한다.""기업은 직원에게 퇴사하지 않을 만큼만 월급을 주고, 직원은 기업에 해고당하지 않을 만큼만 일한다."는 웃픈 말들이 있다. 그런데 해고당하지 않을 만큼 일하는 정도가, 지쳐 쓰러져 죽기 직전이라면? 60세 시대에 형성된 직업관을 가지고 죽도록 일만 하며 살아왔던 사람들이 100세 시대를 맞이하자 겪게 되는 고민과 갈등, 후회는 무엇인지? 그렇다면 후회 없는 삶을 위해서는 어떤 일을 해야 하고, 어떤 마음가짐으로 일해야 할까?

광고회사 5년차 직장인, G씨는 업무에 있어서는 단점이 없는 직원이다. 지각 한 번 한 적이 없고 회의 준비, 자료 정리, 업무 등을 완벽하게 해냈다. 어제도 할 일이 많아 밤늦게 퇴근해서 수면을 제대로 취하지 못했다. G씨는 항상 늦을까 봐, 늦으면 뭔가를 놓칠 것만 같아 불안해했다. 오늘 출근길도 신호등이라는 장애물을 뛰어넘어, 10분이라도 일찍 출근하는 경주를 하고 있다. 파란불로 바뀌면 바로 뛰어나갈 수 있도록 긴장을 늦추지 않고 있는데, 아뿔싸! 연료계에 빨간 불이 들어와 있었다. 기름이 떨어졌다. 출근 시간까지는 20분밖에 남지 않았다. 더군다나 오전 일정에 광고주와의 회의가 있다. 광고 시안에 대해 브리핑을 해야 하는데, 어제 밤늦게까지 준비한 자료가 만족스럽지 못했다. 손을 좀 더 봐야 했다. 시계를 쳐다보는데, 가슴이 콩닥콩닥 뛰었다. 마음은 급했지만 할 수 없이 갓길에 차를 대고, 일단 차에서 내렸다.

그런데 눈앞에 숨이 멎을 것 같은 광경이 마법처럼 펼쳐져 있는 것이 아닌가! 강 너머 동쪽 하늘에 그림 같은 아침 노을, 붉은 구름 사이로 햇살이 쏟아지고 있었다. 말로만 듣던 '야곱의 사다리'! 틈새빛살로 수놓인 하늘 아래, 바람에 물너울을 일으키는 강물과, 햇살을 받아 반짝이는 금빛 물결, 아침 이슬 머금은 강가의 풀들……. G씨가 경주마처럼 달렸던 도로 바로 옆에서 매일 아침, 이런 환상이 펼쳐지고 있었다니! 뭔가를 놓칠 것 같아, 달리는 말에 채찍질까지 하며 살았건만, 실은 모든 것을 잃어버리고 살았다. 그날 이

후, G씨는 경주마 같은 인생을 정리했다. 그리고 여행 작가가 되어, 강물 위를 유유히 흐르는 물안개, 아침 노을 담긴 붉은 하늘과 함께 하는 여행을 즐기곤 했다.

많은 사람들이 경주마처럼 양옆을 쳐다보지도 않은 채 앞만 보고 달린다. 자신이 지금 어떻게 살고 있는지 생각해 볼 틈도 없이, 남들이 뛰는 방향으로 그저 함께 뛴다. 숨 가쁜 경주에서 이기기 위해 스스로를 닦달하며, 더 빨리 달리라고 채찍질한다. 왜 그래야만 하는지 이유도 모른 채, 죽도록 일만 하게 만들었던 것이다. 그 결과, 살면서 누려야 할 여유와 즐거움을 놓쳐버렸다. 이럴 때 필요한 것은? '우선 멈춤!'이다. 달리는 말을 멈추지 않으면, 아무것도 볼 수 없다. 휴가를 내든, 여행을 하든, 명상을 하든, 아니면 예상 못한 병에 의해서라도, 달리는 말에서 내려, 자신만의 시간을 갖고 삶을 돌아봐야 한다.

진정한 나 자신에 대해 생각해 보고, 새로운 나를 발견하는 시간을 갖는 것이다. 우선 멈춰 서서, 이 방향이 내가 목표했던 것인지, 내가 진정 원했던 것인지, 맞는 방향으로 가고 있는지 인생의 나침반을 열어보자. "인생은 속도가 아니라 방향이다."라는 인생의 이치를 잊지 말자. G씨는 차에 연료가 떨어지는 바람에 뜻하지 않게, 달리는 말에서 멈춰 섰다. 비로소 누려야 할 삶의 아름다움을 보았다. 주변을 가만히 살펴보면, 작은 솔방울 한 개도 자연이 만들어 놓은 놀랍고도 신묘한 예술작품이다. 죽도록 일만 하는, 달리는 말에서 내려, 멈춰 보자. 이토록 숨 막히게 아름다운 세상을 가만히 살펴보는 자에게만 대자연의 걸작품이 허락되기 때문이다.

J씨는 인기 있는 모바일 게임회사, 기획부서의 유능한 PM(프로덕트 매니저)이다. 어느 날, 조카에게서 연락이 왔다. 자신이 다니는 IT 스타트업 회사에서 경력직원을 뽑고 있으니 면접을 한번 보라고 권해 왔다. 그의 등쌀에 떠밀려 스타트업 회사 대표를 만났다. 그리고 바로 러브콜을 받았다. 그 회사는 J씨에게 기획 담당 이사직과 높은 연봉을 제시했는데, 로또와 다름없는 스톡옵션 포함 조건이었다. J씨는 그 회사의 열정과 비전, 성장 가능성을 보고 매력을 느꼈다. '도전과 변화가 필요했는데, 절호의 찬스다! 다시없을 기회.'라는 생각이 들었다.

지금 다니고 있는 회사의 상사에게 이 상황을 털어놓았다. 그러자 회사는 J씨를 잡기 위해, 근무 조건을 개선해 주겠다며 설득을 했다. J씨는 행복한 고민에 빠졌다. '어디를 선택해야 할까?' 스타트업 회사는 보통, 죽도록 일에 매달려야 한다. 그 대가로 성장과 성공을 할 수도 있을 것이다. 반면, 지금 회사 생활은 일과 생활의 균형(워라벨)이 만족스러웠다. 사랑하는 가족, 친구들과 여유롭게 시간을 보낼 수 있고, 취미생활도 할 수 있으니 말이다.

여러 사람들로부터 조언을 듣고 스스로도 많은 고민을 한 끝에, '내가 일하는 이유는 무엇인가? 무엇이 나에게 가장 소중한가?', '소득이

늘고 직급이 올라도, 시간적 여유가 없으면 내가 하고 싶은 일을 할 수 없다.' 이것이 스스로가 내린 질문과 대답이다. J씨는 지금 다니는 회사를 선택했다. 마침 지금 회사도 어지간한 수준의 대우와 승진을 약속했다. J씨는 스타트업 회사의 러브콜을 정중히 사양했다.

자신을 위해, 또 사랑하는 가족들을 위해, 일을 사랑하고 일에 전념하는 것이 나쁘거나 잘못된 것은 아니다. 하지만 일에만 몰두하기 위해서는 많은 중요한 것들을 포기해야 한다. '돈과 시간', 둘 중 어느 것이 그대에게 더 중요한가? J씨의 경우, 스타트업 회사에서 죽도록 일한 대가로 얻는 돈과 명예보다 지금 회사가 주는 '일과 생활의 균형', 즉 시간과 건강을 선택했다. 한 번 사라진 돈과 명예는 다시 돌아올 수 있지만, 한 번 지나간 시간과 건강은 다시 돌아오지 않기 때문이다.

많은 사람들이 죽음 앞에서, 무미건조하고 재미없게 산 것을 후회한다. 죽도록 일만 하고 산 사람들이 하는 후회다. 스티브 잡스도 그런 사람들 중 한 명이었다. 업무에 대한 집념과 일 중독적인 성향으로, 인류에 큰 업적을 남겼다. 그 대신 사랑하는 가족과 함께하는 시간과 자신의 건강은 지켜내지 못했다. 그렇기 때문에 생의 마지막 순간만은 가족들과 시간을 보내며 그의 속마음을 보여주려 노력했다. 일이 인생의 전부가 되어서는 안 된다. 죽도록 일만 하며 산 것을 후회하는 인생은 되지 말자. 일과 생활의 균형! 즉, 시간과 건강을 꼭 지켜내어, 사랑하는 사람들과 즐겁게 보내도록 하자. 또한 그대의 생활을 윤택하게 해줄 취미나 여행 시간을 꼭 갖자. 그것이 그대를 후회 없는, 풍요롭고 여유 있는 삶으로 이끌어 줄 것이다.

D씨는 58세에 직장을 은퇴했다. 나름 최선을 다해서 그간의 직장 생활을 잘해 왔다고 자부해 왔다. 남들 하는 만큼만 일을 해서는 부족하다고 여겼다. 자신의 일뿐만 아니라, 다른 사람들은 하려고 하지 않는 일, 다른 사람이 부탁하는 일까지도 "No!"라고 거절하지 않고 흔쾌히 떠맡았다. 그러다 보니 항상 일에 치였고 몸도 피곤했지만, 모임이나 술자리에도 빠지지 않았다. A급 정보를 놓치지 않기 위해서였다. 의리 있고 매너 좋은, 성실한 사람으로 평이 나 있었다. 그런데 은퇴한 지 며칠 지나지 않아, 친한 친구 한 명이 갑자기 하늘나라로 갔다. 그 후, 그는 자신의 은퇴 전 직장 생활을 달리 생각하게 되었다.

그 친구는 중고등학교 단짝이었다. 대학교를 다니면서 서로 연락이 뜸해졌지만, 생각만으로도 가슴이 따뜻해지는 친구. 가끔 연락을 주고받으며, 서로 힘내자고 격려를 주고받는 그런 친구였다. 지금은 서로 멀리서 바쁘게 살아도, 조만간 만나 그간의 회포를 풀자고 약속했었는데…… 나누고픈 얘기가 너무 많았는데…… 하늘나라로 바삐 가버리다니. 직장 생활을 하면서, 최선을 다한다고 고된 업무를 마다 않고 매일 밤늦도록 죽어라고 일만 했다. 그런데 은퇴해 보니 남은 것은, 사랑하는 가족들과의 서먹함, 지금까지는 앞만 보고 달려왔는데 이제는 어디로 가야 할지 모르는 막막함, 그리고 꼭 봐야 했던 친구를 이제 살아서는 볼 수 없는 슬픈 현실이었다.

60세 시대와 달리, 100세 시대는 50대에 은퇴 후, 또다시 40여 년을 더 살아가야 한다. 죽도록 일하느라 그 외의 것은 신경을 쓰지 못한 채, 50대에 은퇴를 하게 된다. 그 결과는, 원하지 않는 일에 최선을 다했다는 것, 그동안 신경을 쓰지 못한 것이 오히려 더 중요한 것이었다는 후회. 더군다나 후회할 수 있는 시간이 40여 년이나 남았다. 그렇기 때문에 이제는 정신 바짝 차리고, 죽도록 일만 하며 살다 후회하지 않도록 자신과 많은 대화를 나눠야 한다. '나는 왜 바쁜가? 무엇을 위해 바쁜가? 소중한 일은 무엇인가? 무엇에 최선을 다해야 하는가?' 즉, 남은 인생을 위한 장기 계획을 잘 세워놓아야 후회가 남지 않을 것이다.

다른 사람들과 대화는 많이 한다. 그런데 자신과 깊은 대화를 하지 않는 것은, '의미 없는 다른 사람들이 내 자신보다 더 우선순위에 있고 더 소중하다'고 말하는 것과 같다. D씨는 직장이라는 사회와 기존 질서, 주변 평판에 매여, 그의 삶에 그 자신이 없었다. 'No!'라는 거절도 못 하고, 무엇 하나 마음대로 버리지도 못할 정도로 말이다. 이제는 자신을 가장 소중히 여기고 사랑하자. 가족에 대한 지나친 책임감 때문에, 자신이 즐겁고 행복하게 사는 것에 대한 죄의식을 가지고 있는가? 과감히 버리자. D씨가 아무리 바쁘더라도 친구를 만나, "나는 네가 내 친구라서 참 든든하다."는 말을 나눴더라면 서로 얼마나 좋았을까! 이제는 죽도록 일만 하느라 바빠서 소중한 사람과의 만남을 미루거나, 그들을 실망시키는 어리석음은 범하지 말자. 그것이 남은 인생, 후회하지 않는 길이다.

생의 마지막에 사람들은 으레 너무 열심히 일한 것을 후회한다. 일하느라 소중한 사람들과 시간을 함께 보내지 못한 것, 자신이 원하는 것을 하지 못한 것을 후회한다. 100세 시대를 살아가는 그대여! "인생은 속도가 아니라 방향이다." 달리는 말을 멈추고, 그 방향이 맞는지 인생의 나침반과 맞춰보자. 돈이나 명예? 그보다는 한 번 가면 다시 오지 않을 시간과 건강을 선택하여, 소중한 사람들과 행복한 시간을 나누자. 잊지 말자. 시간을 나눠야 할 사람 중, 가장 중요한 사람은 바로 그대 자신임을. 죽도록 일만 하며 살지 않았더라면…….

23
부모가 자녀에게
들려주고 싶은 시를
들려주며 살았더라면

모든 엄마, 아빠들도 이번 생이 처음이라, 온갖 것이 어설프고 서툴다. 단지 자녀보다 이 세상에 2,30년 먼저 태어났을 뿐. 돌이켜 보니, 지혜도 지식도 부족한 아이가 아이를 낳고 키웠다. 부족한 부모를 지켜보며 아이들 역시 속도 많이 상하고, 상처도 많이 받았을 텐데…… 이겨내 줘서 고맙다. 세월이 흘러 자녀와 함께 나이가 든다. '살아보니 세상은 이렇구나.' 하는 작은 깨달음들이 있어, 자녀에게 들려주고 싶은 시로 만들어, 들려주며 살았더라면…….

토끼풀

- 진세란

이 세상 홀로인 느낌

하소연할 데 하나 없다면

밖으로 나가 풀밭에서

토끼풀을 만난다.

옹기종기 달콤한 꽃내음.

두세 송이를 엮어 꽃반지를 만든다.

기분이 좋아진다.

여러 송이를 엮어 화관도 만든다.

오랜 시간 정성을 들여 본다.

풀려버린 줄기들은

다시 엮어 완성한다.

잘 안 될 때도 있다.

어떤 줄기는 가늘고
어떤 꽃송이는 시들었다.
아무리 애를 써도
끝내 풀어지거나 끊어져 버리기도 한다.

예쁘게 만들어진 토끼풀 화관 들고
집으로 돌아온다.
곧 시들고 만다는 것을
잘 알고 있지만.

  세상을 살아보니, 세상일이 꼭 토끼풀로 화관을 만드는 것 같다. 어떤 것은 쉽게 잘 되고, 어떤 것은 안 그렇다. 줄기가 풀렸다가 다시 엮어지는 것도 있고, 아무리 시간과 정성을 들여도 끊어지고 안 되기도 하더라. 예쁘게 잘 엮어진 화관 같은 인생도 언젠가는 시들고 만다는 것을 어린 시절엔 알 수가 없었다. '와! 해냈다. 역시 나야! 될 사람은 된다니까.' 행복하고 기분 좋은 날이 계속될 줄 알았다. '왜 이번 일은 안 되지? 왜 나만 일이 잘 안 풀리지?' 좌절하고 원망하고, '인생은 허무하다.'고 방황하기 전까지 말이다. 그런 점들이 하나, 둘, 모인 것이 인생이었다. 이렇게 토끼풀로 화관을 만들며 알게 된 인생 이야기를 자녀에게 들려주었으면…….

1947년 보스턴에서 태어난 한 소녀, 템플 그랜딘. 자폐아지만 손으로 뭔가 만지작거리기와 그림 그리기, 그리고 동물들을 좋아했다. 고등학교 겨울 방학 중 엄마를 도와서 주방 벽을 새로 꾸미고 있다. 그런데 하다 보니, 나무판자가 두 개 부족했다. 엄마에게 말했지만 엄마는 사다리를 탄 채 천장에 판을 붙이는 중이라, 일을 멈출 수 없었다. 어쩔 수 없이 엄마는 걱정이 되면서도, 템플에게 차를 몰고 가서 나무판자를 사오라고 했다.

템플은 지금까지 단 한 번도 혼자서 무언가를 사본 적이 없다. 모르는 사람과 만나거나 말하는 것, 해본 적이 없는 행위를 하는 것을 정말 싫어했기 때문이다. 다른 사람과 눈을 잘 마주치지도 못하고, 단어를 반복해서 말하는 자폐 습관 때문에 학교에서도 '녹음기'라는 별명까지 얻었다. 그러니 당연히 템플의 대답은 "못 해요! 생각만 해도 긴장되고 울 것 같아요. 내가 그렇게 하면 계산하는 사람은 어떻겠어요?" 템플의 말에, 엄마는 이렇게 말해 주었다, "계산하는 사람은 네가 다시 볼 사람도 아니야. 신경 쓰지 말자. 울고 싶으면 울어도 된단다. 그런데 나무판자는 네가 사와야 해."

할 수 없이 템플은 집을 나섰다. 템플이 돌아올 때까지의 30분 동안, '아이에게 너무 냉정하게 한 것은 아닌가? 너무 어려운 일을 시킨 것일까? 혹시 가게에서 무슨 일이 일어나지는 않았을까?……' 엄마는 마치 수십 년의 세월이 흐른 것만 같았다. 드디어 밖에서 차 소리가 들렸다. 엄마는 사다리에서 바로 내려와, 붉어진 얼굴로 들어오는 템플에게 "잘 샀니?" 물었다. "울었어요. 엄마가 울어도 된다고 했잖아요. 하지만 샀어요. 나 혼자 나무판자를 샀다고요!" 차 짐칸에 나무판자가 두 개 실려 있었다. 엄마의 결단으로 소녀는 이렇게 성장의 한 단계에서 세상으로 통하는 문을 스스로 경험했고, 통과했다.

초등학교에 다닐 무렵, 이 자폐 소녀는 엄마에게 물었다. "나는 왜 다른 애들과 달라요?" 엄마는 이렇게 대답해 주었다. "나도 잘 모르겠구나. 그런데 걱정하지 마, 템플. 너만 다른 것이 아니란다. 사람은 모두 다 다르지. 모두 자기 안에 수많은 다른 것들을 가지고 있어. 그런 것들에 휘둘리지 않으려면, 네 자신이 누구인지를 깨달아야 한다." 이 소녀는 결국 엄마의 말대로 세상 밖으로 나가, 자신이 누구인지를 깨닫는 방편으로 동물들을 탐구했다. 왜냐하면 이 특이한 자폐 소녀는 동물들의 관점에서 세상을 바라볼 수 있었기 때문이다. 그리고 마침내 세계적인 동물학자가 되어, 농장 가축들을 위한 사육시설과 '천국으로 가는 계단'이라는 별명의 인도적인 도축 시설을 만들었다. 현재 세계의 많은 육류가공업체들이 이 시설들과 작업과정을 사용 중이다. 그녀의 생애를 그린 영화와 다큐멘터리가 만들어졌고, 2010년 시사 주간지《타임》선정, '세계에서 가장 영향력 있는 100인' 중 한 사람이 되었다.

자녀가 기뻐하는 모습을 보는 것보다 더 큰 행복이 있을까? 아이의 웃음소리, 즐거운 말투, 좋아하는 그 무엇에 몰두한 모습! 정말 눈이 부시다. 빛 속에 있는 것 같다. 더군다나 자폐로 자신만의 섬 속에서 나오지 못하는 자녀, 마치 너무나 쉽게 터지는 폭탄처럼 최소한의 자극에도 폭발할 준비를 하고 있는, 끝없는 경계 상황 속에서 한시도 긴장을 늦출 수 없이 살고 있는 자녀라면! 공부하란 말에 유리창을 깨버리고, 가출 한 달 만에 돌아온 아들, 우울증에 걸려 창문에서 뛰어내린 딸,…… 부모는 거의 무방비 상태로 자녀를 키운다. 나와 다른 사람, 특히 자녀를 이해한다는 것은 쉽지 않은 일이다.

그 아이들이 행복에 젖어 웃고 떠드는 것을 보고 들을 수만 있다면……. 템플의 엄마가 자폐아 템플을 마침내 행복한 사람으로 키운 것처럼, "너는 다른 사람들과 다른 특별한 존재란다. 너 자신이 누구인지, 어떤 사람인지 깨달아 가자.", "인생에서 한 단계 성장하고 나아가기 위해서는, 힘들더라도 손잡이를 힘껏 돌려 이 문을 통과해 보자."는 말을 자녀에게 들려주며 살았더라면…….

한국 최초, 유일무이 수영 올림픽 금메달리스트 박태환. 올림픽 · 아시아경기대회 · 세계선수권대회 · 아시아선수권대회, 그리고 2006 · 2010 · 2014 범태평양선수권 3연패 석권! 이 위업의 주인공이기에 우리는 그를 '그랜드슬램 플러스 알파'라 한다. 그가 걸어온 길이 곧 한국 수영의 역사다. 전설의 시작은 2004년 아테네 올림픽 400미터 예선경기다. 한국 수영 사상 최연소 올림픽 대표, 중학교 3

학년, 열네 살 소년의 생애 첫 올림픽 출전 경기였다. '출발이 빨라야 한다.'는 긴장감에, 심판의 '준비!' 소리를 '출발!'로 착각하여, 출발 소리가 울리기도 전에 물속으로 뛰어들었다. 부정출발 실격이었다.

자신의 어이없는 실수에 너무도 마음이 상한 소년은 한동안 방에서 나오지도 않고, 더 이상 수영을 하지 않기로 마음먹었다. 아버지는 상처 입은 어린 아들의 어깨를 감싸 안고 다독여 주며 이렇게 말했다. "많이 힘들지? 그런데, 아들! 실수는 쉽게 잊혀지지만, 실수를 딛고 일어난 사람은 영원히 잊혀지지 않는단다. 넌 그저 한 발을 내딛기에 조금 빨랐던 것뿐이야. 아빠는 너를 무조건 믿는다. 한 번만 더 힘을 내볼까, 아들?" 끝없는 눈물이 소년의 볼에 흘러내렸다.

소년의 집안은 아버지의 사업이 기울어 가정 형편이 그리 넉넉하지 못했다. 아버지는 재능 있는 아들을 풍족하게 지원해 주지 못하는 데 대해 항상 미안하고 안쓰러웠다. 대신, 아들의 모든 경기 영상과 경쟁 선수들의 자료를 철저히 수집하고 연구하며 아들을 뒷바라지했다. 어머니는 암에 걸린 상태에서도 초시계를 놓지 않고, 하루 14km 이상 수영 연습을 하는 아들과 함께했다.

4년 뒤, 세계에서 출발이 가장 빠른 선수 중 한 명이 된 박태환은 베이징 올림픽에서, 올림픽 역사상 처음으로 동양인 수영 금메달리스트가 되었다. 아들은 그날의 실수를 계기로 단 하루도 쉬지 않고, 피나는 연습에 연습을 거듭. 기본기를 바로잡고 단점을 고쳐 결국 승리를 이뤄냈다. 남자 자유형은 신체적 한계로 말미암아 동양인에게는 금메달이 불가능하다 여겨졌었다. 그렇기에 그의 금메달은 세계 수영 역사에 길이 기억될 한 획을 그었다.

만약 타임머신을 타고 과거로 돌아갈 수만 있다면 10대, 아들 나이로 돌아가 보고 싶다. 왕성한 호기심을 가지고, 무모한 일을 시도해 보고 싶기 때문이다. 많은 실수와 시행착오를 겪겠지만, 10대 때는 그것이 실패가 아니지 않은가? 열네 살 박태환 선수처럼, 실수를 계기로 목표를 이룰 수 있는 방법을 찾고, 노력과 연습을 충분히 할 수 있기 때문이다.

실수 때문에 비난과 꾸짖음을 받고 무능하다고 찍혀, 자존심에 심한 상처를 입기도 한다. 니트족(주로 아르바이트로 살거나 일정한 직업이 없는 사람)이나, 은둔형 외톨이(집 안에서만 머물러 지내며, 가족 이외의 사람들과는 대인관계를 갖지 않는 사람)가 되기도 한다. 이럴 때, 박태환 선수의 사례처럼, 자신에게 실수를 딛고 일어날 기회를 꼭 줘야 한다. 실수는 실패가 아니다. 자신에게 기회를 주지 않는 것이 실패다. 실수를 딛고 일어날 용기를 갖는다면, 분명히 더 발전된 모습으로 성장할 수 있다.

아이들만 자라는 것이 아니다. 부모도 아이와 같이 자란다. 나이보다 어른스러운 '애어른'도 있다. 반면, 성인이지만 책임감, 판단력, 행동이 아직 부족한 '어른 아이'도 있다. 나이가 많든 적든 모두 이번 생은 처음이라, 안 가본 인생길을 걷고 있다. 그 길을 혼자가 아니라 부모와 자녀가 서로 의지하며 걷는다. 지나온 세월을 돌아 보니, 자식이 못난 부모처럼 살지 않기를, 혹여 실수를 하더라도 용 감하게 딛고 일어나 승리하는 삶을 살아주기를…… 부모의 애틋한 마음을 담은 시를 자녀에게 들려주며 살 수 있다면…….

넥타이를 맨 아들에게

- 작자 미상

그때는 온종일 여유가 없었다.
네가 놀이터에 함께 가자고 졸라댔을 때,
시간의 여유가 없었지.
너를 데리고 나가, 실컷 놀고 싶었지만.

새벽 일찍 일어나
출근 준비를 해야 했고,
저녁 퇴근 후 헐레벌떡 돌아와,
네가 먹을 식사를 얼른 준비해야 했다.
너에게 맛있는 점심 식사도 해주고 싶었는데.

네가 동화책을 가져와 읽어달라고 할 때마다
"지금은 바쁘네. 있다가 해줄게."
이렇게 말했지.
어린 네가 이해해 주길 바라며……

밤마다 네가 잠들 때까지 자장가를 불러주고
너를 위한 기도를 한 후,
네 이마에 입을 맞추고는,
불을 끄고 조용히 네 방에서 나왔다.
늘 네 곁에 더 오래 머물고 싶었다.

어느덧, 세월은 흘러
어린 아들은 소년이 되었고,
목소리가 변했다. 방문을 잠갔다.
내 품 안에 더 이상 머물지 않는다.

너무도 빨리 자라버렸다.
동화책도, 놀이터도,
잠들기 전 자장가와 기도도,

세월의 강물 속으로 사라져 갔다.

그 옛날 그렇게 바빴던 하루살기는
이제 텅 비었다.
긴 하루, 긴 시간……
지난날로 돌아가
네가 함께 가자던 놀이터에서
함께 놀 수만 있다면.

24
먹고살기 위한 일이 아니라,
내가 좋아하는
일을 하며 살았더라면

우리는 학창 시절, 많은 것을 배운다. 공부를 하고, 시험을 치르고, 성적 올리기에 안간힘을 쓰고……. 사회로 나와서는 일자리를 찾고, 성실하게 일한다. 그 과정의 대부분이 '먹고사는 방법'을 갖추기 위한 것일 뿐. '진짜 내 모습'은 누구도 가르쳐 주지 않는다. 오로지 내 안에서 찾아야 한다. 내가 뭘 좋아하고 진심으로 뭘 원하는지도 모른 채, 먹고살기 위해 경주마처럼 앞만 보고 내달렸다. 어느 날 정신 차려보니 진짜 내 모습, 좋아하는 일, 원했던 삶은 내 안에서 버려지고 잊혀 있었다. 아, 내가 좋아하는 일을 하며 살았더라면…… 정말 그랬더라면…….

K씨와 L씨는 대학교 동창으로 비슷한 점이 많았다. 두 사람 모두 같은 시골 출신으로, 영화와 여행에 관심이 많았다. 그들은 대학 졸업 후 그다지 만족스럽지 않은 직장에 매여 있었다. K씨는 평생을 그 직장에 다녔다. 임원이 되었고, 돈도 충분히 벌었다. 그러나 회사 일에 진정으로 정성을 다하여 일했다고 느껴보지 못했다. 늘 정지된 듯한 직장 생활이 후회스러웠다. "과거로 돌아갈 수만 있다면 다른 인생을 살 거야. 내게 있어서 여행은 다른 어떤 취미보다 가치 있는 일이야." 그의 말에서, 좋아하던 일을 제대로 해보지 못한 미련과 아쉬움을 느낄 수 있다.

반면 L씨는 별다른 성과 없는 직업을 그만두기로 결심하고, 꿈꾸던 영화평론가가 되었다. 좋아하는 일을 즐기면서 돈도 벌었으니, 결심한 그날은 그의 삶에 결정적인 전환점이었다. "언제가 됐든 '내가 좋아하는 일을 하며 살았더라면' 하고 후회하고 싶지는 않았지. 애정 없는 일에 매여 있지 마. 누구든지 자신의 상상을 뛰어넘는, 더 큰 자유를 누릴 수 있어." 그의 말에서, 자기 무대를 가진 사람만이 뿜어내는 여유, 당당함을 느낄 수 있다.

한 사람은 만족스러운 삶에 행복을 느끼며 산다. 반면, 다른 한 사람은 '그때 그 일을 했더라면' 하는 후회를 하며 산다. 그 차이는, '중요한 시점에서 진짜 내 모습을 받아들이고 그 결정을 내릴 때, 예상치 못한 위험까지도 각오했는가, 안 했는가?'이다. 중요한 시점에서 위험을 견뎌낸 사람들은 지나온 인생길을 되짚어 볼 때, 자신의 선택이 만족스럽기 십상이다. 반면, 조심스럽게 선택했던 안주와 포기의 길은 후회를 부른다.

우리는 대부분 어린 시절에 부모나 학교의 뜻에 맞춰 교육받았기에 자신이 무엇을 좋아하는지, 자신을 만족시키는 것들이 무엇인지 잘 헤아리지 못한다. 대체로 2,30대에는, 썩 좋아하지 않는 일에 매여 지낸다. 물질적 보상이 따르기 때문이다. 4,50대에야 비로소 지금 하는 일을 다시 생각해 보게 된다. 해변 가에 앉아 끝없이 밀려왔다가 다시 밀려가는 파도를 바라보고 있으면, 이런 소리가 들려온다. '이 바다와 저 하늘은, 이번 달에 우리 회사 매출이 몇 퍼센트 증가했는지, 주요 자재가 제 날짜에 입고됐는지, 그런 건 신경 쓰지 않아. 그건 중요한 게 아니란다. 아무 염려 하지 말고, 이제 진짜 좋아하는 일을 찾으렴.'

30세 P양은 학습지 방문교사 일을 더 이상 하기가 싫었다. 아니, 견딜 수가 없었다. 그동안 '먹고살기 위한 일'에 치인 삶을 살아왔기에 만족스럽지 못했다. 영혼은 텅 빈 것처럼 공허했다. 진정한 삶의 의미를 찾고 싶었다. 마음속에서 원하는 일을 하며 살고 싶다는 생각이 강렬해졌다. 잘 하면서도 즐길 수 있는 일이 무엇인지를 알아내고 싶었다. "만약에 어떤 부자 친척으로부터 엄청난 유산을 물려받았다고 한번 상상해 보자. 무엇을 제일 먼저 할 거니?" 삼촌의 질문에 "당장 호주에 가야죠." 단짝 친구가 호주로 이민을 간 이후부터는 그녀도 호주에 가서 사는 게 꿈이었다. 삼촌은 돈 문제에 매이지 말고 진정한 인생을 생각해 볼 것을 권했다. P양은 이제 자신이 진심으로 원하는 일을 하기로 결심했다.

호주에 가서 살기로 결심한 순간, 인생은 바뀌었다. 호주에 사는 단짝 친구에게 바로 연락해서 결심을 알리고, 살 만한 곳을 부탁했다. 모든 지출을 절약하며 자금을 모으고, 인터넷 강의로 영어 공부도 시작했다. 필요한 것들을 목록으로 작성하고, 매일 점검해 나갔다. 삼촌의 말대로 호주에 가는 것만큼 중요한 일은 없었다. 정말로 삶이 마법처럼 변했다. 상상 속 부자 친척이 학습지를 비행기 표로 바꾸어 놓았다. P양은 비로소 깨달았다, '인생은 이미 내 앞으로 된 엄청난 유산을 준비해 두고, 내가 찾아가기를 애타게 기다리고 있다.'는 놀라운 사실을!

좋아하는 일을 찾는 것은, 먹고살기 위해 사는 삶을 멈추게 해준다. 단 한 번뿐인 소중한 인생을 허무하게 낭비하지 않도록 도와준다. 즐거워서 더 하고 싶고, 경제적으로도 안정된 일을 하며 살게 하는 축복의 에너지다. 반면, 먹고살기 위해 마지못해 하는 일은, 하루하루가 의미 없고 불행하다는 생각이 든다. 하고 싶지 않은 일, 싫은 일을 하며 보내는 시간은 죽은 시간이다. 소중한 시간을 헛되게 쓰는 것이다. 하고 싶은 일, 좋아하는 일을 하며 보내기에도 시간이 부족하기 때문이다. 그런데 하루 중 대부분의 시간 동안 싫어하는 일을 억지로 해야 한다? 그것은 후회를 부르는 지름길이다. 지루하고 지친 마음은 언젠가 반드시 해를 끼친다. 인생을 쓰러뜨리거나, 장애물이 되어 앞을 가로막는다.

스티브 잡스는 2005년 스탠퍼드대학 졸업 연설에서, 좋아하는 일을 찾는 것의 중요성에 대해 다음과 같이 얘기했다. "여러분이 사랑하는 일을 할 때만이 위대한 일을 성취할 수 있을 것입니다. 아직 찾지 못했다면 계속 찾으십시오. 쉽게 안주하지 마십시오. 진심을 다해서 찾아내면 그때는 알게 될 것입니다. 모든 위대한 관계들이 그런 것처럼, 세월이 지나갈수록 더 좋아질 것입니다. 계속 찾으십시오. 안주하지 마십시오." 지금 하고 있는 일이 행복하지 않다면, 몇 년이 걸려도 좋아하는 일 찾기를 포기해서는 안 된다. 먹고살기 위한 일만 하느라 많은 시간을 허비하기에는, 인생이 너무 짧다.

'돈 때문에 일한다'고 생각한다면, '돈 문제가 해결된 다음에는 무엇을 하고 싶지?' 스스로에게 자주 물어보자. '하고 싶지 않지만, 여기밖에 일할 곳이 없다.'고 생각한다면, '매일 기쁜 마음으로 하고 싶은 일은 무엇일까?' 이렇게 자신에게 질문하는 시간을 늘려가자. 그러지 않으면, 좋아하는 일이 무엇인지 알지 못한 채 생을 마감할 수도 있다. 독일의 철학자 니체는 그의 철학 소설, 《차라투스트라는 이렇게 말했다》에서 "지금 인생을 다시 한 번 완전히 똑같이 살아도 좋다는 마음으로 살라."고 했다. 내 인생의 마지막 날 그리고 다음 생에서도, 하면 좋겠는 일! 나를 오늘 '살아 있다'고 느끼게 만드는 일! 생각만으로도 기쁘고 기대된다. 그런 일을 찾기 위해 나의 속마음에게 자주 묻고, 잘 살피자. 찾기를 절대 포기하지 말자.

뭔가를 이루기 위해서는, 먼 미래를 생각하고 더 많은 시간을 들여 노력해야 한다. 성공한 사람일수록 현재 수입보다 미래의 더 큰 성공을 목표로 한다. 그것을 위해 어려움을 견뎌내고 많은 시간을 투자한다. 반면, 성취 욕구가 낮을수록, 지금 당장 편안하고 달콤한 길을 간다. 몇 년이 걸리더라도 좋아하는 일을 찾아야 하는 이유다. 영국의 물리학자, 스티븐 호킹 박사는 "고개 숙여 자신의 발만 보지 말고, 고개를 들어 별을 보는 것을 기억하라."는 말을 남겼다. 편안하고 평탄하게 살기만 하자면 고개를 숙이고 걸어도 괜찮다. 그러나 넘어지더라도 저 하늘에서 찬란히 빛나는 별을 따라가는 목표가 있는 삶은 진정 가슴 뛰는, 살아 있는 삶이다.

미국 존스홉킨스 의과대학 소아정신과 지나영 교수가 레지던트에 지원할 당시는, 정신과는 재활의학과, 영상의학과와 더불어 비인기과였다. 전공을 정할 때, 아버지나 주위에서 "정신과 의사가 의사냐? 내과나 외과 이런 걸 해라."고 했다. 하지만 그녀는 자신이 가장 사랑하고, 마음이 쓰이고, 도와주고 싶은 환자의 기준에 따랐다. 주변으로부터 멀어진 사람들, 마음과 정신 건강에 문제가 있지만 치료받기는 쉽지 않은 그들을 도와주고 싶었기 때문에, 정신과로 결정했다고 한다.

그런데 고작 5,6년밖에 지나지 않아 이 세 과가 "정·재·영", 한국에서 가장 높은 인기와 경쟁률을 자랑하는 학과가 된 것이다. 대중들의 유행이나 인기는 끊임없이 변한다. 그러나 내 마음이 진실로 원하는 것은 시류의 변화와는 다르다. 그녀는 다른 사람의 의견에 따르거나 대다수의 입맛에 맞는 '먹고살기에 더 유리한 일'보다, 마음이 가는 대로 '좋아하는 일'을 따랐다. 자신이 능하고 좋아하는 일을 할 때, 자존감이 더 높아지기 때문이다. '진짜 내 모습'으로 살아갈 확률도 높아진다.

그녀가 성공 가도를 달리는 와중에, 난치병(자율신경계 장애, 만성 피로증후군)이 찾아왔다. 그러나 좋아하는 일을 선택한 그녀는 병에 굴하지 않고, 꿋꿋하게 정신과 의사와 교수로서의 역할을 행복하게 잘해 나가며 왕성한 활동을 하고 있다.

주말이나 휴가만 기다리는 삶보다는, 돈을 조금 덜 벌더라도 좋아하는 일을 하는 것이 훨씬 더 바람직하다. "사랑하는 일을 하라! 돈은 자연히 따라올 것이다." 이런 세계관을, 심리학자들은 '에우다이모니아(eudaimonia, 행복)'라고 부른다. 그리스어에서 유래했는데, '행하는 것 자체로 보상을 받는다.'는 뜻이다. 잠이 오지 않을 정도로 일을 사랑한다는 것은, 강한 성취감을 느끼는 충만한 인생을 살고 있다는 증거다. 지겹고 짜증나는 일을 하느라 소모시킨 시간은, 경제적인 이득만으로는 보상받을 수 없다. 출근 후 '이 일은 정말 하기 싫다. 나가고 싶다.'라는 생각이 나도 모르게 든다면, 당장 그만두는 게 낫다. '이제야 즐거운 일을 찾았다.'는 생각이 들 때까지, 눈을 크게 뜨고 그런 일을 찾아내야 한다.

　좋아하는 일을 하며 산다는 것은 축복이다. 좋아하는 일을 하면서 돈까지 번다면, 이보다 더 바랄 게 없을 것이다. 오늘이 내 인생의 마지막 날이라도 지금 하려는 일을 할 것인가? 이 물음에 충실히 답하며 살다 보면, 당신은 어느 순간 달라져 있을 것이다. 목숨 걸 만한 일을 발견할 때까지 절대로 포기하지 말자. 그 일이 너무 좋아 지옥에서도 계속할 수 있다면, 그 일이 그대를 천국으로 보내줄 것이다.

4부

위험을 감수하고
기회를 잡았더라면

25
두려워도 앞으로
나아가야 한다는 것을
알고 살았더라면

원시 시대 이래로 인간의 본능은 무엇보다도 안전을 우선시했다. '삶에서 무엇을 더 중시할 것인가?'에 따라 안전을 우선시하는 유형의 사람들은, 위험과 실패에 대한 두려움 때문에 여러 기회들을 놓치고, 후회와 좌절을 맛보게 된다. 또한 사회가 익숙하게 받아들이지 않은 일을 할 때, 두려움을 느끼게 된다. 반면, 사회가 익숙하게 받아들이지 않더라도 가치 있는 일을 하는 것이 삶의 목적이 되면, 게다가 그 목적이 절실하면 할수록 두려움과 공포를 이겨낼 수 있다. 그렇기에, 두려워도 앞으로 나아가야 한다는 것을 알고 살았더라면…….

U씨는 결혼할 당시, 배우자 선택 기준이 경제적으로 성공한 남자였다. 돈 때문에 적성에 맞지 않는 일을 하며 스트레스 받고 살기보다, 경제적으로 유능한 남편의 그늘에서 전업주부로 사는 것이 위험으로부터 자신을 보호하는 최선의 방법이라 생각했기 때문이다. 그런데 20여 년의 세월이 흐른 어느 날, 남편이 갑자기 심부전증으로 쓰러졌다. '무슨 일이 생기진 않을까?' 두려웠던 일이 실제로 일어난 것이다. 왜 이런 불행이 그녀에게 닥쳤는지 믿을 수 없었고, 세상이 원망스럽기만 했다.

U씨 앞에는 지금, 남편을 대신해야만 하는 많은 일들이 산적해 있다. 결국 그녀는 현실 상황을 받아들였다. 남편 사업을 대신 운영, 남편의 병 회복을 위한 일, 가족 일, 공적인 일 등, 집 안팎의 모든 일들을 U씨가 결정하고 처리해 나가기로 마음먹었다. 그녀의 삶이 180도 달라진 것이다. 놀라운 것은, 두려워서 혼자서는 할 수 없을 것 같던 일들을 그녀 스스로 해나가면서, 비로소 마음의 진정한 평화가 찾아왔다는 것이다. 현재 스스로 모든 것을 책임지고 결정하면서 느끼는 두려움은, 이전에 그녀의 삶을 남편에게 송두리째 맡겼을 때 느꼈던 두려움에 비하면 아무것도 아니기 때문이다.

U씨는 이전, 왠지 모르게 자신의 생존 자체에 대해 불안해했었다. 인생의 모든 키를 남편에게 맡긴 무력감에서 비롯된 근본적 두려움 때문이었다. 미국의 심리학자 존 윌리엄 앳킨슨의 성취동기 이론에 따르면, 사람은 성취동기에 따라 '실패 회피형'과 '성공 추

구형'으로 나뉜다. 전자는 실패가 두려워, 위험을 피하고 안전을 택하는 유형이다. 후자는 성공을 생각하기 때문에, 원하는 것을 위해서라면 어떠한 위험도 각오한다. 전자처럼 위험을 피하려고 모험을 하지 않는 사람들은, 후자처럼 두려워도 모험을 택하는 사람들보다 느끼는 두려움이 더 크다.

U씨의 경우도 남편의 갑작스런 병으로, 뜻하지 않게 서투른 일을 하려니 얼마나 두려웠을까! 그래서 두려움이 사그라지게 하는 방법, 즉 '현실을 받아들이고 일단 시작'해 본 것이다. 그 결과 인생이 180도 달라졌다. 인생은 키를 잡은 선장이 의도하는 방향으로 가게 되어 있다. U씨는 이제야 비로소 자기 인생의 선장이 되어, 키를 굳세게 잡았다.

번지점프나 다이빙 했을 때를 떠올려 보자. 난간에 올라서면 두려움에 사로잡혀, '미쳤지! 비싼 돈까지 내고, 내가 이걸 왜? 그만 포기할까?' 생각이 든다. 심히 공포스럽고 두려운 것이 정상이다. 그러나 순간의 담력으로 현실을 받아들이고, '설마 죽기야 하겠어?' 하고 일단 해보지 않았던가. 그 결과, 짜릿한 스릴을 느낀 멋진 경험을 하지 않았던가! 인생에서 우리는 '완벽'이 아니라 '발전'을 목표로 한다는 것을 잊지 말자. 실수를 해도 괜찮다. 실수는 짧은 한때에 그치고, 시작점이 될 뿐이다. 두려워도 한번 해보자. 그리고 앞으로 나아가자.

아프가니스탄에서 태어난 칼리다 포팔은 탈레반 집권기에 어린 시절을 보냈다. 여성들은 학교도 갈 수 없었고, 일하는 것도 허락되지 않았으며, 사회활동도 할 수 없었다. 그저 부르카로 온몸을 가린 채 마치 노예와 같은 삶만을 꾸려나가야 했다. 여성들에게 허락된 것은 '집 안, 부엌, 남편 기다리기'뿐. 심지어 밖에서 남동생들과 어울려 축구를 할 수조차 없었다. 이에 그녀와 어머니는 '아프간 여성이 축구를 하면 변화가 가능하다.'는 생각으로 갖가지 난관을 뚫고 여자 축구부를 만들었다. 그리고 오랜 고생 끝에 마침내 국제축구연맹(FIFA)의 지원으로, 아프가니스탄 여자축구 대표팀을 창단했다.

탈레반은 여성이 몸매가 드러나는 유니폼을 입고 축구를 하는 것은 국가의 수치요, 코란과 율법을 저버린 매춘부, 사회 질서에 위협을 가하는 반동분자로 보았다. 여성이 축구를 한다는 이유로, 훈련 중에 선수들에게 돌을 던지고, 선수들과 가족들에게 '너희들을 죽여서 축구 골대에 매달겠다.'고 협박하기도 했다. 또한 선수들은 아프가니스탄 축구연맹 회장으로부터 성폭행과 신체 폭력까지 당했다.

포팔과 아프가니스탄 여자축구 대표팀 선수들은 두려움과 공포에도 불구하고, 오랜 세월 내전으로 고통 받는, 수많은 아프간 여성들의 유일한 희망이었다. "엄마는 학교에 다닌 적이 없고, 13세에 결혼해 5남매를 낳았다. 너는 나처럼 일자무식이 되면 안 된다. 집 안의 노예가 되지 말고, 부엌 밖의 삶을 찾아가라." 대표팀 골키퍼의 어머니는 딸들에게 이렇게 자주 말하곤 했다. 칼리다 포팔은 마침내 2011년 인도로 탈출했다. 그리고 2021년 국제사회에 도움을 호소, 탈레반이 재점령한 사지(死地)로부터 후배 대표팀 선수들을 호주로 극적으로 탈출해 냈다.

세상이 이토록 불공평할 수 있다니! '이 세상이 변하지 않고, 계속 이렇게 살아가야만 한다면 어떡하나?' 포괄과 아프간 여성들이 이런 생각을 하면서, 얼마나 큰 공포와 두려움을 느꼈을지……. 정말 끔찍하다. 단테는 《신곡》에서, 지옥의 문 앞에 "모든 희망을 버려라! 내 문을 지나는 자여."라고 썼다. 즉, 지옥은 '희망이 없는 곳'이다. 포괄을 움직인 것은 바로 '희망을 만들어야 한다'는 목적의식이다. 지옥에서 평생 살 수 없다는 절박함이다. "목적이 이끄는" 대로, 무슨 일이든 해야만 했다. 할 수밖에 없었다. 지옥 같은 곳에서 평생을 희망도 없이 살아야 하는 것에 비하면, 죽음에 대한 두려움과 공포는 아무것도 아니었다. "나를 죽이지 못하는 고통은 나를 더욱 강하게 만든다."는 니체의 말처럼, 희망을 향한 절박한 바람과 목적이 두려움을 이긴 것이다.

"축구를 하면서 제가 사람이라는 것을, 제게도 권리가 있다는 것을, 저에게 힘이 있다는 것을 알게 됐어요. 그래서 축구는 절대 포기 못해요. 축구를 통해서, 목소리를 내지 못하는 여성들의 목소리가 되고 싶어요." 아프가니스탄 여자축구 대표팀 주장의 말이다. 아직 1승을 거두지 못해, "아프간 여성들은 원래 축구 할 운명이 아니기 때문에 절대 이길 수 없다."는 말을 들은 그녀들의 눈물…….

시합이 끝나고 돌아오는 버스 안에서 그녀들이 나눈 대화는, "우리 슬픈 얼굴을 하지 말자. 여기 이렇게 살아서 공을 차고 있잖아." 오늘도 그녀들은 두려워도 앞으로 나아가고 있다.

다음은 2014년에 개봉하여 관객수 1,761만 명을 기록한 영화, 〈명량〉의 대사다. "이미 독버섯처럼 퍼져 버린 두려움이 문제다. 만일 그 두려움을 용기로 바꿀 수만 있다면……." 12척의 배로 왜군 330척의 배를 맞서 버텨내야 하는 상황. 장수도 군사도 백성도 모두 싸우고자 하는 마음을 잃어버렸다. 해적왕 구루지마는 조선군의 목을 따 조선군 진영에 선물로 보냈다. '두려움'이라는 선물! 삼도 수군통제사 이순신 장군이 그 '두려움을 용기로 바꾼' 기적의 병법, 그것도 바로 '목을 내놓는 것'이었다. 본보기로 탈영병의 목을 치고, "나는 바다에서 죽고자 이곳을 불태운다."며, 돌아올 막사까지 불태웠다. "내가 가장 앞장서 싸우다 죽겠다." 그리고 "살고자 하면 죽을 것이고, 죽고자 하면 살 것이다."라는 말과 실천이, 수군들과 백성들의 두려움을 용기로 바꿨던 것이다.

"두려움은 우리가 미래나 과거의 일에 대해, 그 결과를 걱정하기 때문에 생겨나는 슬픔이다." 네덜란드 철학자, 스피노자의 말이다. 즉, 두려움이란 '슬픔'! "독버섯처럼 퍼져 버린 두려움"은 이미 죽은 병사와 머지않아 죽을 자신에 대한 슬픔이었다. 이순신 장군도 죽음이 두려웠을 것이다. 정상적인 사람이라면 누구나 죽음이 두렵게 마련이다. 그럼에도 불구하고, 두려움을 누르고 앞장서서 죽겠다는 대담함! "대담함은 두려워하는 위험한 일을 하게 자극하는 마음이다."라고 스피노자는 또한 말했다. 즉, 대담함은 두려워하는 위험한 일을 하려는 욕망이다. 이순신 장군은 누구나 두려워하는 죽음을 앞장서서 맞으려는 욕망을 불태웠다. 돌아올 막사까지 불태웠다. 두려움과 대담함이 섞인 그 감정을 우리는 사랑했고, 공감했다. 이것이 1천7백만여 명 관객들의 자긍심을 불태운 비결이다.

이순신 장군의 병법처럼, 두려움을 물리칠 수 있는 가장 효과적인 방법은 죽음을 떠올리는 것이다. 죽음을 떠올리면 성공, 실패, 두려움, 걱정…… 모든 것이 단지 삶의 한 과정에 지나지 않는다. 더 이상 두려울 것이 없다. "영웅과 겁쟁이는 둘 다 같은 감정을 느낀다. 사람들은 당신이 어떻게 '느끼는지'가 아니라 당신이 '하는 행동'을 보고 당신을 판단한다." 마이크 타이슨을 길러낸 위대한 복싱 트레이너, 커스 다마토가 남긴 말이다. 즉, 두려움이 없는 것이 아니라 두려움을 느끼되, 영웅은 두려움을 이겨내고, 겁쟁이는 두려움에 진다. 두려움에 떨려서 피하면, 그때마다 여러 번 죽음을 경험해야 된다. 떨지 말고 용기를 가지고 자신의 나약함, 두려움을 솔직히 인정하고, 두려워도 앞으로 굳세게 나아가자.

영웅도, 겁쟁이도, 우리 모두, 세상을 살아가며 예외 없이 두려움을 느낀다. 두려움을 이겨내고 마음먹은 대로 살기 위해서는, 우선

'일단 시작'해 보는 것이다. 두려운 상황에 맞서, 일단 해보면 두려움은 사라진다. 실수나 실패를 해도 괜찮다. 의미 있고 간절한 목적이 이끄는 일을 한다면, 두려움은 그 앞에 무릎을 꿇을 수밖에 없다. 목숨을 내놓고 죽음을 각오한 일이라면, 두려움은 더더욱 용기로 바뀔 것이다. 두렵다고 해서 피하지 않고, 마음먹은 것을 후회 없이 해냈기에 그대의 삶은 성공한 삶이다. 두려워도 앞으로 나아가야 한다는 것을 알고 살았더라면⋯⋯.

26

나 자신의 성장을 위해
적극적으로 투자하며
살았더라면

"너의 인생은 여기까지가 한계인 것 같다. 이제 더 이상 속 끓이며 아등바등 살지 말고, 그냥 맘 편히 지내거라."는 말을 듣는다면 마음이 어떨까? 정말 지금 이대로의 모습으로 인생을 끝마쳐도 괜찮은가? 내가 꿈꾸는 삶을 살려면, 자신에게 투자할 줄 아는 지혜가 필요하다. 내일 배울 것을 미리 생각하고, 늘 '자신'에게 투자하는 것이 가장 많이 되돌려 받을 수 있는 지름길이다.

사람은 자신이 아는 것 외에는 정확하게 말할 수가 없다. 자신이 알지 못하는 세계는 그저 미지의 어둠 속에 감추어져 있을 뿐이다. 어쩌면 자신이 앞으로 꿈꾸는 삶의 모습이 어떤 것인지 제대로 경험한 적이 없어서, 해보고 싶은 일도 없고, 성장에 대한 필요를 절실히 느끼지 못하는 게 아닐지……. 몸소 경험해 본 후에는 분명 변화가 일어날 것이다. 일례를 들면 지금까지 경험한 적이 없는, 미슐랭 가이드 선정 최고의 식당에 가서 식사를 해보거나, 지금까지 한 번도 방문한 적 없는 일류 호텔에 묵어보는 것, 등등…….

S씨는 자동차 판매회사 영업 사원으로, '올해의 판매왕'이 되었다. 상패와 부상으로, 초일류 양복점의 양복 상품권을 선물로 받았다. 양복점을 방문한 S씨는 그때까지 한 번도 받아본 적 없는 최고의 상품과 서비스를 경험했다. 새로운 세계를 경험한 것이다. 이런 세계를 알게 됨으로써, '이렇게 근사한 곳에 편하게 자주 오갈 수 있는 그런 사람이 되고 싶다.'는 생각을 했다. S씨는 이것을 계기로, '그런 사람이 되고야 말겠다.'는 목표를 세웠다. 그리고 자신의 성장을 위해 적극적으로 투자하며 살게 되었다. 우리도 지금까지 경험한 적이 없는 세상을 한번 경험해 보자. 인생을 다양한 시각으로 폭넓게 바라보기 위한 투자를 한번 해보자.

이제는 꿈꾸는 삶을 더 이상 기다리기만 해서는 안 된다. 적극적으로 찾아 나서야 한다. 아일랜드 출신의 극작가, 사무엘 베케트가 쓴 희곡, 〈고도를 기다리며〉의 두 주인공은 '고도'라는 실체가 없는 인물을 막이 내릴 때까지 하염없이 기다린다, 영원히. 그래서 부조리극이다. 부조리한 기다림 대신, 꿈꾸는 삶을 직접 찾아 나서야 한다. 일례로, 저렴하고 수준 낮은 세미나에 열 번 가는 것보다 비싸지만 수준 높은 세미나에 한 번 가는 것이 백 배 낫다. 투자는 알고 하느냐, 모르고 하느냐에 따라 그 보상의 차이가 크다. 그것은 고스란히 본인의 몫이다. 그렇기 때문에, 자신에 대한 투자를 게을리 해서는 안 된다.

새로운 경험을 쌓기 위해서는 돈뿐만 아니라 시간도 필요하다. 예컨대, 중요하지 않지만 처리해야 할 일은, 대가를 지불하고 다른 사람에게 맡기는 방법을 생각해 보자. 내 시간을 주고 돈을 버는 것이 아니라, 돈을 주고 내 시간을 버는 방법이다. '번거롭고 힘들고 돈 낭비다.'라는 생각이 든다면, 이는 자신의 바쁜 생활에 핑계를 대는 것뿐. 이런 부정적인 태도는 결국 노년에 큰 후회로 돌아오게 된다. 더 늦기 전에, 오늘보다 성장할 내일을 위해 지금 시간에 투자하자.

"투자의 달인", "오마하의 현인"으로 불리는 세계적인 사업가이자 투자가인 워런 버핏, 버크셔 해서웨이 회장은 "최고의 투자는 자기 자신에게 하는 투자이고, 자신에게 하는 투자 중 최고는 책 읽기"라고 말했다. 책벌레로 잘 알려진 그는 90대의 고령에도 하루에 책 500 페이지를 읽을 때도 있다고 한다. 2023년 9월 포브스 기준, 1,255억 달러(한화 165조 원)가 넘는 자산을 쌓게 된 그의 성공 비결에 대해, 40년 동안 그와 함께 일한 찰리 멍거 부회장은 "시간 측정기를 가지고 버핏 회장을 관찰한다면, 전체 시간 중 책 읽는 시간이 절반을 차지할 것이다."라며 그의 대단한 독서량을 자랑했다.

워런 버핏은 열한 살 때, 콜라 병이나 중고 골프공 등의 물건을 되팔아 번 돈으로, 아버지에게 부탁해서 주식 투자를 시작하려 했다. 그러나 아버지는 아들이 혹시 돈을 잃고 마음의 상처를 받지 않을까 걱정이 되어 반대했다. 이때, 열한 살의 워런은 이렇게 말해 아버지를 설득시킨다. "《천 달러를 버는 천 가지 방법》이라는 책에 보면, '일단 시작하지 않으면 아무것도 성공할 수 없다.'라고 쓰여 있어요." 평소 책 읽는 것을 좋아했던 어린 워런은, 도서관에서 그의 인생길을 열어준 이 책을 만나게 된다. 이 책에서 복리의 개념과 사업을 하는 다양한 방법을 배우고, 35세까지 백만장자가 되겠다는 목표를 갖게 된다. 그는 알아야겠다고 목표를 정하고 나면, 완벽하게 알 수 있을 때까지 어떤 자료든 집중적으로 읽고 탐구한다. 이 집중적인 독서 습관이 바로 성공을 이끈 그의 주요 자산이다.

마이크로소프트사의 창업자, 빌 게이츠 역시 "나에게 초능력이 하나 주어진다면, 책을 아주 빨리 읽는 능력을 갖고 싶다."라고 말했을 정도로, 세상의 모든 위대한 사람들은 하나같이, 책을 많이 읽는 것이 자신의 성장을 위한 가장 위대한 투자라고 한다. 지금 힘쓰는 분야에서 성공하려면 책을 가까이해야 한다. 우리가 태어난 이유 중 하나는 배우기 위해서다. 그 중 최고는 사람을 통해 배우는 것, 또 하나는 독서를 통해 배우는 것이다. 선글라스 유리 색깔을 바꾸면 세상은 달리 보인다. 보는 위치를 바꿔도 달리 보인다. 배움을 통해 유리 색깔을 바꿔서 세상을 바라보면, 이 세상은 큰 즐거움으로 차고 넘친다.

단, 심심풀이로 하는 독서는 지적 기능을 잠재운다. 성장을 위해서 투자자의 마음가짐으로 깨어 있는 독서를 하자.

D씨는 젊은 나이에 결혼해, 두 아이를 낳고 전업주부로만 지냈다. 그러나 그녀는 무료하고 발전 없는 생활에서 벗어나고자 적극적으로 시간과 노력과 비용을 공부에 투자하여, 공인회계사 자격증을 따냈다. 그러자 평범한 회사 직원인 남편은 아무런 이유 없이 아내를 질시하고 비난하더니, 술과 도박에 빠져들었다. 결국 그들은 이혼했다. D씨는 한동안 괴롭고 힘겨운 시간을 보냈다. 그러나 자신이 다시 공부를 시작해서 능력을 발휘하고 전문직으로 자리 잡은 것이 뿌듯하다. 자신의 성장을 위해 적극적으로 공부에 투자했던 선택을 후회하지 않는다. 두 아들도 어머니의 성공을 자랑스럽게 여긴다. D씨는 그녀의 적극적인 생활 태도를 지지해 주고 그녀의 성장을 함께 기뻐하는 남자와 재혼했다.

D씨는 건강하지 못한 관계보다, 자신의 성장을 선택했다. 일상적인 관계를 뒤흔들 수도 있는 투자를 하려면 용기가 필요하다. 위험과 불확실성이라는 공포도 함께한다. 하지만 자신의 성장을 위하여 충분히 해볼 만한 가치가 있다. 배우자, 가족들을 불편하게 하고 싶지 않다는 이유로 주저앉아 버린다면, 성장의 기회는 영영 사라

져 버릴 것이다. 사회의 기준에 자신을 맞추려고 고민하거나 남의 시선에 신경 쓰기보다는, 나 자신의 성장을 위하여 그 시간과 노력을 나만의 능력을 찾고 다듬는 데 투자해야 한다.

인본주의적 심리학을 대표하는 칼 로저스는 그의 글에서 이렇게 쓰고 있다. "나는 나를 좋아한다. 내가 살아남기 위해서는 나 자신의 삶을 살 필요가 있다고 깨달았고, 비록 아내가 아프지만 내가 내 삶을 사는 것이 우선되어야 한다는 사실을 깨달았다." 자신을 '돈 버는 기계'로 여겨 몸을 혹사시키면서까지 '대박'을 꿈꾸었던 것은, 짧고 굵게 사는 삶의 방식을 따르던 시대의 행동이었다. 요즘의 100세 시대에는 그보다는 '나의 삶'이 더욱 중요하다. 스스로를 아끼고 살뜰하게 챙겨야 한다. 열심히 일하여 월급까지 받은 스스로를 대견하다 인정해 주고, 보상해 주자. 자신이 진정 원하는 대로 살 수 있게 스스로를 도와주자. '건강한 자기중심성'을 가지자. 자신 특유의 멋과 매력을 가질 수 있도록 아낌없이 투자하자.

'깨진 유리창 이론'은 미국의 범죄학자인 조지 켈링과 정치학자인 제임스 윌슨이 1982년 미국의 월간지 《애틀랜틱 먼슬리(Atlantic Monthly)》에 발표한 글에서 이름 붙인 것으로, 유리창이 깨진 자동차를 그대로 내버려 두면 그곳을 중심으로 범죄가 퍼져 나간다는 이론이다. 보잘것없다고 작은 무질서를 내버려 두면, 그것이 심각한 위기로 이어질 수 있다는 뜻이다. 달리 말하면, 별것 아닌 것 같은 좋은 행동 하나를 내 것으로 만들면, 그것을 중심으로 좋은 습관

들이 퍼져 나가, 나의 성장과 성공으로 이어질 가능성이 커진다는 뜻이다. 자신의 성장을 위해 적극적으로 투자하고, 더 지혜롭고 좋은 사람이 될 수 있다고 스스로 믿는 것! 이것으로부터 시작해 보자. 이런 작지만 건강한 행동들이 쌓이고 퍼져, 결국 그대의 성장과 성공으로 이어질 것이다.

'적군이 공격을 위해 진군하는 걸 막고 싶다면, 술과 고기를 주라.'는 격언이 있다. 이 말은 '꿈을 이루지 못하게 하고 성장을 막는 훼방꾼은 고난이 아니라 안정'이라는 뜻이다. 현재의 안정적인 생활만을 좇다 보면, 발전은커녕 결국 그냥 그대로 삶이 끝날 것이다. 지금 이대로의 모습으로 인생을 끝마치고 싶지 않다면, 꿈을 위해 성장하고 싶다면, 목표로 정한 것을 향해 더 많은 시간과 노력과 비용을 투자하자. 그리고 장래에 반드시 그대로 될 거라고 믿고 행동하자. 꿈꾸는 삶을 향해, 자신의 성장을 위해, 늘 깨어서 자신에게 적극적으로 투자하며 살았더라면…….

27
큰 목표를 위해서는,
구간 목표를 세우고 기록을
체크하며 살았더라면

인생이라는 거친 바다 앞에는 두 종류의 사람이 있다. ①배의 방향을 잡는 타륜도 없는 배를 타고, 목적지도 없이 바람 부는 대로 정처 없이 흘러간다. 언젠가 어느 멋진 항구에 도착할 것으로 믿고 말이다. ②정확한 목적지를 가지고 있다. 어떻게 하면 거기까지 가장 짧은 거리로 빠른 시간 안에 도착할지 항로를 연구한다. 항해술을 익히고 정보들을 기록한다. 가장 좋은 배를 선택하려고 두 눈을 반짝인다. 그대는 어느 쪽인가?

대부분의 사람들은 인생의 정확한 목적지, 목표가 없다. 그러니 계획한 것이 작심삼일로 끝나 버리는 경우가 많다. 그렇게 하루하루

덧없이 흘러간다. 만약 우리의 학창 시절처럼, 상급 학교 진학 등 큰 목표를 두고 구간마다 중간고사, 모의고사, 기말고사 시험을 보고, 점수를 확인하고, 그때처럼 더 나아지려는 노력을 계속해 나갔다면…… 구간마다 목표를 세우고 기록을 체크하며 살았더라면…….

시험 보기 전날은 발등에 불이 떨어졌으니 의욕이 넘쳐 밤샘도 불사하고, '앞으로 예습 복습 철저히 해서 다시는 벼락치기 하지 않겠다.'고 결심한다. 그런데 시험만 끝나면 언제 그랬냐 싶게 다시 빈둥거리다가, 다음 시험 때도 똑같이 다람쥐 쳇바퀴를 돌린다. 도대체 왜 이러는 걸까? 그 이유는 바로 마감 시한이 있는 구간 목표가 있느냐 없느냐의 차이다. '시험'이라는 마감 시한이 있는 구간 목표가 있을 때는 시험 계획도 세우고, 실행의지 '만땅'으로 밤샘공부도 하게 된다. 결과가 점수라는 기록으로 확인된다. 그런데 시험이 끝난 후에는 마감 시한도 구간 목표도 사라지니, '평소에도 공부를 열심히 하겠다.'는 계획은, 실행하기가 그토록 어려웠던 것이다.

그대는 시험이라는 구간 목표를 코앞에 두고, 전날 밤새워 공부했을 때가 간혹 있었다. 혹은 야간 자율학습을 늦게까지 하고 집으로 돌아오는 길 위에도 있었다. 그 순간, 교문 앞에 씌어 있던 "오늘도 수고했어!"라는 글귀를 읽었을 때의 뿌듯함과 희열을 떠올려 보라. '시험'이라는 구간 목표는, 그것을 이루기 위한 계획을 세우게 하는 힘이 있다. 자신을 잊어버릴 정도로 뭔가에 몰입하게 하고, 미치도록 열중해서 실행하게 하는 힘도 가지고 있다. 포기하지 않도록 채찍으로 정신없이 몰아붙인다. 그 대가로 '해냈다, 할 수 있다'는 자신감, 성취감, '살아 있다'는 황홀한 경험을 안겨준다.

마라톤 선수들이 경험하는 '러너스 하이(runner's high)'는 장시간 달리기를 하고 고통의 정점(dead point)을 지난 후 느껴지는 무아지경의 행복감이라고 한다. 마치 모르핀이나 헤로인과 같은 마약처럼 중독성이 있어, 이 행복감을 한 번 맛본 사람은 다시 또 경험하고 싶게 된다. 큰 목표가 있다면, 마감 시한을 정하라. 짧은 구간 목표를 정해 놓고, 구체적으로 실천 계획을 세워라. 미치도록 몰입하여 실행하라. 없던 용기도 생겨날 것이다. 스릴과 흥분도 있을 것이다. 매 순간 기록을 확인하라. 그리고 '러너스 하이'를 느껴라! 일련의 과정을 즐기다 보면, 어느새 목적지에 와 있는 자신을 발견할 것이다.

마이클 에브라소프 중령은 1997년 미 태평양함대 유도 미사일 구축함 USS벤폴드호에 파견되었다. 제일 먼저, 310명의 해병들과 개별 면담에서 개인적인 일뿐 아니라, 벤폴드호의 생활에 대해 좋은 점, 나쁜 점, 힘든 점, 바꿀 점 등을 파악했다. 그 자료를 근거로 ①주가 되고 중요한 일, ②그 외 잡무(자질구레한 일들), 이렇게 두 가지로 일들을 분류했다. ②에 해당하는 일들과의 전쟁을 선포하고, 해병들과 진지한 회의를 거듭했다.

가장 큰 잡무는 녹으로 인한 부식을 막기 위한 페인트칠이었다.

문제 해결을 위해, 녹이 잘 스는 철제 볼트는 스테인리스스틸 볼트로 교체했다. 그리고 쉽게 부식되는 선체 상부의 금속 구조는, 금속 마감 업체를 찾아내어 전체 작업을 일임했다. 이렇게 ②에 해당하는 잡무들을 없애거나 줄이고, 그 시간을 전투역량 강화 훈련에 집중했다. 그 결과, 6개월 과정인 필수 훈련을 2개월 만에 끝마쳤다. 훈련 이수시험에서도 다른 함정보다 월등히 뛰어난 점수를 받았다. 잡무를 없애고 시간을 확보하여, 핵심 역량을 키우는 데 투자했다. 그 후 벤폴드호는 미 해병대의 주축 함정으로서 걸프전에서도 맹활약하며, 어렵고 중요한 임무들을 수행해 냈다.

우리가 처리해야 하는 일은 크게 네 가지로 나눌 수 있다. 다급하고 중요한 일, 다급하지만 중요하지는 않은 일, 다급하지는 않지만 중요한 일, 다급하지도 중요하지도 않은 일. 정해진 24시간 중, 가장 먼저 선택하고 처리해야 하는 일은 '다급하지는 않지만 중요한 일'이다. 인생을 위한 목표 설정, 미래를 위한 투자, 공부, 도전이나 개선 과제, 건강관리 등이 해당된다. 빌 게이츠나 워런 버핏 등 성공한 사람들이 가장 많은 시간을 보내는 일들이 바로 여기에 해당된다. 선택과 집중을 해야 하는 영역이다.

이 시간을 확보해서 중요한 일에 집중하는 것이 목표다. 벤폴드호의 병사들처럼 ②의 영역, 중요하지 않은 잡무(자질구레한 일들), '다급하지도 중요하지도 않은 일'과의 전쟁을 결심하라. '없앨 일'의 목록을 만들어라. 매 구간마다 목표와 구체적인 계획을 세워 실행에 옮기고, 결과를 기록으로 확인하라. 십 수년 간 갖고 있던 습관일지라도, 버릴 수 있는 용기가 필요하다. 쉽지 않은 일이다. 그러나 벤폴드호의 사례에서 보듯이, 사과만 한 노력을 들인다면 그렇게 확보된 시간은 수박만 한 결실로 보답할 것이다. "두 번째 삶을 사는 것처럼 살아라. 그리고 첫 번째 삶에서 했던 잘못된 행동을 지금 다시 하려는 것은 아닌지 살펴라." 빅터 프랭클의 말이다.

A씨는 대학 졸업 후, 기차 승차권 자동발매기를 운영하는 회사의 수리부서에서 일했다. 일에 자신이 붙자 결혼 후 퇴사를 하고, PC방을 차린 한편 동업자와 캐릭터 사업을 했다. 그러나 3년 만에 모두 실패하고, 많은 빚까지 지게 되었다. 다시 취업을 했지만, 업무에 적응하지 못해 회사에서 쫓겨났다. 빚꾸러기 신용불량자에 실업자 신세가 되었다. 갓 태어난 딸의 기저귀를 살 돈도 없을 정도였다. 길이 전혀 보이지 않았다. 그때, 이전의 자동발매기 회사로부터 '1억 원을 투자하면, 기차역 자동 발매기 수익 중, 1천만 원을 뺀 나머지 수익의 90%는 투자자의 몫이 된다.'는 제안을 듣는다. 마지막 희망을 걸고, 아버지를 찾아갔다. 눈물로 하소연한 후, 부자지간의 마지막 돈거래라는 각서를 쓰고 돈을 빌려 왔다. 집으로 돌아오는 길, A씨의 피눈물로 젖은 가슴속은 '여기서 실패하면 우리 가족은 길바닥에 나앉는다.'는 위기의식과 절박함으로 꽉 찼다.

A씨는 '어떻게 하면 손님들이 매표창구 대신 자동발매기를 더 많

이 이용할까?' 이 생각만 했다. 새벽 4시 30분에 출근해서 막차가 떠나는 밤 11시까지, 출퇴근할 때, 식사할 때, 세수할 때, 잠들 때, 깜짝 놀라 잠에서 깨어날 때, 다시 잠을 청할 때도, 생각에 생각을 거듭했다. 깊은 집중과 몰입 끝에, 자신도 모르게 엄청난 아이디어들이 쏟아졌다. 가장 좋은 방법을 실행한 결과, 3개월이 지난 후로 그는 월 1,500만 원의 수익을 올리게 되었다. 그 후 그는 '집중과 몰입'이라는 성공의 비밀을 깨닫고, 성공한 사업가가 되었다.

A씨의 성공은 극도의 위기의식과 절박한 상황에서 비롯된 몰입과 집중에 의해 만들어졌다. 즉, '집중과 몰입'이 성공의 비밀이다. 그런데 실생활에서는 A씨처럼 길바닥에 나앉을 만큼 절박한 상황이 많지 않다. 대부분의 사람들의 집중력은 20~45분 정도 계속된다고 한다. 그렇기에 저 멀리 목표 지점까지 완주해 내려면, 집중과 몰입을 해서 갈 수 있는, 구간 구간의 짧은 목표와 계획을 잡고 하나씩 실행해 나가야 한다. 계획한 마감 시한을 지키기 위해서는, 매 시간을 의식하고 기록을 확인한다. 그것이 동기부여가 되고 의욕을 높이기 때문에, 기꺼이 전속력을 낼 수 있다. 결국 원하던 목표를 이루게 되는 것이다.

이를 도와줄 강력한 도구가 바로 '알람'이다. 한 시간마다 알람을 맞춰놓고, 알람이 울리면 '나는 지금 큰 목표를 위해서 해야 할 일을 하고 있는가?' 스스로에게 묻고 다시 집중하는 것이다. 매 시간 목표를 기억할 것. 다음 알람이 울릴 때까지 이 목표를 위해 무엇을 할 것인지 계획할 것. 그 계획을 완료할 때까지 걸린 시간을 기록할 것. 이것으로 시간을 단축할 수 있다.

"꿈을 날짜와 함께 적으면 목표가 되고, 목표를 잘게 나누면 계획이 되고, 그 계획을 실행에 옮기면 꿈이 이루어진다." 영화 제작자이자 베스트셀러 작가, 그레그 S. 레이드의 명언이다. 꿈을 이루며 사는 멋진 인생을 바라는가? 그 목표를 성공으로 이끄는 방법은, 마감 시한을 정하고, 구간으로 짧게 끊어서 목표와 계획을 세우는 것이다. '없앨 일'(급하지도 않고 중요하지도 않은 일)에 대한 정리가 반드시 포함되어야 한다. 필요하다면 '알람'의 도움을 받아 집중, 몰입하여, 계획을 전속력으로 실행하자. 그 기록을 적고 확인하자. 그렇게 하루하루를 살아가다 보면, 목표에 다다른 자신을 발견할 수 있을 것이다.

28
인생의 동반자인 불안과
사이좋게 지내야 한다는 것을
알고 살았더라면

인간의 본능인 불안. 태어나서 죽을 때까지 물을 먹어야 살듯, 불안도 태어나서 죽을 때까지 우리와 함께하는 감정이다. 자신에 대한 평가를 받는 상황, 불확실한 미래, 건강, 질병, 전쟁, 가족, 친구, 동료 등 사회로부터 멀어지거나, 업무에 있어 목표를 달성하지 못할까 봐, 경제적인 문제로 생활이나 미래에 대한 걱정이 생길 때 우리는 불안을 많이 느낀다. 나만 그런 것이 아니니, 부정적으로 생각하지 말자. "아, 지금 불안을 느끼고 있구나. 잘 알겠어." 이렇게 인정해 주자. 그러면 강물이 흘러가듯이, 불안은 스스로 떠난다. 그러다 어느 날, 또 예고 없이 찾아와서 위험을 경고해 주고 떠나는 친구다. 이 친구와 평생 어떻게 살아가야 할까?

전문대학교를 졸업한 A양은 취업이 안 되어, 불안에 시달렸다. 졸업 전, 스펙을 쌓기 위해 영어 학원, TOEIC, TOEFL 시험, 해외 어학연수, 코딩 학원, 면접 학원도 다녔다. 졸업 후 2년 동안 수없이 이력서를 내고 면접을 보았지만, 원하는 곳에 취업하지 못했다. 좋은 직장에 취업한 친구들 소식을 듣는 날은 더욱 불안했다. 어느 날, 원하는 회사에서 면접을 보러 오라는 연락을 받았다. 준비를 철저히 하고 면접장으로 향했다. 안타깝게 실수를 하고 말았다. 면접 이후에도 실수한 것을 반복해서 생각하며 불안에 시달렸다. '취업이라는 경쟁에서 어떻게 성공할 수 있을까?' 고민 끝에 상담실을 찾은 그녀는 자신의 불안감을 이겨내기로 결심했다. 취업에 성공하지 못한 현재는 과정일 뿐, 자신의 능력과 더 나은 기회가 올 것을 믿기로 했다.

불안을 이겨내고 다시 도전하여, A양은 원하는 회사의 면접에 합격했다. 드디어 첫 직장 생활을 시작했다. 취업 후, A양은 또 다른 불안에 시달렸다. 새 프로젝트의 프레젠테이션을 맡게 된 것이다. 여러 사람 앞에서 발표하고 평가를 받는다고 생각하니 긴장되었다. 잘 해내야 한다는 중압감에 불안했다. 회사 중역들과 동료들 앞에서 열심히 준비한 프레젠테이션을 하던 중, 실수를 저질렀다. 머릿속이 하얘지고 불안은 더욱 크게 밀려왔다. 동료의 도움으로 다행히 위기를 넘겼다. 그 후 그녀는 자신의 능력을 의심했고, 왜 이런 일들이 일어나는지 의문이 들었다. 선배에게 도움을 구했다. "너만 그런 게 아니고, 다른 사람들도 다 그런 과정을 겪으니 겁먹지 마." 조언을 들은 후에야, 불안에 시달리던 마음을 진정시킬 수 있었다.

취업이 안 돼서 불안한 마음, 친구들의 취업 소식이 마음을 더 불안하게 했다. 내가 생각을 다스려야 하는데, "지금 못 하면 실패." 이런 생각이 나의 주인이 되어 나를 다스리면, 불안할 수밖에 없다. 취업이 돼서도, 잘 하려고 하면 할수록 긴장되고 불안하다. '원래 그대로의 모습을 보여준다.'고 생각해야 한다. 노래도, 아무도 없을 때 부르면 더 잘 부르지 않는가. 이렇듯, 취업을 해도 불안, 안 해도 불안…… 우리의 삶은 불안의 연속이다. 그럼에도, 우리는 불안을 느끼는 자신을 부끄럽게 여기고 숨기려 한다. 덴마크계 독일의 심리학자, 에릭 에릭슨에 의하면, 인간은 생애에서 여덟 개의 단계(영아기, 유아기, 유치기, 아동기, 청소년기, 성년기, 중장년기, 노년기)마다 정체성의 위기를 겪는다고 한다. 즉, 인간은 인생에서 여덟 번의 큰 변화를 거치면서 성장, 발전, 성숙을 한다. 그때마다, 난생 '처음' 겪는 일들을 해내게 된다. 이미 무수히 경험해 봤듯이, 무슨 일이든 처음 할 때 얼마나 낯설고 불안했던가! 그렇기에 불안은 탄생에서 죽음까지 평생 우리와 함께한다.

독일 태생의 미국 시인이자 교육사업가인 사무엘 울만은, "청춘이란 인생의 어느 시절을 말하는 것이 아니다. 마음의 상태를 말한다.…… 아름다움, 희망, 기쁨, 용기, 힘의 영감을 갖는 한, 우리는 언제나 청춘이다."라고 그의 시, 〈청춘〉에서 말했다. 그대와 나, 우리는 아직 '청춘'인 것이다. 김난도 교수의 저서,《아프니까 청춘이다》의 한 구절을 청춘인 A양과 그대에게 들려주고 싶다. "그대 좌절했는가? 친구들은 승승장구하고 있는데 그대만 잉여의 나날을 보내고 있는가? 잊지 마라. 그대라는 꽃이 피는 계절은 따로 있다. 아직 때가 되지 않았을 뿐이다. 그대, 언젠가는 꽃을 피울 것이다. 다소 늦더라도 그대의 계절이 오면 여느 꽃 못지않은 화려한 기개를 뽐내게 될 것이다. 그러므로 고개를 들라. 그대의 계절을 준비하라."

Y씨는 둘째 아기를 출산했다. 산모와 아기 모두 건강했다. 3개월간의 출산 휴가 후, 다시 직장에 복귀하기로 되어 있었다. 첫째 아기도 생후 24개월이다. 첫째 아기는 친정어머니가 봐주어서, 직장생활과 집안 살림을 하는 데 그리 힘들지 않았다. 그런데 어머니가 손목 류머티즘 관절염으로 아기를 더 이상 볼 수 없게 되었다. 이제 Y씨가 직장에 다니면서 두 아기를 키워야 했다. 한 아기도 키워보지 않는데, 혼자서 두 아기를 키운다? 그것도 직장에 다니면서? 상상이 되지 않았다. 불안하고 걱정이 컸지만, 그럴 수밖에 없는 상황이니 부딪쳐 보기로 했다. 이때 Y씨는, 자신에게 가장 필요한 것은 운전면허부터 따는 것이라고 생각했다. 출근할 때, 두 아기들을 어린이집에 맡겼다가 퇴근 후 데려와야 하니 말이다. 직접 차를 운전하지 않으면, 어림없는 일이기 때문이다.

친정에서 산후조리를 하고 있는 이때가 운전면허를 딸 수 있는 절호의 기회라 판단했다. 출산 후 2주일 만에, 운전면허를 따기 위해 학원에 등록, 난생처음 자동차 운전대를 잡았다. 출산 후 몸이 정상으로 돌아오기까지 최소 6주~8주, 100일까지 걸린다고 알려져 있다. Y씨는 불안감에 무리를 한 것이다. 필기시험 합격 후, 실기 시험을 준비하면서, '혹시라도 불합격을 하게 되면 어떡하나?' 극도로 불안했다. 재시험을 보려면 여러 가지 상황들이 꼬이고 힘들어진다. Y씨는 정말 죽기 살기로 시험에 임했다. 긴장한 탓에 실수를 많이 했지만, 실기 시험관도 이 간절함에 감동, 간신히 합격할 수 있었다.

그런데 "세상은 요지경!" 회사 측 사정으로, Y씨는 직장에 복귀하지 못했다. 뜻하지 않게 전업주부가 되어, 그렇게 무리를 해가며 극적으로 따낸 면허증도 소용이 없어졌다. 그런 극도의 불안감은 갖지 않아도 되는 것이었는데…… 불안은 원래 우리와 언제나 함께한다는 것을 알고 살았더라면…….

정말 "세상은 요지경"이다. 한 치 앞을 알 수가 없다. 미래가 이렇게 불확실하다 보니 불안한 것은 당연하다. 만약 Y씨가 예정대로 회사에 복귀했다면, 그녀의 극도의 불안감은 쓸모가 있는 것이겠다. 그런데 현실은, 복귀하지 못했다. 그럴 줄 알았다면, 직장을 다니면서 두 아기를 키우는 걱정과 불안, 그리고 운전면허를 따기 위해 출산 직후 자동차를 운전할 정도까지 무리하지 않아도 됐던 것을……. 불안을 막으면 더욱 걷잡을 수 없게 된다. 그냥 두면 물 흘러가듯이 저절로 흘러가 버린다. Y씨가 아기 둘을 키우며 직장 생활을 해야 하는 것에 대한 불안을 막으려고 무리하면서까지 면허를 따려는 행동을 하지 않고, 그냥 불안한 감정이 저절로 흘러가도록 내버려 두었다면, 그렇게 정신적·육체적으로 고생하지는 않았을 것이다.

프랑스의 수학자이자 철학자, 파스칼은 "인간은 전 우주를 두루 생각할 수 있지만, 동시에 유한한 존재이기에 불안을 안고 사는 운명을 타고났다."고 얘기했다. 인간은 어느 누구나 다 불안해한다. 인간의 본능이다. 부자가 되면, 지위가 높으면 덜 불안할 것 같지만, 실상은 그렇지 않다. 때문에, 불안을 어떻게 초전박살을 낼까, 어떻게 아예 발도 못 붙이게 할까를 고민하기보다는 그냥 문을 열어주고 받아들이자. 그러면 잠시 머물다가 물 흐르듯이 사라져 버린다. 그렇게 놔두는 것이 현명하다. 부정적인 감정에 계속 머물러 신경을 쓰다 보면, 소중한 시간만 허비하고 후회만 남는다. 영국 록밴드의 전설, 비틀즈의 명곡 "Let It Be!"의 가사처럼 "그냥 놔두는 것"이 지혜다.

자동차 딜러인 40대 가장, J씨는 요즘 갈비뼈 아래쪽이 가끔 아팠다. 가스도 차는 것 같고, 소화도 잘 안 되는 느낌이다. 대장암을 앓는 병든 노모, 다운증후군 환자인 아들, 우울증을 앓는 아내를 돌보며 불안에 몹시 시달렸는데, 건강에 대한 불안까지 느끼게 되었다. 자동차 영업 일도 코로나19 전염병 이후 실적이 좋지 않아, 수입이 더 줄어들까 봐 불안했다. 노모의 상태는 날이 갈수록 악화되고, 다운증후군을 지닌 아들은 일상에서 더 많은 도움을 필요로 했다. 아내는 우울증에 시달리며 정서적인 지지가 필요했다. 가장인 자신이 큰 병에 걸릴 경우, 가족들이 어떻게 살아갈지, 내면의 불안은 커져만 갔다.

병원을 찾은 J씨는 주요 검사를 받고 결과를 기다리는 동안 마음이 너무 불안했다. 가족들을 지켜내야 한다는 걱정과 함께, 본인의 건강까지 걱정하는 일이 너무 힘들었다. 검사 결과를 듣기 위해 병원을 다시 찾았다. 의사로부터 병이 아니라는 좋은 소식을 들었다. 아이처럼 가슴이 가벼워졌고, 그동안의 불안과 고민이 한순간에 사라졌다. 그동안 불안에 시달리던 자신의 내면을 이제는 더욱 굳고 단단하게 만들기로, 불안감이 아닌 믿음과 새로운 마음가짐으로 가족들을 끝까지 지켜내기로, 결코 희망을 놓지 않기로 다짐했다.

프랑스의 사상가, 장 폴 사르트르는 그의 저서,《존재와 무》에서 "자유로운 사람은 스스로 결정하고 책임져야 하기에 늘 고민과 불안에 싸여 있다."고 말했다. J씨처럼 일이 잘못된 것 같은 불안한 생각은, 미래의 불행에 대비하기 위하여 모든 것을 스스로 결정하고 책임져야 하는 상황에서 비롯되었다. 때문에, 좋은 일보다 나쁜 일이 더 강렬히 오래 기억된다. 불안이 홍수처럼 물밀듯이 몰려올 때, 스스로의 마음을 읽어주고, 거리 두기를 해야 부정적인 생각으로부터 자유로워질 수 있다. 생각의 주인이 나이기 때문이다. J씨처럼 일이 잘못된 것 같은 불안한 생각에 사로잡힐 때, "아, 지금 불안을 느끼는구나. 잘 들었어. 잘 알겠다. 이제 가봐." 이렇게 마음을 읽어주고, 인정해 준 후, 거리를 두자. 불안한 생각이 나를 더 이상 다스리지 않게 말이다.

인생은 흐르는 강물처럼 별의별 일을 다 겪는다. 바위를 만나 부딪치기도 하고, 폭포가 되어 떨어지기도 하고, 소용돌이의 한가운데에서 휘감아 돌기도 하고, 빠르게 흐르다가 천천히 흐르다가······ J씨처럼 너무나 견디기 힘든 일들을 한꺼번에 만나기도 한다. 불안은 우리 삶의 변화, 즉 성장, 발전, 성숙, 혹은 위험을 알려주려 찾아온다. 이 친구가 발도 못 붙이게 할 것이 아니라, 들어주고 인정하면서, 불안을 다스리자. 그대는 불안을 일으킨 문제들을 시간과 함께 이겨내리라. 강물이 끝내는 바다까지 흐르듯, 불안과 어려운 문제들과 더불어 인생 끝까지 최선을 다한 그대는 마침내 평안을 찾을 것이다. 인생의 동반자인 불안과 사이좋게 지내야 한다는 것을 알고 살았더라면······.

29
인간은 패배하도록
창조된 것이 아니라는 걸
알고 살았더라면

목표를 세우고 힘껏 전력 질주를 하며 하루하루를 살아온 그대. 어느 날 문득 생각해 보니, 맙소사! 계획하고 꿈꾸어 온 기대에 한참 못 미치는 자신의 현실에 낙담하고 좌절한 적 있는가? 실패한 인생을 산 것 같아, 마음이 무너져 내리고 기운이 꺾인 적은? '왜 나에게 이런 결과가? 어느 방향으로 가야 했었나? 이제는 어디로 가야 하나?' 방황한 적은? '나의 인생은 여기서 이렇게 패배로 끝나고 마는 건가?' 허탈하고, '이렇게 살 바에야 차라리 죽는 게 낫겠다.'고 생각한 적도 있는가? 이 진실을 잊지 말자, "인간은 절대로 패배하도록 창조되지 않았다."

쿠바 멕시코만 연안에서 한평생 물고기를 낚으며 산 60대 노인 산티아고. 최근 84일간 물고기를 한 마리도 잡지 못했다. 노인의 어린 동료, 마놀린의 부모는 노인의 운이 다했다며, 아들이 그의 배에 타지 못하게 했다. 85일째 되는 날, 혼자 먼 바다로 나간 노인의 미끼를 드디어 5.5미터 길이의 아름답고 거대한 청새치가 물었다. 장장 3일간 바다에서 노인과 청새치의 죽기를 각오한 싸움이 계속되었다. 청새치는 미끼를 문 채로 배를 끌고 다니며, 노인이 지쳐 포기하기를 기다렸다. 노인은 손에 쥐가 나고, 손이 낚싯줄에 베여 피가 흐르고, 먹지도 자지도 못할지언정, 인생 최고의 행운을 포기할 수 없었다. 마침내 3일 만에, 노인은 힘이 빠진 녀석을 작살로 잡는 데 성공했다.

잡은 청새치를 배에 묶어 돌아오면서, 파운드당 얼마에 팔면 좋을까 행복한 상상에 젖어 있었다. 그러나 호사다마(好事多魔)라고 좋은 일에는 마가 끼는 법. 청새치 피 냄새를 맡은 상어들이 달려들어 청새치의 살을 뜯어 먹기 시작했다. 노인은 죽을힘을 다해 작살, 칼과 밧줄, 나중에는 이것들도 다 부러지고, 몽둥이와 키 손잡이로 상어 떼를 쫓아냈다. 하지만 무자비한 상어들은 끝내 한 점의 살도 남기지 않았다. 결국 새벽에 부두로 돌아왔을 때 노인에게 남은 것은 청새치의 머리와 등뼈뿐. "하지만 인간은 패배하도록 창조된 게 아니야." 그는 말했다. "인간은 파멸당할 수는 있을지 몰라도, 패배할 수는 없어."

며칠간 보이지 않은 노인을 걱정한 마놀린은, 집으로 돌아와 쓰러져 자고 있는 노인을 내려다보았다. 그의 배에 묶인 엄청나지만 앙상하게 남은 청새치의 머리와 등뼈, 그리고 노인의 손의 상처와 피를 보고 눈물이 났다. 사람들은 노인의 배에 묶여 있는 커다란 고기 뼈를 보고 놀라움을 금치 못했다. 노인은 소년의 보살핌을 받으며, 깊은 잠에 빠져, 아프리카 사자 꿈을 꾸었다.

이상은 1953년 퓰리처상, 1954년 노벨 문학상을 받은 어니스트 헤밍웨이의 소설,《노인과 바다》의 내용이다. 산티아고는 바다라는 우리 인생의 터전에서 따돌림 당하고, 사람들이 멀리하는, 기운이 다한 노인이다. 그렇지만 그는 청새치라는 인생의 목표를 끝까지 놓치지 않았다. 노년에도 마놀린과 같은 소년의 마음을 가졌다. 상어 떼는 인생에서 우리 앞을 가로막는 고난과 악을 상징한다. 산티아고는 폭력과 죽음 앞에서, 청새치라는 목표를 위해 묵묵히 그리고 당당히 선한 싸움을 끝까지 멈추지 않았다. "인간은 패배하도록 창조된 게 아니야."라는 진리를 향한 믿음 때문이다. 결국 그는 청새치를 잡아가지고 와서, 그 진리를 증명해 냈다. 앙상하게 남은 청새치 머리와 뼈는 패배가 아니라, 오히려 상어 떼와 싸워서 승리한 자랑스러운 인간 승리의 훈장이다.

미국 노스웨스턴 대학교의 심리학 교수, 댄 맥아담스의 연구에 따르면, 자신에 대해 '구원 시퀀스(나쁜 일에서 좋은 일로 바뀜)'를 가진 사람들은 삶에 만족도가 높다. 자신의 목표한 바를 이루었으며, 바람직한 삶의 의미를 가지고 살았다. 반대로 자신에 대하여 '오염 시퀀스(좋은 일에서 나쁜 일로 바뀜)'를 가진 사람들은 정반대였다. 산티아고는 '구원 시퀀스'를 가지고 살아왔기 때문에, "인간은 패배하도록 창조된 게 아니다."라고 생각했다. 실제 이 생각은 그를 그렇게 만들었고 증명해 냈다.

신은 인간에게 행복과 기쁨을 주기를 원한다. 하지만 우주가 가진 대칭성 때문에, 신은 행복과 기쁨을 실패나 패배로 변장시켜 우리에게 보낸다. 이것이 '구원 시퀀스'를 가져야 하는 이유다. 즉 대칭성이란, 내리막이 있으면 오르막이 있고, 골짜기가 있으면 산꼭대기가 있고, 폭풍우가 그치면 무지개가 고요히 뜨는 것과 같은 이치다. 견뎌내기에 너무 힘들고 벅찬 일이 있는가? 나쁜 일이 지나가면 좋은 일이 올 것이며, 그 끝에는 축복이 기다리고 있음을 명심하자. 넘어졌을 때, 꼭 한 번만 더 일어나자.

A씨가 어느 날, 옷가게로 일하러 가는데, 누가 이름을 부르는 소리가 들렸다. 뒤를 돌아보니, B양! B양은, A씨가 대학교에서 특수교육학과를 졸업하고, 3년 동안 중등 특수학교 교사로 일할 때 가르친 학생이다. 맡았던 학생들 중, B양은 자폐성 발달 장애가 있었지만, 다른 사람들과 정상적인 소통이 가능했던 유일한 학생이었다. 그 당시 학생들은 졸업 후, 대부분 사회로 나가지 못했다. 의사소통이 원만치 못하기 때문에, 진로와 직업을 위해 마땅히 갈 곳이

없었다. '장애인은 취업하기 힘들다. 사회에서 활동하기 어렵다.'는 것이 현실이었다. A씨는 정성을 다해 지도한 학생들이 졸업 후에 사회로 나갈 수 있도록, 교사로서 최선을 다해 노력했다. 하지만 결국 진학도, 취업도 제대로 시키지 못했다는 좌절감과 허탈한 마음에, A씨는 그 3년을 끝으로 학교에 사직서를 냈다. 이후로 버젓한 직업을 갖지 못하고 방황하며, 낮에는 병원 임시직, 밤에는 옷가게 아르바이트를 전전하게 되었다.

B양은 "선생님께 꼭 하고 싶은 말이 있었어요. 저, 대학 병원에 취업했어요, 안내 직원으로요. 취업할 수 있게 도와주셔서 정말 감사합니다. 선생님 덕분에 원하면 무슨 일이든 할 수 있다는 것을 배웠어요. 이전에는 할 수 있다는 생각을 아예 하지 못했거든요. 진로 수업 시간에, 선생님이 제가 큰 병원에서 일할 수도 있다, 백 번만 연습하면 뭐든 할 수 있다는 믿음을 주셨어요. 지금도 뭐든지 백 번씩 연습해요."라고 말했다. 그 당시 A씨는 학생들에게 그들의 장애와, 그 장애를 극복하려면 어떻게 하면 좋을지, 취업을 위한 동기 부여 등을 가르쳤다. A씨는 B양에게, "너 정말 대단하고, 장하구나. 너무 자랑스럽다."라고 말하는데 목이 메었다.

A씨는 집으로 돌아와, 컴퓨터를 켰다. 대학교 때 만든 '특수교육 실습 보고서' 파일을 열어 보았다. '특수교육에 대한 자신의 의견' 맨 마지막에 이렇게 쓰여 있었다. "내가 한 사람의 삶에 조금이라도 보탬이 될 수 있다면, 나의 교육 목표가 이루어진 것이라고 생

각한다." 가슴이 뭉클했고, 눈물이 앞을 가렸다. '나의 인생은 결코 패배한 것이 아니었다!'

시도하지 않으면 실패도, 패배도 없다. 변하고는 싶은데 실패할까 봐 '불안'해서, 그냥 현재 생활에서 느끼는 '불만'을 택한다. 그리고 시도조차 하지 않은 채 그대로 살아간다. 실패하면 당장 생활에 문제가 오고, 무능한 인간으로 낙인찍힐까 봐 두렵기 때문이다. 처한 환경의 문제도 아니고, 능력이 부족해서도 아니다. 다만, '행복해질 용기'가 부족한 것이다. 그러나 인간은 태어나면서부터 본능적으로 실패할까 봐 불안하거나 두려워하지 않게 창조되었다. 수천 번 이상 넘어지고도 다시 일어나 걸었다. 이렇듯 인간은 본능적으로 패배하도록 만들어지지 않았다.

아기가 걷게 되는 과정에서 보듯이, 시도를 한다는 것은 당연히 수많은 실패를 딛고 서는 행위다. 인간은 원래 불완전하고 나약한 존재이기 때문이다. 이것을 두려워하고 부끄러워할 것이 아니라, 있는 그대로 받아들여야 한다. 그리고 아기처럼 수많은 실패를 경험하면서 성공을 배워나가는 것이 인생이다. 전 남아프리카공화국 대통령, 넬슨 만델라는 "실패란 '지는 것'이 아니라 '배우는 것'이다."라고 말했다. 실패는 낙인이 아니라 메달인 것이다. 성공을 바란다면 계속해서 실패를 하는 것이 필수 요소이다. 잊지 말자. 실패는 성공을, 패배는 승자를 위한 씨앗임을.

미국의 유명한 소설가, F. 스콧 피츠제럴드는 "한 번의 실패를 완전한 실패라 착각하지 말라"고 했다. 위의 A씨는 B양을 만나고 비로소, '자신이 최선을 다한 가르침이 실패로 끝났다.'는 착각에서 벗어날 수 있었다. 원하는 대로 이루어지지 않았다고, 결코 실패가 아니다. 인생은 끝까지 가봐야 아는 것이다. A씨가 B양을 만나고 나서야 비로소, 자신의 인생이 패배하지 않았다는 것을 알게 된 것처럼 말이다. '인내는 쓰고 열매는 달다'는 프랑스 사상가 루소의 말처럼, 언제 끝날지 알 수 없는 불확실과 불안을 끝까지 참아내면, 자신이 뿌린 씨앗의 '성공'이라는 달콤한 열매를 맛볼 수 있게 된다.

이렇듯, 세상에는 우리가 거스를 수 없는 법칙이 있다. 눈물로 씨를 뿌리면 기쁨으로 열매를 거두게 되고, 겨울이 제아무리 추워도 봄은 온다. 밤이 아무리 길어도 아침이 온다. 구름이 아무리 두껍게 하늘을 덮어도, 그 위엔 찬란한 태양이 빛나고 있다. 예외는 없다. 우주의 관점에서, 인생도 이 법칙을 거스를 수 없다. 인생이 제아무리 실패의 그림자가 짙게 드리워져 있어도, 결국은 패배하도록 만들어지지 않았다. 우리는 결국 각자의 인생에서 모두 챔피언이다.
변화가 주는 불안까지 이겨내고, 그대를 행복하게 해주는 일에 도전했는데, 실패했는가? 마음이 몹시 상했겠지만, 그건 당연한 것이라 여기자. 걸음마를 배우는 아기처럼, 우리는 불완전하고 연약한 인간이기 때문이다. 아기가 수천 번씩 넘어져도 결국 걷게 되듯, 그대도 성공으로 잘 가고 있다. 실패는 성공의 씨앗이다. 자연의 법칙대로, 계속해서 씨를 뿌리고 배우고 참고 기다리면 달콤한 열매를 맛볼 수 있다. 목표한 바를 얻기 위해 노력할 때, 고난과 악이 괴롭게 하지만, 우리는 마침내 그것과 맞서 싸워 최후의 승리를 얻을 것이다. 고난과 역경은, 우주의 대칭성에 따라 변장된 축복이기 때문이다. 인간은 결코 패배하도록 창조된 것이 아니라는 걸 알고 살았더라면…….

30
월급 노예에서 벗어나
진정한 자유를 누리며
살았더라면

직장인들에게 직장은 인생의 방점이다. 하루 중 깨어 있는 시간 가운데, 가장 오래 머무는 곳이기 때문이다. 그곳에서 아파서 쉬어야 할 상황에도 눈치 보여서 그럴 수 없다? 모욕을 당하고, 부당하고 억울한 일을 당한다? 그럼에도 불구하고 월급을 받는다는 이유로, 월급 때문에 뭐라 하소연을 할 수도 없다면? 그만둘 수조차 없는 노예와 같은 삶을 산다면? 직장에서 간, 쓸개 다 빼고 인정을 받아야만 하는 삶을 택할 것인가? 자유로운 삶을 선택할 것인가?

L씨는 가난한 집안에서 태어나 어려서부터 일을 하며 살았다. 평

일은 투잡, 주말에도 배달 일을 하며 열심히 살았지만 살림은 별로 나아지지 않았다. 그러다 지인의 소개로, 자동차 정비 회사에 취직했다. 처음에 타이어를 가는 일부터 시작해서 관리부장까지 승진했다. 그러나 그에게 직장은 생계유지를 위한 것일 뿐. 스트레스를 심하게 받았고, 만족감을 느끼지도 못했다. 지시와 간섭을 받아야 하는 자리였기 때문이다. 마음대로 할 수 있는 일은 아무것도 없었다.

그는 천신만고, 온갖 어려운 고비를 다 겪어내고, 드디어 자신의 사업장을 갖게 되었다. 일은 더 고되었고, 수입이 안 좋을 때는 많은 손해를 감당해야 했지만, 그런 것은 문제가 되지 않았다. 그는 자신이 원하는 대로 일할 수 있다는 것 자체가 너무 좋았다. 누구에게도 간섭이나 지시를 받지 않고 스스로 일을 찾아서 하는 기분! 100퍼센트의 만족감과 성취감을 느꼈다. 남의 회사 일이 아니라, 자신의 목표를 가진 자신의 회사 일을 하는 기분! 다른 사람을 위해서 일할 때는 결코 알 수도, 느낄 수도 없는 것이었다.

직장에 가는 것이 즐거우면 오죽 좋으련만, 우리는 직장에서 월급을 받는 대가로 원하지 않는 일, 같이 지내고 싶지 않은 사람들과 일할 수도 있다. 당장 내야 하는 공과금과 세금도 있다. 마음에 들지 않는 직장에서 노예처럼 지내더라도 벗어나지 못하고 안주하게 된다. 마치 비커 속 개구리처럼, 처음에는 물이 뜨겁지 않으니, 새로운 곳으로 옮기기가 두려운 마음에 안주하고 머문다. 어느 순간 물이 끓기 시작하면 그제야 후회를 하기 시작한다. 현 직장에 만족하지 않은 것을 안다. 현 직장이 자신의 핵심 가치에 맞지 않는 것을 안다. 더 도전적인 곳으로 옮기는 것이 자신의 성장을 가져오리라는 것도 안다. 그러면서도 현재의 불만족스러운 곳에서 쉽게 발을 떼지 못한다. 세월이 흘러서야 "그 일을 했더라면……"하고 후회한다.

L씨의 경우, 다른 사람에게 인정받기 위해 자신을 맞추며 살아왔다. 스스로 비굴하고 초라해 보였다. 직장 상사의 간섭과 지시를 받으며 스스로 할 수 있는 일이 없었기에, 스스로의 가치를 찾기 어려웠다. 오직 월급을 받기 위해 윗사람의 눈치와 안색을 살피며 사는 노예와 같은 생활. 다른 사람의 목표, 조직의 비전을 이룬 인생. 과연 누구의 인생을 산 것일까? 과연 자신의 인생을 살았다고 할 수 있을까? 월급의 대가로 자신의 목표도, 자율성도 없는 직장 생활을 했다. 부자유한 고통스러운 삶을 살아왔다. 하지만 그는 결국 해냈다. 월급 노예에서 벗어나 진정한 자유를 누리게 된 것이다. 다른 사람의 인정을 받지 않아도 되는 자유로운 삶을 선택했다.

H씨는 직원 6명의 소기업에 다닌다. 공단 안, 40년이 넘은 건물, 인쇄 관련 기름때 찌든 공구들이 질서 없이 놓여 있는 사무실, 천장에 곰팡이 핀 사장실, 화장실에 물도 제대로 나오지 않는 환경. 젊은이들은 들어가려 하지 않는 직장이었다. H씨가 이곳에 입사한 이유는 집에서 가깝고, 월급이 생각보다 많았기 때문이다. 사장과 이사는 처음에는 H씨에게 잘 대해 주었다. 그런데 시간이 지날수

록 H씨에게 고된 일을 시키기 시작했다. 경리부서 직원을 퇴사시키고, H씨에게 본 업무 외 경리 일까지 하도록 압박했다. 하기 싫으면 나가라는 식이다. 실수를 하면, 이사는 인격모독적인 말도 서슴지 않았다. 커피 심부름은 기본, 사장의 담배와 주전부리까지 사와야 하는 일에 자존심이 상했다. 시간이 지나자 화장실 청소까지 시켰다. 출근은 30분 일찍, 퇴근은 한 시간 늦게 해야 했다. 월급도 가끔씩 늦게 지급되었다.

어느 날, 이사가 H씨에게 "사장이 네 집안 이야기를 하면서 한심해하더라."는 이야기를 했다. 그 말을 듣자, 참을 수 없는 분노가 솟구쳤다. 사무실 밖으로 나가, 근처 공원으로 갔다. 있는 힘껏 소리를 지르고, 분을 참지 못해 던질 수 있는 것들은 다 집어 던졌다. 퇴근 후 집에 돌아와서도 화를 삭일 수 없었다. 혼자 공원으로 또다시 나가, 흐르는 눈물과 함께 목청껏 고함을 질러댔다. 몇 달 후, 이사의 아들 결혼식이 있었다. 코로나 시국이라 가지 않을 수도 있었는데, H씨는 후환이 두려워 결혼식에 갔다. 더 이상 참을 수 없이 비굴하고 초라한 자신을 보았다. 비참했다. 게다가 결혼식에서 코로나19 전염병에 걸렸다.

격리된 1주일 동안, 우연히 다음의 성경 문구를 보게 되었다.

이스라엘 자손은 고된 노동으로 말미암아 탄식하며 부르짖으니,
그 고된 노동으로 말미암아 부르짖는 소리가 하나님께 상달된지

라. 하나님이 그들의 고통 소리를 들으시고, 이스라엘 자손을 돌보셨고, 하나님이 그들을 기억하셨더라.……

여호와께서 이르시되, 내가 애굽에 있는 내 백성의 고통을 분명히 보고, 그들이 그들의 감독자로 말미암아 부르짖음을 듣고, 그 근심을 알고, 내가 내려가서, 그들을 애굽인의 손에서 건져내고, 그들을 그 땅에서 인도하여, 아름답고 광대한 땅, 젖과 꿀이 흐르는 땅에 데려가려 하노라.

- 출애굽기 2:23~3:8

깜짝 놀랐다. '신이 자신의 고통의 소리, 부르짖음을 들었다. 신이 그들의 괴롭히는 학대와 자신의 고된 노동을 보고, 자신의 근심을 안다. 신이 손수 자신을 건져내서 아름다운 땅, 젖과 꿀이 흐르는 땅으로 데려간다.' 자신의 삶이 성경 구절과 거의 같다니! 너무 신기했다. 그날부터 H씨의 눈앞에는 새로운 세상이 보이기 시작했다. 재테크 공부를 시작했고, 퇴사 준비를 했다. H씨는 1년 후 마침내 회사에 사표를 냈다. 퇴직금을 종잣돈으로 여러 가지 일을 하는 'N잡러'가 되었다. 이제는 아침에 눈 뜰 때부터 행복했다. 월급 노예에서 벗어난 기적 같은 자유 때문에, 모든 것에 매일 감사했다.

H씨는 해고될까 봐 두려웠다. 몇 푼 더 주는 월급에 생존이 달렸다 생각하니, 회사에 목을 맬 수밖에 없었다. 상사의 인정과 평가에 온통 신경을 쓰다 보니, 관심 밖에 있는 자존심과 자존감, 간절

한 바람과 진실은 갈 곳이 없었다. 마치 최면에 걸린 것처럼 월급 노예로 전락했던 것이다. 진정 그대에게 중요한 것은 무엇인가? 무엇이 그대를 자유롭게, 앞으로 나아가게 하는가? 김수환 추기경은, "자유는 근본적으로 선택의 능력입니다. 악을 선택했을 경우, 그는 자유를 잃고 노예가 될 것입니다. 선을 선택했을 경우, 한때 어려움이 있더라도 인간다워지고 풍요로워집니다."라고 말했다. 선, 즉 자유는 온전한 기쁨이며 행복이다. 월급 노예에서 벗어나 충분히 얻을 만한 가치가 있다.

고려시대 인도 출신의 승려 지공은, "울안의 닭은 배불러도 솥 안에서 삶아지고, 들판의 학은 배고파도 천지가 자유롭다."고 했다. 울안의 배부른 닭은, 이전의 H씨처럼 솥 안에서 삶아질지언정, 먹고살기 위해 월급에 시간과 자유를 빼앗긴 노예와 같다. 들판의 학은 배고플지언정, 온 세상을 자유롭게 날아다닐 수 있다. 무엇을 선택할 것인가?

K씨는 스페인어과 졸업 후, 중남미 사업을 하는 무역상사에 취업했다. 6년 동안 열정을 가지고 즐겁게 직장 생활을 했다. 그런데 임원진이 바뀌면서 직원들끼리 서로 경쟁하고 견제하게 만들어, 회사 분위기가 살벌한 전쟁터처럼 바뀌었다. 직원들 사이가 이제는 서로 동료가 아닌, 적이요 경쟁자다. 격려와 칭찬 대신, 서로 질시와 흠집 찾기에 바빴다. 아침 출근길이 지옥으로 가는 길처럼 고통스러웠

고, 퇴근길은 회사에서 겪은 일을 생각하며 모욕감에 치를 떨었다.

어느 날, 콜롬비아로 한 달간 출장을 다녀온 후, 대학교 동창회에 참석하게 되었다. 거기서 우연히 한 친구로부터, 스페인의 '산티아고 순례길'을 홀로 다녀온 얘기를 들었다. K씨는 일찍이 브라질의 소설가, 파울로 코엘료의《순례자》라는 소설에서 '산티아고 순례길' 이야기를 읽고, 언젠가 꼭 가보리라 결심했었다. 친구는 "산티아고 순례길은, 더 이상 이렇게 살기도 싫고 이렇게 죽기는 더 싫을 때 떠나야 한다."고 했다. K씨는 직장에서 악다구니를 쓰며 사는 자신의 모습을 떠올리고는, 여행을 결심한다. 착착 준비를 한 후, 회사에 휴가계를 내고 여행길에 올랐다.

얘기로 전해 들은 것보다 더 거룩하고 아름다운 여행이었다. 운동도 안 해보고 처음 가는 산티아고 순례길. 40일간 10kg이 넘는 배낭을 메고 하루에 6, 7시간씩 거의 30km를 홀로 걷고 또 걸었다. 발톱이 다 빠질 정도로 너무 힘들었지만, 그럼에도 K씨는 행복을 느꼈고 즐거웠다. "부엔 까미노", 즉, 스페인어로 "좋은 길 되세요." 라는 인사말을 건네며 배낭을 함께 들어준 어느 미국인 부부, 끝없이 이어지는 밀밭 길, 유채밭 길, 황금빛으로 물든 들판, 피레네 산맥의 우거진 숲과 라 리오하 평원 등, 한적한 유럽 시골의 다양하고 아름다운 풍경과 함께, 서쪽 끝 피니스테레의 푸르른 하늘과 바다……. K씨는 '자유와 평온, 영혼의 치유'를 선물받았다. 잊지 못할 여행에서 돌아온 후, K씨는 전쟁터 같은 직장에 더 이상 다닐 수 없다는 생각에 사표를 냈다. 그 후로도, 산소 호흡기가 필요한 긴급 상황처럼 삶이 가슴을 짓누를 때마다, 여행을 떠났다.

K씨의 직장은 직원들이 좋은 결과를 내도록 하기 위해 공포를 부추기는 환경이다. 이는 정신적으로 상처를 주고, 좋은 결과를 내는 데 써야 할 에너지를 빼앗아, 지치게 했다. 사람은 다른 사람의 의견, 평가로부터 벗어날 때, 정신적 자유를 느낀다. 다른 사람이 나를 평가한다고 생각하면, 안 좋은 평가를 받을 수도 있다는 불안감이 들기 때문에, 자신이 원하는 것을 해볼 마음이 사라진다. 이런 환경에 있다면 다행히, 긍정적인 정보에 의식적으로 주의를 기울이도록 노력하면 된다. 하버드 의과대학의 뇌과학 연구에 의하면, 긍정적인 방향으로 주의를 옮기기만 해도 편도체가 안정되면서 불안감이 낮춰지고, 긍정적인 감정과 에너지가 생긴다고 한다.

K씨는 주의를 긍정적으로 옮기도록 순례길 여행을 떠났다. 사람들은 모두 저마다의 십자가, 삶의 무게만큼의 짐을 지고 살아간다. 이 여행에서 오롯이 혼자만의 길을 걸으며, 그 무거운 짐들로부터 잠시 벗어날 수 있었다. 지나온 시간들, 그리고 앞으로 살아갈 날들을 어떻게 꾸려가야 할지 차분히 생각해 보았다. 내면의 깊은 울림으로부터 그 해답을 찾게 해준 감동적인 여행길이었다. 그 결과, 정신적 자유를 빼앗은 월급 노예에서 벗어나 진정한 자유를 누리며 살고 있다.

보통 여성들은 직장에서 은퇴를 하고 나면, '이렇게 행복해도 되나?' 싶을 정도로 행복해한다. 반면, 남성들은 인생 전부가 사라진 것만 같은 상실감을 겪는 경우도 있다. 여성들의 직장 생활은 남성들보다 상대적으로 월급도 적고, 승진 기회도 적다. 직장에 모든 것을 걸 수 있는 상황도 아니다. 게다가 심리적으로도 여성이 직장 생활에 더 많은 스트레스를 느낀다. 때문에 여성은 직장에서 벗어날 때, 남성에 비해 '행복하다, 고맙다, 통쾌하다'는 감정을 느낀다. 다음의 시로, 월급 노예에서 벗어나 진정한 자유를 누리며 사는 기쁨을, 함께 느껴보자.

은퇴하는 날

- 작자 미상

그날이 오면 구두를 벗어버릴 거요.
양복과 넥타이도, 시계의 알람도 모두 없애 버리겠소.
따분한 회의, 책임질 일들, 비위 맞출 사람,……
스트레스도 없어질 거요.

대신, 숲을 찾아 나설 거요.
정처 없이 맘껏 떠도는 방랑자가 되겠소.
길가에 핀 민들레꽃 입에 물고
노을이 붉게 물든 서쪽으로 갈 거요.
가슴 속 캔버스에 그린
노을의 수천 개 작품들!
나의 하모니카 찬양을
숲은 귀 기울여 들어줄 거요.

강가에서 동글납작한 작은 돌을 찾아
한나절 물수제비를 뜨겠소.
미리 연습도 좀 필요할까 하오.
주위 사람들 놀라지 않게 말이오.

　직장인은 근면, 성실, 꾸준함으로 중무장한 이 사회의 핵심 인력
이다. 하루하루 최선을 다해 살아가는, 존중받아 마땅할 훌륭한 인
재들이다. 이들에게 직장은 곧 삶이자 인생이다. 그런데 직장이 이
들에게 소위 말하는 갑질, 즉 직장인들의 생존이 달린 월급을 무기
로 해고 협박을 한다면? 혹은 직장을 모욕적인 곳, 부당한 곳으로

만든다면? 혹은 자신의 성향, 능력, 핵심 가치와 맞지 않는다면? 그런 곳에서 월급만 바라보고 노예처럼 꿈도 희망도 없이 계속 안주하는 것은, 소중한 자신을 보살피지 않고, 자존심과 자존감을 짓밟는 자학 행위나 다름없다. 그대는 행복할 권리가 있다. 그 행복은 자유로부터 온다. 월급 노예에서 벗어나 진정한 자유를 누리며 살았더라면…….

31
마지막 날에 행복하다고
말할 수 있는 사람들의 공통점을
알고 살았더라면

죽음은 흡사 도둑처럼, 예기치 못한 시간에 찾아오기 일쑤다. "죽음의 신이 온다는 사실보다 더 확실한 것은 없고, 죽음의 신이 언제 오는가보다 더 불확실한 것은 없다." 독일 격언이다. 이렇듯이 언제 인생을 끝마치게 될지 아무도 알 수 없다. 지금 이 순간이 내 생의 마지막일 수도 있다. 지금 죽어도 여한이 없도록, 마지막 날에 행복하다고 말할 수 있으려면, 하루하루를 어떻게 살아야 할까?

N씨는 어릴 적 꿈이 패션 디자이너였다. 의류학과를 전공할 때, 과제를 제출하면 교수님들로부터 재능이 있다는 말을 많이 들었다. 학

과 내에서도 좋은 성적으로 졸업했다. 그 후 우연한 기회에 K-pop 기획사의 스타일리스트 보조로 일하게 되었다. 그런데 이 업무는 기대처럼 멋있는 게 아니었다. 실장 밑에서 보조로 일한 5년간, 휴가는커녕 마음껏 쉬어본 날도 거의 없었다. 매일 다섯 시간밖에 못 자면서 버텨냈다. 스타들에게 필요한 의상과 소품들을 준비하거나 다리미질을 하거나 반납을 하고, 짐을 나르고 하는 일들이 반복되는 일상이었다. 그 와중에도 N씨는 자신의 실력을 갈고닦기에 애썼다. 얼마 안 되는 급여를 쪼개 해외의 유명 패션 잡지들까지 구독해 가며, 공부와 연구를 쉬지 않았다. 이윽고 비로소 스타일리스트로 독립! 직접 유명 K-pop 스타들을 스타일링 하면서, 업계에서 나름대로 실력을 인정받게 되었다.

그렇게 10여 년을 쉴 틈 없이 바쁘게 살던 어느 날, 위암 판정을 받았다. 실의에 빠져 침대에 누운 채 삶과 죽음에 대해 생각해 보았다. '생의 마지막 날, 이 일을 마쳐놓고 간다면 행복할 거야.'라고 생각되는 일이 무엇일까? '그래, 패션 디자인을 한번 해보자. 어릴 적 꿈이었잖아.' 내면의 소리가 답했다. 항암 치료를 받으면서 손이 잘 움직여지지 않았지만, 그래도 아직 디자인은 할 수 있었다. 언제까지일지는 몰라도, 자신의 꿈에 도전해 볼 시간이 남아 있다는 것이 감사하고 행복했다. 그렇게 디자인하여 만든 의상들로 마침내 대한민국 패션대전에서 당당히 입상했다. 이제 N씨는 오늘이 생의 마지막 날이라도 평온한 마음으로 떠날 수 있게 되었다.

대부분의 사람들은 자신이 진정으로 하고 싶은 일을 해보지 못하고 죽는다고 한다. 언제 어떻게 마지막 날을 맞을지 모른다. N씨처럼 그날이 언제 오더라도 후회가 남지 않도록, 하고 싶은 일을 찾고 준비하자. 우리에게는 아직 그럴 수 있는 '오늘'이라는 시간이 남아 있다는 것이 얼마나 다행인가. 우리는 매 순간, 무엇을 할지를 선택할 수 있다. 하고 싶지 않은 일을 본의 아니게 억지로 하며 살기 때문에 스트레스에 시달리고, 과거에 대한 후회, 미래에 대한 걱정을 한다. 타인이 정해 놓은 타이머대로 움직이는 로봇 같은 삶 대신, 자신이 하고 싶은 일을 능동적으로 찾고 선택하자. 그렇게 할 때에만, 생의 마지막 날까지 하고 싶은 일을 할 수 있는, '오늘'이라는 시간이 허락되는 것이다.

이렇게 마지막 순간이 오기 전, 인생에서 하고 싶은 일을 찾아서 그 일을 하며 지낸 '오늘!' 이것이 바로 N씨가 경험한 일상이다. 상상해 보자. 목표 매출액, 마감 시한, 고객의 불만 등의 압박 스트레스에서 벗어나서, 자신이 정말 하고 싶은 일을 하기 위해 맞는 아침 햇살! 아침에 눈뜰 때마다 그런 행복한 '오늘'이 시작된다? 그토록 원하던 행복이 일상이 되는 날들?? '한강의 기적'만이 기적이 아니다. 이것 또한 기적이 아닌가. 새벽이 서서히 밝아오면, 기적 같은 '오늘'을 경험할 수 있는 기쁨이 그대를 감싸 안는다! 매일 매일이 행복이요, 감사의 말이 절로 나올 것이다. 기적을 마주하는 장관이다. 얼마나 소중한가! 선물 같은 '오늘'이라는 시간이 감사할 따름이다.

감사란, '당연히 이루어진 것이 아니라, 상대방의 도움 덕분에 이루어진 것'임을 인정하고, 경의를 표하는 행동이다. 감사할 때에는 뇌에서 세로토닌과 도파민이라는 신경전달물질이 나와 행복과 만족감을 느끼게 된다. 사람들과도 좋은 관계를 유지할 수 있다. 한 심리학 실험에서, 매주 5분씩 감사하는 습관을 가지면, 자신을 긍정적으로 보게 되고 타인을 부러워하지 않게 된다고 한다. 가지고 있는 병의 증세가 호전되고 신체적으로도 건강해지니, 업무에서도 좋은 성과를 내게 된다. 삶이 행복해질 수밖에 없다. 감사는 마지막 날까지도 평온한 마음으로 떠날 수 있게 해주는 행복의 전주곡이다.

G씨는 지금까지 2년에 한 번꼴로 이사를 다니면서 살아왔다. 그는 보다 큰 집으로 옮기는 데서 나름대로 인생의 기쁨을 맛보곤 했다. 그런데 직장에서 은퇴하게 되자 생활비와 노후자금이 필요해서 집을 팔려고 내놓았다. 큰 집이라 집값이 비싸 팔리지 않아 고민이다. 뒤돌아보니, 큰 집을 사기 위해 가족들과 제대로 된 여행 한 번을 못 했다. 대출금 갚기에 급급한 나머지 가족들과 함께한 추억을 거의 만들지 못했다. 만일 시간을 되돌릴 수만 있다면, 큰 집이 아니라 가족들과 함께 행복한 경험을 하는 데에 시간과 돈을 쓰는 지혜로운 선택을 할 것이다.

중요한 것은 '얼마를 가졌는지'가 아니라, '어떻게 활용하느냐'이다. 경험 마케팅에서 강조하는 것처럼, 돈으로 물질보다 긍정적인 경험을 살 때, 만족감이 더 크고 오래간다. 눈에 보이는 물체는 내 것보다 더 크고 좋은 것이 항상 있게 마련이다. 눈으로 바로 비교할 수 있기 때문에, 만족감이 오래가지 않는다. 반면, 경험은 나만이 느끼는 감성이다. 경험은 볼 수 없는 것이기에, 다른 사람의 것과 비교하기가 힘들다. 이 세상에 하나밖에 없는 것이고, 닳아 없어지는 것이 아니라서 기억 속에 오래 남는다.

같은 경험을 한 사람들끼리는 경험 공동체가 된다. 진정한 소속감과 친밀한 관계를 맺게도 된다. 소중한 사람들과 친밀한 대화나 감정적인 지지, 상호작용 등을 하지 않으면, 실제로 담배를 매일 한 갑씩 피거나 비만, 고혈압에 걸린 것과 같이 건강에 해롭다고 한다. 생의 마지막 날에 행복하다고 말하고 싶다면, 소중한 사람들과 함께 행복한 경험을 하고 친밀한 관계를 맺는 데 시간과 돈을 쓰자. 행복한 경험과 좋은 인간관계를 쌓는 데 더욱더 노력해 보자.

"행복은 사랑이다. 끝.(Happiness is love : Full stop.)" 이것이 1938년 하버드의과대학교에서 '인류의 번영에 대한 연구'를 위해 268명 학부 졸업생, 그들의 배우자와 자녀, 그리고 보스턴 지역 노동자 456명까지를 대상으로 80년간 추적하여, 수천 회의 인터뷰와 최장기 연구 끝에 내린 결론이다. 사람을 평생 행복하게 해준 것은 돈이나 명예가 아니었다. 소중한 사람들과 사랑으로 맺어진 관계였다. 부모님과 좀 더 많은 시간을 보냈더라면……, 형제자매와 좀 더 친하게 지냈더라면……, 내가 상처 입힌 사람과 나에게 상처를 준 사람 모두와 용서를 주고받았더라면…….

제2차 세계대전 당시 오스트리아 출신의 정신과 의사, 빅터 프랭클은 아우슈비츠 수용소에서 언제 죽게 될지 모르는 자신과 유대인들의 어느 하루를,《빅터 프랭클의 죽음의 수용소에서》라는 저서에서 다음과 같이 추억한다. "죽도록 피곤한 몸으로 막사 바닥에 앉아 수프 그릇을 들고 있는 우리에게 동료 한 사람이 달려왔다. 그러더니 점호장으로 가서 해가 지는 멋진 풍경을 보라는 것이었다. 밖에 나가서 우리는 서쪽에 빛나고 있는, 짙은 청색에서 핏빛으로 끊임없이 색과 모양이 변하는 구름으로 살아 숨 쉬는 하늘을 바라보았다. 진흙 바닥에 패인 웅덩이에 비친 하늘의 빛나는 광경이, 잿빛으로 지어진 초라한 임시 막사와 묘한 대조를 이루고 있었다. 감동으로 인해 잠시 침묵이 흐른 뒤, 누군가가 이렇게 말했다. '세상이 이렇게 아름다울 수 있다니!'"

인생의 마지막 날이 될 수도 있는 그날조차도, 그들은 자연의 경이로움에 감동했다. 극한의 공포를 넘어선 자연에 대한 감동이, 우리에게 또한 이루 말로 표현할 수 없는 깊은 울림을 준다. 인간은 자연으로부터 왔고, 인간 자체가 자연의 일부다. 나이가 들어 인생의 마지막 날이 가까울수록 자연을 찾게 되고, 또 사랑하게 되는 경향이 있다. 자연이라는 고향을 찾아가는 귀향 본능이 강해지는 것이다. 그대에게 만약 인생의 마지막 순간이 다가온다면, 어떤 장면을 떠올리겠는가? 상을 받은 것? 큰 집? 여행 갔던 멋진 도시? 어릴 적 추억? 혹시 아래와 같이, 미국 문학가이자 사상가, 헨리 데이비드 소로가 일기에서 보여준, 자연의 품은 아닐까?

아, 평생 한결같이 그렇게 살 수 있다면!
평범한 계절의 작은 과일이 무르익듯
내 삶도 과일처럼 그렇게 무르익을 수 있다면!
항상 자연과 교감하며 살아갈 수 있다면!
계절마다 꽃피는 자연의 순리대로
나도 함께 꽃피는 그런 삶을 살아갈 수 있다면!
아, 그러면 나는 앉으나 서나 잠들 때나
자연을 존경하고 사랑하리라.

인생이 언제 어디서든 쉬이 끝날 수 있다는 사실을 깨닫자. 마지막 순간이 오기 전, 인생에서 하고 싶은 일을 찾아서 그 일을 하고 살면, 하루하루가 행복하고 감사하다. 마지막 순간에 떠오르는 것은, 허리띠를 졸라매고 모아둔 재물이 아니다. 소중한 사람들과 함께한 행복한 경험이다. 그들을 사랑하고 용서하자. 그리고 대자연의 품에 안긴다면, 우리는 마지막 날에 행복하다고 말할 수 있을 것이다. "우리가 태어났을 때, 우리는 울었고 세상은 기뻐했다. 우리가 죽었을 때는, 세상이 울고 우리는 기뻐할 수 있는 그런 삶을 살아야 한다." 아메리카 원주민 추장, 화이트 엘크의 말이다.

32
우리는 모두 이 세상과
사회에 진 빚을 갚으려
살아간다는 것을 알았더라면

불과 한 세기 전만 해도 우리나라는 일제 강점기였다. 일제로부터 온갖 형태의 무자비한 탄압과 차별, 민족 고유성의 말살, 철저한 경제적 수탈, 강제 노동과 강제 군대 동원, 문화재의 훼손과 침탈 등 역사에서 매우 어두운 시기를 겪고 있었다. 그런 오지에도 해외의 선교사들이 찾아와, 대를 이어 병원, 학교, 교회를 세우고, 이 민족을 위해 헌신했다. 그리고 우리의 수많은 독립 운동가들이 빼앗긴 나라를 되찾기 위해 목숨을 바쳐 독립 투쟁을 하였다. 이렇듯 오늘날 대한민국이, 또 이 세상 누군가 평화를 누리며, 꿈을 이루고 행복하게 살아간다는 것은, 개인 한 사람의 능력으로 이루어진 것이 아니다. 태어나면서부터 세상의 과거와 현재의 누군가로부터 보이지 않는 도움을 받았기 때문이다.

　세기의 연인, 오드리 헵번은 1929년 벨기에 브뤼셀에서 영국 은행가 출신 아버지와 네덜란드 귀족 어머니 사이에서 태어났다. 생후 3개월, 백일해를 앓아 죽을 고비를 넘긴 이후, 몸이 늘 허약했다. 열 살에 부모가 이혼하는 아픔을 겪은 후, 어머니를 따라 네덜란드로 이주했다. 이때 제2차 세계대전이 일어났다. 나치 독일이 네덜란드로 들어가는 모든 식료품과 연료의 공급을 차단해, 먹을 것이 없었다. 야생 풀, 순무 뿌리, 튤립 구근, 벌레, 심지어 쓰레기통을 뒤지며 간신히 버텼다. 그러다 영양실조, 황달, 빈혈, 다리 부종까지 앓게 되었다. 몸무게가 39kg까지 빠져 거의 굶어 죽기 직전, 한 네덜란드 군인이 준 초콜릿을 먹고 살아남을 수 있었다. 미의 상징인 그녀의 그윽한 다크서클과 마른 몸매는 그즈음에 생긴 후유증이다. 전쟁이 끝난 후, 그녀는 유니세프(UN아동기금)의 이전 기구, UN구제부흥사업국에서 지원해 준 영양식과 의약품으로 생명을 이어갔다.

　집안 사정이 어려워 돈을 벌기 위해 연예계에 데뷔한 그녀는, 24세에 영화 〈로마의 휴일〉의 여주인공, 앤 공주 역을 맡아 세계적인 스타가 된다. 영화계 은퇴 후, 그녀는 유니세프를 찾아갔다. "저는 2차 세계대전 직후 유니세프로부터 식량과 의약품을 지원받았습니다. 유니세프에 대한 감사와 신뢰의 마음, 평생 변치 않을 것입니다.

전 세계에, 유니세프가 얼마나 중요한 일을 하는지를 알리고 싶습니다."라고 말하고, 1988년 유니세프 친선 대사가 되었다. 그리하여 전쟁 피해, 자연재해, 저개발국에서 고통 받는 어린이들을 도울 수 있는 곳이면 오지, 싸움터, 전염병 지역, 어디든 가리지 않고 찾아갔다. 그리고 여러 유명인들에게 기부를 호소했고, 어린이들에게 영양실조 치료식, 치료제 등의 구호물품을 전해 주었다.

어느 날, 소말리아 한 마을의 공터 구석에 쌓여 있는 수많은 자루 꾸러미를 보았다. 그것이 아이들의 시체라는 얘기를 듣고, 그 자리에서 기절할 정도로 큰 충격을 받았다. 즉시 자신의 영향력으로, 소말리아 어린이들을 도와달라고 전 세계에 호소했다. 세상을 떠나기 3개월 전까지도, 몸을 돌보지 않고 진통제를 맞아가며 기금 모금 활동을 쉬지 않았다. 이렇듯 끊임없는 도움의 손길이 되었던 그녀는, 직장암으로 63세에 하늘나라의 별이 되었다.

무엇을 하기 위해, 자신이 원하는 것을 포기하는 것이 희생이다. 그녀는 소말리아 유니세프 활동을 희생이 아닌, 소중한 선물을 받았다고 여겼다. 어릴 적, 제2차 세계대전 당시에 진 빚을 갚을 수 있도록, 아름다운 하루를 살 수 있게 해줘서 오히려 감사했다. 사람은 태어날 때부터 혼자가 아니다. 연약한 존재라 혼자서는 살 수 없기 때문이다. 그렇기에, 태어날 때부터 세상에 큰 빚을 진 것이다. 재능을 가지고 태어나 그것으로 무언가를 성취했다면, 과거와 현재에 인류가 만들어 놓은 사회 제도, 체제 덕분이다. 그것이 없었다면 타고난 재능을 갈고 닦을 방법도, 그 재능을 펼칠 곳도 없을 것이다.

백신 프로그램 v3의 개발자이자 (주)안랩의 설립자, 안철수는 "어떤 사람이 성공했다면 그의 재능, 노력, 운, 외에 한 가지 더! 사회가 그 사람에게 기회를 주었음을 기억해야 한다. 그의 성공으로 인해 다른 사람들이 성공할 기회를 잃은 것일 수도 있다. 그러므로 성공을 100% 자신의 공으로 돌리는 것은 문제가 있다.", "한 기업의 성공은 혼자서 이룬 게 아니라, 사회 구성원 모두가 함께 이룬 것이다. 안랩 지분 절반을 기부한 것도 그래서였다."고 말했다.

재능이 있건 없건, 가족, 사회, 국가 등, 소속되어 살아가는 세상과 사회의 시스템이 존재하는 덕분에 우리가 살아간다. 이것만으로도 우리는 이 세상에 빚을 졌고, 이 빚을 갚는 것이 우리의 사명이며, 살아야 할 이유다. 세계적인 여배우로 성공한 오드리 헵번은 이런 사명감으로, 죽기 직전까지 최선을 다해, 전쟁과 굶주림에 고통 당하는 어린이들을 기꺼이 도왔다. 사명감은 다른 사람을 위한 것이 아니라, 스스로의 인생을 보람차고 가치 있다고 느끼게 한다. 그렇기에 결국 자신의 삶을 아름답게 마무리할 수 있는 것이다.

대학교 휴학생인 A군은 아침 일곱 시 30분까지 양재역으로 가고 있다. 경상북도 문경에서, 한국해비타트가 진행하는 독립유공자 후손들을 위한 주거개선 사업에 함께 참여하기 위해서다. 해비타트는 1976년 미국에서 시작된 국제 주거복지 비영리단체이고, 한국

해비타트는 1995년 '사단법인 한국사랑의집짓기운동연합회'라는
이름으로 시작했다. 문경에는 울진을 중심으로 활동했던 독립운동
가 조훈석 선생의 아들, 조욱영 옹이 살고 있다. 신 주소지가 없을
정도로 굽이굽이 찾아 들어가야 하는 외진 곳, 열 평 남짓한 컨테
이너에서 노옹 홀로 지낸다. 여름엔 환기가 되지 않아 덥고, 겨울
엔 단열이 되지 않는 공간. 노옹의 아내는 작년에 갑자기 뇌암 진
단을 받고, 치료를 위해 딸과 함께 지낸다. 주소도 없는 좁고 불편
한 컨테이너. 상상보다 더 초라하고 열악한 환경을 보고, 봉사자들
모두 마음 아파했다.

드디어 작업을 시작했다. A군은 지붕에서 못 박는 일을 했다. 처음
해보는 일이라 어려울 줄 알았는데 나름 손에 익었다. 몸을 쓰는 일
이라 힘이 들긴 했지만, 새집에서 편안하게 지내실 노옹을 생각하며
못질 하나에도 정성을 다했다. "아버지 때문에 내가 고생을 했지만,
그렇다 해서 아버지를 원망하진 않았어요. 아버지 하는 모든 일이
옳은 일이라고 생각했기 때문에, 절대 원망하진 않았어요.…… 아
버지! 참 보고 싶습니다. 항상 고맙고 감사하고…… 앞으로도 내가
나라를 위해서 뭔가를 해야 될 거라고 생각하고…… 그렇습니다."
조욱영 옹의 말이다. A군은 독립유공자들에게 감사한 마음을 조금
이나마 전하는 뜻 깊은 일을 하면서, 집을 완성해 가는 즐거움과
보람도 함께 느낄 수 있는 이 캠페인에 앞으로도 함께할 계획이다.

'후손들에게만은 내 나라 내 땅을 되찾아 주겠다.'는 한 가지 생

각으로, 알아주는 이 없어도 서슬 퍼런 일제 앞에서 용기를 내어, 조국의 독립을 위해 목숨 바친 독립유공자들. 대부분 재산을 독립운동에 쓰고 가정을 돌볼 여력이 없으니, 생활이 어려웠다. 심지어 일찍 돌아가신 경우도 많아 그 후손들은 '가난의 대물림' 고통 속에서 살고 있다. 2015년 통계자료에 따르면 독립유공자의 후손들 중 70%는 고등학교 이상의 교육을 받지 못했다. 기술도 없고 배울 기회도 없었으니, 잘살래야 잘살 수가 없다. "독립운동을 하면 삼대가 망하고, 친일을 하면 삼대가 흥한다."는 비뚤어진 현실. '정의와 공정'이라는 절대적 가치가 시작점부터 어긋나 버렸다.

2017년 한국해비타트는 조국을 위해 목숨을 내놓은 대가가 가난뿐인 독립유공자의 후손들을 위해 열악한 주거 환경을 개선하는 캠페인을 기획했다. 여기에 A군과 같은 많은 우리의 이웃들, 기업, 단체, 연예인 등이 그 후손들의 삶을 지켜주기 위해 함께 동참하고 있다. 오늘날 대한민국에서 안락한 오늘을 보낼 수 있는 것은, 이름도 다 기억 못할 수많은 독립유공자들의 희생이 있었기 때문이다. 그대가 보낸 오늘은 그들이 그토록 바랐던 내일이다. 그분들에게 사랑의 빚을 지고 있음을 기억하고, 그 빚을 갚기 위하여 가치 있는 오늘을 살아가자.

1998년 미국 하버드대학교 의과대학의 연구에 의하면, 다른 사람을 도울 때, 혹은 선한 일을 보기만 해도 면역항체가 높아져 면역기능이 크게 향상된다. 이 정신적, 신체적, 사회적 변화를 '마더 테레사 효과', 혹은 '슈바이처 효과'라 일컫는다. 이때 느끼는 최고의 기분을 '헬퍼스 하이(Helper's High)'라고 부른다. 높은 만족감이 길게는 몇 주 동안 계속된다. 혈압, 콜레스테롤 수치는 낮아지고 엔도르핀이 정상 수치의 세 배 이상 분출되어, 활력이 넘치게 된다. 이 세상과 사회에 진 사랑의 빛을 갚기 위해 살아가는 것, 다른 사람을 돕는 것은 자신에게 큰 만족과 의미를 준다. 다른 사람이 아닌, 스스로에게 긍정적인 변화를 주는 것이다.

서울 마포구 합정동에 위치한 양화진 외국인 선교사 묘원에는, 불행했던 한국 근대사에 한국 사람보다 더 한국을 사랑했던, 15개국 417명의 선교사들과 그 가족들이 잠들어 있다. 그 중, '근대 여성 교육의 어머니'라고 불리는 로제타 홀은 의료 선교를 위해 1890년 10월 한국에 왔다. 남편 제임스 홀은 평양에서 부상병들을 돌보다 전염병으로 죽었다. 임신한 상태로 한 살배기 아들을 데리고, 평양에서 캐나다로 갔다. 남편의 모교회, 온타리오주 글렌비엘 교회를 방문하기 위해서다. 그리고 얼마 후 "제임스 홀 때문에 조선을 품었다."는 글렌비엘 교회의 재정 후원을 받아, 1897년 아들과 갓 태어난 딸을 데리고 다시 평양으로 돌아왔다.

그 세 살배기 딸 에디스를 풍토병으로 잃은 슬픔을 뒤로, 글렌비엘 교회 후원금으로 광성학교 설립, 여성 병원 광혜 여원을 세워 여성들에게 의학을 가르치고, 1898년 맹인 교육까지 하였다. 한국 최초로 맹인들을 위한 점자법을 개발하고 사용했다. 이것이 평양 맹인학교로 발전했다. 1909년 농아 학교도 세웠다. 평양에서 20년간 활동한 후, 1917년 서울로 왔다. 동대문 부인병원(현 이화여대 부속병원)에서 여자 의학반을 만들었다. 제물포 부인병원(현 인천기독병원)을 세우고, 조선 여자의학강습소를 운영. 이것이 1928년 경성 여자의학 전문학원으로 발전했다. 현 고려대학교 의과대학의 바탕이다. 한국 최초의 여의사 박에스더를 길러낸 것도 그녀이다. 그리고 광혜 여원 옆에 죽은 딸의 이름으로 어린이들을 위한 에디스 마가렛 기념 병원을 세웠다. 1933년 68세에 미국으로 돌아갈 때까지, 남편과 딸을 잃고도 43년간 한국에서 헌신했다.

평양에서 태어난 아들 셔우드 홀은 토론토 의대 졸업 후, 의사이던 아내 메리언과 함께 1925년 한국으로 다시 돌아왔다. 그들은 사회적으로 격리되어 비참하게 살아가는 폐결핵 환자들을 돕고자, 해주 구세병원 내에 최초의 결핵 요양원을 세웠다. 그리고 결핵 퇴치를 위해 우리나라 최초의 크리스마스 씰을 만들어 결핵 환자들을 도왔다. 16년 동안 헌신하던 중, 크리스마스 씰로 독립자금을 모았다는 혐의로 일제에 체포되어 한국을 떠나게 되었다. 로제타 홀은 한국에서 죽은 남편, 딸과 함께 양화진에 묻혔다. 대를 이어 헌신한 아들 셔우드 홀 부부도 양화진 부모 곁에 함께 잠들었다. 현재 강원도 고성군청은, 셔우드 홀이 결핵퇴치 운동을 하며 머물던 화진포에, '셔우드 홀 역사문화공간'을 조성하고 있다. 그와 그 가문의 정신과 업적을 국내외에 영원히 기리기 위해서다.

의학의 아버지, 히포크라테스가 남긴 유명한 격언, "인생은 짧고, 예술은 길다."는 바로 이를 두고 한 말이 아닌가! 그가 말한 예술(Art)은 본래 그 시대에는 의술(Ars)을 뜻했다. 자신은 100년도 못 산다. 그러나 자신이 행한 의술과 성과는 다음 세대로 이어져, 인류 발전을 위해 영원히 남을 것을 뜻했다. 로제타 홀은 열악한 환경의 조선을 위해, 그리고 다음 세대를 위해, 학교를 세워 의사와 간호사들을 키워냈다. 맹인들을 위해 점자법도 개발했다. 자신의 인생은 짧지만, 자신이 행한 의술과 성과가 다음 세대로 영원히 이어질 수 있도록 한 것이다. 농부는 자신이 더 이상 농사를 짓지 않아도, 미래에 다음 사람이 언제든 농사를 지을 수 있도록 한다. 하물며 농산물이 아닌 미래의 다음 세대가 자라나는 이 사회를 위해, 무엇이 필요하고 무엇을 실행해야 할지 준비해야 하는 이유다.

'목표'는 같더라도, '목적'이 내가 아닌 다른 사람을 위한 것일 때, 일의 속도와 성취도가 훨씬 높아진다. 목표는 다른 사람이 정해 주기도 하지만, 목적은 자신이 세울 수 있다. 로제타 홀이 일제의 식민지 조선 땅에서 남편과 딸을 잃고도 43년간 헌신할 수 있었던 이유, 맹인, 농아, 여성, 고아들을 위하여 병원, 학교, 교회를 세울 수 있었던 이유는, 그 옛날, 세계 어느 곳, 캐나다 온타리오주의 누군가가, 조선이라는 머나먼 이방을 위한 무조건적인 사랑과 재정 후원을 해주었기 때문이다. 그 덕분에 오늘날 대한민국과 그대가 있다.

우리 역시 이 빚을 갚기 위해 살아가야 한다. 홀 가문은 죽어서도 모두 한국에 잠들었다. 그들의 인생은 짧았다. 그들이 베푼 의술을 길게 이어지게 하는 것은 이제 우리의 몫이다. 강원도 고성 화진포에 '셔우드 홀 역사문화공간'을 만들어 영원히 기리고자 하는 것도, 그들에게 진 사랑의 빚을 갚기 위한 아주 작은 노력의 일환일 것이다.

인간은 이 땅에 태어난 그 순간부터 누군가의 도움 없이는 한시도 살 수 없는 존재다. 그렇기에 '살아 있다'는 것 자체가, 이 세상과 사회에 사랑의 빚을 지고 있다는 증거다. '내가 보낸 오늘 하루가 이 땅을 위해 목숨 바쳐 헌신하고 희생한 이들이 그토록 바랐던 내일'임을 마음속 깊이 기억하고 감사하는 마음으로, 그것을 갚기 위해 살아가자. 이것이 그대가 살아가야 하는 이유이고, 삶의 최종 목표다. 다른 사람을 위한 것이 아니다. 자신의 인생을 보람차고 가치 있게 하는 일이다. 우리는 모두 이 세상과 사회에 진 빚을 갚으려 살아간다는 것을 알았더라면…….

33
죽기 전에 답해야 할
마지막 질문을
알고 살았더라면

우리는 스스로에게 하는 진실한 질문과 대답 속에서, 진정한 나로 살아가고자 노력한다. 그러다 모든 생명이 그러하듯 이 세상을 떠날 때가 오면, 예외 없이 자신의 지난 인생을 돌아보게 된다. 죽기 전 마지막으로 스스로에게 묻고 싶은 것은 무엇일까? '후회 없이 살았는가?', '진심으로 원하는 삶을 살았는가?' 지나온 인생길, 이 질문에 대한 대답으로 매 순간 최선을 다해 살아온 사람은 만족스럽고 평화롭게 떠날 것이다. 그러나 안타깝게도 자신이 원했던 길이 아닌, 다른 사람과 세상이 기대하는 방향으로 살아왔다면, 이 질문에서 자유롭지 못할 것이다. 바로 지금이 생의 마지막 순간에 후회를 멈추게 할 수 있는 가장 빠른 시간이다. 바로 지금!

러시아에 다리를 저는 한 가난한 농부가 살았다. 그는 태어나서 지금까지 한 번도 자기 땅을 가져본 적이 없었다. 비싼 소작료를 내고, 땅을 빌려 농사를 지었다. 그는 농사지을 자기 땅을 가져보는 것이 소원이었다. 이를 불쌍히 여긴, 이웃에 사는 귀족이 그에게 제안을 했다. 이 귀족은 러시아의 대문호, 톨스토이를 좋아했다. 그래서 그의 단편소설 〈사람에게는 얼마나 많은 땅이 필요한가?〉에 나오는 대사를 흉내 냈다. 즉, "해가 뜰 때 출발해서 해가 질 때까지 출발선 안으로 다시 돌아오면, 네가 밟은 땅 전부를 너에게 주겠다. 단, 해가 질 때까지 못 돌아오면 다 무효다."는 조건이다.

농부는 너무 기뻤다. 평생 장애를 안고 가난하게 살아온 자신에게 이런 천재일우의 기회가 찾아오다니. 아내와 아이들에게 이 기쁜 소식을 알렸다. 그는 해가 뜨자마자, 다리를 절며 열심히 걸었다. 아니, 그의 입장에서는 달렸다. 다리를 절기 때문에 그렇게 멀리까지 갔다 오지는 못할 것이다. 그래도 밟고 다니는 이 땅이 자기 것이 될 수 있다니! 이 땅에 무엇을 심을지, 땅의 일부를 팔면 어떨지 등 행복한 고민을 하며, 가족들이 기뻐하는 모습을 상상하고 발걸음을 쉬지 않고 옮겼다. 밥 먹는 시간조차 아까워, 먹지도 쉬지도 않고 달렸다. 그렇게 달리다 보니, 아뿔싸! 해는 어느덧 서쪽으로 많이 기울었는데, 돌아갈 길이 아득했다.

그래도 자신을 기다리고 있을 가족들을 위해 죽을힘을 다해 걸었다. 심장이 터질 것만 같았다. 정신이 흐릿해지는 와중에, 드디어 출발선에서 그를 기다리고 있는 아내와 아이들이 보였다. 가쁜 숨을 몰아쉬며 지는 해와 동시에 출발선 안에 가까스로 들어와 쓰러진 농부. 피를 토하며 마지막 숨을 쉬고는, 가족들 품에서 환히 웃으며 숨을 거두었다. 귀족은 그의 죽음을 애도하며, 그가 밟고 온 땅의 문서를 그의 가족들에게 내주었다.

사람들이 죽기 전 제일 많이 후회하는 것은, 꿈을 이루지 못한 것보다, 꿈을 이루기 위해 최선의 노력을 다하지 않은 것이다. 죽을힘을 다해 최선의 노력을 했을 때, 그 인생은 빛나고 결코 후회를 남기지 않는다. 이 농부는 대를 이어온 가난과 신체적 장애로, 가족이 농사지을 땅을 갖는 꿈만 꾸었을 뿐, 평생에 이룰 수 있으리라고는 상상도 못했을 것이다. 그 평생소원을 놓지 않고 살았더니, 신이 단 한 번의 기회를 그에게 허락했다. 죽을 수는 있어도 놓칠 수는 없는 기회였다.

이제는 자신뿐 아니라, 아내와 아이들이 더 이상 괴롭고 불쌍하게 살지 않아도 되리라 생각했다. 얼마나 뿌듯했겠는가! 죽을힘을 다해 불가능했던 꿈을 이루었다. 그 순간 그는 다 이루었다. 그렇기에 환히 웃으며 숨을 거둘 수 있었다. 그는 사랑하는 가족들을 살리고 이 세상을 떠난 것이다. 가족들에게 땅과 함께 자신의 최선을 다한 노력을 마지막 선물로 남겼다. 이전의 삶이 어떠했건, 그는 자신의 목숨을 바쳐 아낌없이 빛나는 삶을 살고 갔다.

노래하는 철학자, 고 신해철 가수의 곡, 〈우리 앞의 생이 끝나 갈 때〉 가운데 다음과 같은 가사가 있다.

> 흐르는 시간 속에서
> 질문은 지워지지 않네.
> 우린 그 무엇을 찾아
> 이 세상에 왔을까?
> 그 대답을 찾기 위해
> 우리는 홀로 걸어가네.
> 세월이 흘러가고
> 우리 앞의 생이 끝나 갈 때,
> 누군가 그대에게
> 작은 목소리로 물어보면,
> 대답할 수 있나?
> "지나간 세월에 후회는 없노라."고.
> 그대여!

이 농부처럼, 죽을힘을 다하고 최선을 다해서 자신이 하고 싶은 일, 꼭 이루고 싶은 꿈을 이루었다면, 죽기 전 마지막 질문에 답할 수 있다, "지나간 세월에 후회는 없노라."고.

세탁소를 운영하는 Y씨는, 초등학교에 다니는 아들이 열이 많이 난다는 연락을 담임선생님한테서 받았다. 아들을 병원에 데려가기 위해 기계들을 끄려는 순간, 고객들이 곧 세탁물을 찾으러 올 텐데 미처 마무리하지 못한 세탁물이 있어 걱정부터 되었다. 이런 자신이 어이없게 느껴지는 것이었다. 아들은 결핵 진단을 받았다. 집에서 누군가 아이를 돌봐야 하는 상황. 남편과 상의 후, Y씨가 세탁소를 그만두기로 했다. 지난 20년여 동안은 일을 하지 않는 자신을 상상해 본 적이 없었다. 우선순위가 항상 '일'이었다. 그랬던 그녀가 집에 있다 보니 느닷없는 우울증에, 동네 엄마들과는 관심사가 달라 대화도 잘 통하지 않았다. 이전에 친하게 지내던 다른 세탁소 주인들도 Y씨에게 더 이상 일을 상의하거나, 의견을 묻지 않았다.

몇 개월간 우울증 치료와 명상을 하면서, '내가 정말 좋아하는 일이 과연 무엇일까?' 스스로에게 물었다. 아이를 잘 키우고, 여행을 하면서, 좋아하는 사람들과 함께 봉사활동도 하고 유튜브, 블로그 등 SNS(사회관계망 서비스) 활동을 하며 지내는 것이, 그녀가 진정 원하는 일이었다. 사업이 인생의 우선순위였을 때는, 이 모든 일들을 다 한다는 것은 상상도 할 수 없었다. 그런데 인생의 우선순위가 바뀌자, 이 모든 것이 가능하게 되었다. 셋째 아이까지 낳아 잘 키우고 있고, 동네 엄마들과 소통도 열심히 하며, 함께 세탁 자원봉

사도 한다. 틈틈이 가족들과 함께 여행도 다니면서, 유튜브 등 SNS에 세탁에 대한 좋은 정보를 공유한다. 언젠가 자신의 묘비에 '세탁업자 Y'가 아니라, "Y는 최선을 다해 열심히, 성실하게 살았다."고 기록되기를 바라며, 오늘도 그녀는 자신이 정말 좋아하는 일들에 최선을 다한다.

우리가 죽음에 대해 생각하는 것은, 인생을 정리하기 위함보다는, 인생에서 가장 의미 있고 중요한 일을 선택하여, 남아 있는 소중한 시간 동안 그 일을 하기 위함이다. 잠시 나에게 허락되었던 모든 것들, 즉 사회에서 인정하는 성공, 명성, 재력, 시간까지도. 이런 것들은, 마치 해변 가에서 모래성을 짓고 놀다가 집에 갈 때는 모두 놓고 가듯이, 세상을 떠날 때 모두 놓고 가야 하는 것들이다. 이런 것들을 미련 없이 내려놓아야 비로소 진정으로 하고 싶은 일, 걷고 싶은 길을 찾을 수 있다.

Y씨는 사업가로서의 성공, 명성, 재력, 시간까지 다 내려놓았다. 대신, 진정으로 의미 있고 중요한 일, 자신의 뜻대로 하고 싶은 일, 마음이 흐르는 일을 선택했다. 그렇기에 자신의 묘비에 기록되기를 바라는 대로 "최선을 다해 열심히, 성실하게" 살 수 있는 것이다. 진심으로 원했던 지금의 삶이 더할 나위 없이 만족스럽고 행복하기 때문이다.

J씨는 정기검진 중에 심장 판막증 진단을 받고, 가슴을 절개하

는 수술을 받았다. 워낙 위험한 대수술이다. 다시 가족들의 얼굴을 볼 수 없을지도 몰라, 이별할 마음의 준비를 하고 수술실에 들어갔다. 다행히 수술은 잘되었지만 완전히 낫진 않았다. 의사는 다시 판막 이식 수술을 받으면 10년은 더 살 수 있다며, 재수술을 권했다.

J씨는 새벽녘 개천가를 거닐며, 어떻게 해야 좋을지 생각에 잠겼다. 그때, 눈앞으로 뭔가 희고 조그만 것이 날아들었다. 아, 벚꽃 잎이었다. 바람이 불 때마다 활짝 핀 꽃잎들이 흩날린다. 봄이 왔나 싶었는데, 벚꽃이 활짝 다 피더니 금방 이렇게 지고 있다. 이때 문득, 흩날리다 바닥에 떨어진 하얀 벚꽃 잎처럼, 다음과 같은 생각이 그의 가슴에 살포시 내려앉았다. '가장 화려한 순간 지고 있는 저 꽃잎은 후회도, 미련도 전혀 없는 것 같구나. 시간과 상관없이 최선을 다해 꽃을 피웠다. 그렇게 자신이 할 일을 다 하고, 당당하고 아름답게, 미련 없이 사라지는구나……' 그는 더 이상 수술을 받지 않기로 결심했다. 대신, 하루를 더 살든, 10년을 더 살든, 심장이 멈추는 순간까지 그가 그토록 원했던 일, 의상 디자인 일을 하다가 꽃잎처럼 스러지리라 마음먹었다.

현대의학이 발전해서 아무리 인간의 수명을 연장시킨다 해도, 자연은 우리에게 속삭인다. 모든 생명은 언젠가는 모두 세상을 떠난다고. 하지만 살아 있는 동안 주어진 시간을 노력과 열정으로 힘껏 살아낸 생명은 후회하지 않는다고. 그래서 벚꽃 잎은 꽃망울을 활짝 터뜨리고는 그렇게 후회도, 미련도 없이 사라진다고. "더 바랄

게 아무것도 없다. 두려울 것도 없다. 나는 자유다." 그리스의 소설가, 니코스 카잔차키스가 그의 묘비에서 외치듯 말이다.

지혜와 번영의 상징, 고대 이스라엘의 솔로몬 왕은 "모든 것이 헛되다."고 했다. 그러나 우리에겐 인생을 헛되지 않게, 후회 없이 잘 살기 위하여, 죽기 전에 답해야 할 마지막 질문이 있다. 이에 답하기 위해, 진정 원하는 일, 하고 싶은 그 일을 찾아서 최선을 다해 살자. 인생의 가치와 의미는 이 세상에 머문 시간의 길이와는 관계가 없다. J씨처럼 하루를 더 살든, 10년을 더 살든 관계없이, 심장이 멈추는 순간까지 사랑하는 일을 찾아 최선을 다하자. 그런 노력이 더해지면 더해질수록 더욱 곱고, 탐스러운 향기 나는 꽃이 피는 법! 이와 같은 그대의 인생은, '모든 것이 헛되다.'고 한 솔로몬 왕보다 더욱 큰 가치와 의미를 지닐 것이다.

호스피스 병동에 있는 환자들이 죽을 때 가장 많이 하는 후회 중 하나가, '진정으로 원하는 삶을 살지 못한 것'이라고 한다. 인생을 후회 없이 잘살기 위하여, 스스로에게 바로 지금, 죽기 전에 답해야 할 마지막 질문, '진심으로 원하는 삶을 살고 있는가?' 묻자. 바로 지금이 생의 마지막 순간 후회를 멈추게 만들, 가장 이른 시간이다. 바로 지금! 죽기 전 인생에서 마지막으로 자신에게 물었을 때, "지나간 세월에 후회는 없노라."고 답할 수 있도록, '세상이 그대에게 바라는 것이 아닌, 그대가 진심으로 원하는, 하고 싶은', 그 일을 찾

자. 그리고 매 순간 최선을 다하자. 그 후, 아름다운 꽃잎처럼 후회 없이, 당당하고 자유롭게 흩날리리라. 죽기 전에 답해야 할 마지막 질문을 알고 살았더라면······.

"왜 하필 '죽기 전에 후회하는 33가지'야?"

후회에 대한 글을 쓰겠다고 했을 때, 어떤 이가 내게 이렇게 물어왔다. 소설이나 시 같은 문학 작품도 아니고, 건강이나 재테크를 다룬 글도 아니라서 의외였던 모양이다. 나는 그냥 멋쩍게 웃으며 "나랑 잘 맞아서."라고만 대답했다. 맞다. 나는 그저 남들과 조금 다른, 치열했던 나의 삶을 '잘 맞는 옷'을 입듯, 편안한 마음으로 쓰고 싶었다.

나의 기본 콘셉트가 바로 '후회'였기 때문이다. 45세에 대장암 수술을 하고, 죽음의 근처까지 갔다 돌아온 후, 그제야 정신없이 살아온 삶을 멈추고 돌아보게 되었다. 가장 간절했던 감정이 '후회'였다. '만일 내가 다시 태어난다면, 지금까지처럼 살지는 않을 텐데…….'

그리 많지 않은 나이에 암에 걸릴 만큼, 삶은 치열했다. 직장과 가정 내 갈등이 모두 심했기에, '드디어 하늘나라로 갈 수 있다.'는 생각에 오히려 기뻤다. 병원이 마치 홍수가 덮친 세상에 '노아의 방주'처럼 홀로 떠 있는, 안락함과 자유를 느끼게 해주었다. 수술 후 요양병원에서 지낸 8개월도 다른 사람들은 나를 불쌍하게 여겼다. 그러나 나에겐 온전히 자신에 집중할 수 있었던, 오히려 선물 같은 행복한 시간이었다. 마치 천국에 온 듯, 참 자유를 경험했다. 짜릿했고 부족함이 없었다.

일상의 늪에 빠져 정신없이 허우적거렸을 때는 꿈을 잃어버렸다. 하고 싶은 일, 좋아하는 일에 도전하지 않았고, 발전 없는 안정을 선택했다. 자신의 성장을 위한 투자도 몰랐다. 나 자신을 포함하여, 주위의 모든 사람들이 단 한 번뿐인 인생을 살아가는 소중한 존재임도 미처 깨닫지 못했다. 이 모든 것들이 '인생에 마감 시한이 있다.'는 것을 알지 못했기 때문이다.

대장암을 통해 '삶과 죽음, 그리고 인생의 마감 시한'을 깨닫고 나니, 다시 얻은 삶은 매일이 기적 같은 하루였고, 기쁨 그 자체였다. '죽음을 가까이 겪고 난 후 느낀 인생 이야기들을 책으로 남기어, 아직 이러한 이치를 깨닫지 못하고 하루하루를 힘겹게 살아가고 있는 이들에게, 더 늦기 전에 알려주고 싶다.'는 꿈을 갖게 되었다.

그리고 2022년, '인생의 마감 시한이 언제인지 아무도 모른다.'는 사실을 증명이라도 하듯, 코로나19 전염병에 걸려 다시 한 번 죽음 앞에 서게 되었다. 이제는 더 이상 꿈에 도전하지 않고 꾸물거릴 시간이 없었다. 인생의 크고 작은 후회들과, 결혼 육아 23년 차, 직장생활 25년차의 부족하지만 치열했던 경험들을 바탕으로, "사람들이 죽기 전에 후회하는 33가지" 이야기들을 엮어 드디어 하나의 책으로 완성했다.

　"모든 사람들은 자신의 삶에 대한 글을 써야 한다." 노르웨이의 작가, 한스 예거의 말이다. 이틀 중 하루는 거의 먹지도 자지도 않아야 글을 겨우 쓸 수 있을 만큼 어설프고 부족한 사람인 내게, 이 책을 쓰는 시간만은 인생 최고의 행복한 시간이었다. 고요한 새벽과 떠오르는 태양! 이 가슴 벅찬 기쁨을 이 책 속에 담고자 했다. 얼마나 애썼는지, 아무도 눈치 채지 못하게 말이다.

　만약 내게 '어떤 글을 쓰고 싶었는가?' 묻는다면, 하루 삶에 지쳤을 때, 집으로 돌아와 포근한 침대에 몸을 던지는 듯한 글을 쓰고 싶었다. 위로와 휴식, 격려가 되어주는 글! 그 이유는, 이 책에 담긴 모든 내용 중, 그대에게 가장 소리 높여 전하고 싶었던 것은 바로, 어릴 적 어머니로부터 듣고 싶던 말, "너는 소중하단다. 너는 너무나 소중한 존재란다……."

　'그대는 이 우주에 하나뿐인 가장 소중한 존재'라는 것을 이 책을 덮었을 때, 그리고 평생 동안 잊지 않고 기억해 준다면, 이 책을 지은 사람으로서 더는 바랄 것이 없겠다. 이 긴 글을 끝까지 읽고 공감해 준 그대에게, "존재해 줘서 감사합니다."라고 깊은 고마움을 전한다.